DU MÊME AUTEUR, A LA MÊME LIBRAIRIE

Histoire diplomatique de la guerre franco-allemande. 2 vol. in-8°. (*Épuisé.*)

La Question d'Orient au dix-huitième siècle : *le Partage de la Pologne et le Traité de Kaïnardji.* 3e édition, revue par l'auteur. 1 vol. in-18.

Essais d'histoire et de critique, 1883. 3e édition. 1 vol. in-18.

Lectures historiques, 1894. 3e édition. 1 vol. in-18.

Nouveaux Essais d'histoire et de critique, 1898. 1 vol. in-18.

Études de littérature et d'histoire, 1901. 1 vol. in-18.

Bonaparte et Hoche en 1797, étude. 2e édition. 1 vol. in-8°.

Précis du droit des gens. 1 vol. in-8°, en collaboration avec M. FUNCK-BRENTANO. 3e édition.

(Ouvrage couronné par l'Académie française, prix Bordin.)

L'Europe et la Révolution française.

— PREMIÈRE PARTIE : **les Mœurs politiques et les traditions.** 12e édition. 1 vol. in-8°.

— DEUXIÈME PARTIE : **la Chute de la royauté (1789-1792).** 12e édition. 1 vol. in-8°.

— TROISIÈME PARTIE : **la Guerre aux rois (1792-1793).** 11e édition. 1 vol. in-8°.

— QUATRIÈME PARTIE : **les Limites naturelles (1794-1795).** 10e édition. 1 vol. in-8°.

— CINQUIÈME PARTIE : **Bonaparte et le Directoire (1795-1799).** 10e édition. 1 vol. in-8°.

— SIXIÈME PARTIE : **la Trêve, Lunéville et Amiens (1800-1805).** 9e édit. 1 vol. in-8°.

— SEPTIÈME PARTIE : **le Blocus continental, le grand Empire (1806-1812).** 8e édition. 1 vol. in-8°.

— HUITIÈME ET DERNIÈRE PARTIE : **la Coalition, les Traités de 1815 (1812-1815).** 8e édition. 1 vol. in-8°.

(Les deux premiers volumes de cet ouvrage ont été couronnés deux fois par l'Académie française, grand prix Gobert.)

LE PRIX OSIRIS

A ÉTÉ ATTRIBUÉ EN 1906, PAR L'INSTITUT, A L'ŒUVRE DE M. ALBERT SOREL

PARIS. — TYPOGRAPHIE PLON-NOURRIT ET Cie, 8, RUE GARANCIÈRE. — 15092.

L'EUROPE

ET LA

RÉVOLUTION FRANÇAISE

PAR

ALBERT SOREL

DE L'ACADÉMIE FRANÇAISE

TABLE ALPHABÉTIQUE

DES NOMS PROPRES

CITÉS DANS L'ŒUVRE COMPLÈTE DES TOMES I A VIII

PUBLIÉE PAR LES SOINS ET SOUS LA DIRECTION DE

ALBERT-ÉMILE SOREL

PARIS

LIBRAIRIE PLON

PLON-NOURRIT ET Cie, IMPRIMEURS-ÉDITEURS

8, RUE GARANCIÈRE — 6e

1911

L'EUROPE

ET LA

RÉVOLUTION FRANÇAISE

PAR

ALBERT SOREL

DE L'ACADÉMIE FRANÇAISE

TABLE ALPHABÉTIQUE

DES NOMS PROPRES
CITÉS DANS L'ŒUVRE COMPLÈTE DES TOMES I A VIII
PUBLIÉE PAR LES SOINS ET SOUS LA DIRECTION DE
ALBERT-ÉMILE SOREL

PARIS
LIBRAIRIE PLON
PLON-NOURRIT ET Cie, IMPRIMEURS-ÉDITEURS
8, RUE GARANCIÈRE — 6e

1911

L'EUROPE

ET LA

RÉVOLUTION FRANÇAISE

TABLE ALPHABÉTIQUE

TABLE ALPHABÉTIQUE

A

Abbaye (Prison de l'). — VII : 449.

Abbeville. — I : 257. — VII : 360.

Abel. — I : 115.

Aberdeen (Georges Hamilton-Gordon, Comte d'). — VIII : 198, 199, 205, 206, 208, 210, 211, 212, 224, 228, 232, 234, 238, 239, 244, 245, 247, 256, 258, 264, 265, 267, 271, 283, 287, 293.

Abner. — V : 212.

Abo. — VII : 584, 592. — VIII : 12.

Aboukir. — V : 342, 344, 345, 350, 439, 442, 447, 448, 458. — VI : 116. — VII : 500, 525.

Aboville (François-Marie, Comte d'), lieutenant-général, pair de France. — II : 543. — VII : 377.

Abranowics (Comte). — VIII : 4.

Abrantès (Duc d'). — Voir : Junot.

Abrantès (Saint-Martin Permon, duchesse d'). — VIII : 386 (n.).

Abrial (André-Joseph, Comte). — V : 467 (n.).

Abruzzes (Les). — V : 323, 365, 377, 414. — VI : 180 (n.), 393. — VII : 270, 284. — VIII : 448.

Académie française (L'), — I : 152, 159. — III : 177. — V : 149, 326. VII : 530.

Académie de France a Rome (L'). — III : 292 à 294.

Académie des Inscriptions et Belles-Lettres (L'). — II : 432.

Académie des Sciences morales et politiques (L'). — V : 467 (n.).

Aché (Robert-François, Vicomte d'). — VII : 157 (n.).

Achmet III (Le Sultan). — I : 44.

Açores (Les). — VIII : 415 (n.).

Actium (La bataille d'). — VII, 396.

Acton (Joseph), ministre de Ferdinand IV de Naples, favori de Marie-Caroline. — I : 387, 388. — III : 137, 158, 209, 254, 255, 296, 297, 433. — V : 345. — VI : 378, 455. — VII : 25.

Adair (Sir Robert), ministre d'Angleterre à la cour d'Autriche en 1807. — VII : 286.

Adalbéron (dit Ascelin), évêque de Laon. — I : 246.

Adda (L'). — V : 157, 240, 241, 325, 392. — VI : 80, 92, 393.

Addington (Vicomte Sidmouth Henri). — VI : 101, 102, 170, 189, 191, 197, 207. 209, 246, 270, 315, 371.

Adet (Pierre-Auguste). — IV : 182 (n.).

Adige (L'). — V : 90, 165 (n.), 213, 217, 218, 237, 245, 249 (n.), 327. — VI : 83, 87, 90 à 93, 95, 97. — VII : 100.

Adriatique (Mer). — I : 451, 519. — IV : 385. — V : 32, 94, 99, 148, 156, 157, 162, 174, 231, 249 (n.), 286, 340. — VI : 77, 160, 177, 202, 510. — VII : 15, 36, 39, 40, 53, 74, 127, 232, 244, 262, 384, 386, 419, 506, 511, 517, 523, 568, 569. — VIII : 76, 178, 192.

Affaires étrangères (Les). — III : 51. V : 37, 193, 306. — VI : 47, 221.

— VII : 72, 436, 535, 536. — VIII : 481.

Affaires étrangères russes (Les). — VI : 121, 125.

Affaires étrangères anglaises (Les). — VI : 410.

Afghans (Les). — VII : 154.

Afrique (L'). — I : 328 (n.). — II : 297. — III : 26. — IV : 334. — V : 341, 444. — VI : 104, 106, 282, 383. — VII : 254, 262, 272.

Agamemnon. — II : 185. — III : 96. — IV : 82. — VIII : 185, 343.

Agoult de Bonneval (Charles-Constant-César d'), évêque de Pamiers. — II : 141, 142.

Aguesseau (Henri-François d'), chancelier de France. — I : 148, 206.

Aigle noir (Ordre de l'). — VII : 106.

Aiguillon (Armand-Vignerod-Duplessis-Richelieu, duc d'). — I : 69, 78.

Ain (L'), — V : 47 (n.).

Aire (L'). — III : 30.

Aisne (L'). — VIII : 288.

Aix-en-Savoie. — VIII : 335.

Aix (L'île d'). — VIII : 466.

Aix-en-Provence. — II : 99, 122, 198. — VII : 450.

Aix-la-Chapelle. — I : 432. — II : 137 (n.), 220, 246, 247, 378. — III : 290, 331, 483. — IV : 162, 246, 340. — V : 165, 244. — VI : 383, 509. — VII : 369, 372.

Ajaccio. — VI : 403.

Alba. — V : 65.

Albani (Cardinal Jean-François), évêque d'Asti. — V : 149.

Albanie (L') et les Albanais. — V : 194, 218, 228, 229, 249 (n.), 253, 299. — VI : 148, 306, 337. — VII : 12, 39, 54, 74, 94, 135, 225, 248, 306 (n.), 570.

Albany (Louise-Marie-Caroline, Comtesse d'). — VIII : 349 (n.).

Alberoni (Jules), cardinal et ministre de Philippe V d'Espagne. — I : 42, 168, 524. — III : 200. — IV : 434. — V : 196.

Albert (L'Archiduc). — VI : 471 (n.).

Albert Ier d'Autriche-Allemagne. — I : 250, 274.

Albigeois (Les). — I : 172. — III : 473.

Albini (Baron d'), ministre de l'électeur de Mayence. — IV : 301. — V : 273, 274, 281, 395, 397.

Alcibiade. — I : 114, 493.

Aldini (Antoine, Comte). — VI : 180.

Aldobrandini. — VII : 439.

Alembert (Jean Le Rond d'), mathématicien littérateur. — I : 112, 131, 155. — VI : 304.

Alexandra de Prusse, impératrice de Russie. — V : 42, 133. — VI : 138.

Alexandre Ier de Russie. — I : 158, 512. — IV : 359 (n.). — V : 43, 44, 132, 352, 356, 357. — VI : 73, 106, 108, 120, 122 à 129, 133 à 140, 143 à 145, 148, 150 à 152, 161 à 163, 195, 201, 205, 213, 231 à 236, 251, 252 (n.), 253, 256, 270, 271, 273, 280, 284, 285, 302 à 307, 312 à 314, 318, 320, 322, 323, 335, 352, 358 à 360, 363, 374 à 379, 387 à 389, 392, 400, 409 à 414, 418, 421, 427, 441 à 443, 445, 449, 459, 461, 463 à 468, 470, 472 à 483, 486, 488, 489, 494, 495, 498 à 500 (n.), 501 à 505. — VII : 3 à 5, 8, 18 à 20, 22, 23, 27, 34, 36, 40 à 44, 47 à 49, 69, 76, 78, 79, 88, 89, 91 à 94, 97, 103, 108, 120, 122, 123, 127 à 129, 145, 147, 148, 151, 155, 157, 160 à 163, 168 à 186, 188, 190, 193, 195 à 198, 200 à 204, 211, 216, 218, 223, 224 (n.), 225, 229, 230, 234, 239, 240, 242, 243, 247 à 252, 259, 273, 292, 294, 299 à 301, 303 à 307, 309 à 311, 314 à 320, 329, 334, 337, 338 (n.), 342 à 344, 347, 348, 350, 356 à 358, 360, 362, 363, 370, 371, 379, 380, 382, 387, 399 à 405 (n.), 416, 417, 419, 422, 426, 428 à 433, 442, 444, 445, 452, 453, 456 à 459 (n.), 496 à 498, 508 à 513, 515 à 517, 519 à 523, 533 à 542, 547, 549, 550 (n.), 552 à 556, 558, 559, 563, 566 à 569, 570 à 575, 578, 579, 581 à 585, 587, 588, 590 à 592, 596. — VIII : 6, 8, 9, 12 à 15, 21, 26 à 28, 33, 49, 50 à 52, 55 à 58, 60 à 67, 71 à 73, 81, 98, 100, 107, 109, 111

à 113, 116, 119, 121, 122 à 124, 126 à 132, 137 à 139, 143, 151, 153, 161, 163, 167, 176, 177, 181 à 183, 185, 189, 190, 194, 196, 198 à 200, 205 à 207, 209, 212, 213, 219, 224, 242 à 244, 247 à 250, 264, 270, 271, 273 à 276, 278 à 280, 282, 286, 289, 295, 296, 299, 301, 302 (n.), 307, 314 à 317, 319 à 324, 329, 330 à 332, 334, 339, 341 à 347, 359, 360 à 364, 366, 368, 377, 378, 380, 382, 384, 385, 388, 393, 394, 396, 397, 400 à 404, 409, 418, 419, 421, 422, 425 à 427, 431, 434, 437, 440, 450, 455, 463, 465, 472 à 476, 480, 483 à 485, 487 à 490, 492, 499.

ALEXANDRE II DE RUSSIE. — VII : 181 (n.). — VIII : 400.

ALEXANDRE III, LE GRAND. — I : 30, 110 (n.), 294 (n.). — IV : 385. — V : 443, 449. — VI : 114, 322. — VII : 564, 565. — VIII : 449.

ALEXANDRIE (Égypte). — II, 451, 455. — V : 339, 343. — VI : 148, 172, 269, 272, 275, 277. — VII : 47.

ALEXANDRIE DE LA PAILLE (Italie). — V : 61,67, 75, 407. — VI : 36.

ALEXIS-PÉTROWITCH. — I : 49. — VI : 126.

ALFIERI (Le Comte Vittorio), littérateur. — I : 110, 161, 383, 397. — IV : 100, 390. — VI : 195.

ALGARVES (La principauté des). — VII : 219, 253.

ALGER. — VI : 255, 323. — VII : 245, 262, 272.

ALI-PACHA (pacha de Janina). — VII : 54, 135.

ALLEMAGNE (L'). — I : 13, 14 (n.), 43, 56, 58, 62, 98, 102 à 104, 105, 111, 115, 116, 124, 125, 128, 132, 134, 152, 158, 159, 161, 162 (n.), 175, 177, 180, 183 à 185, 193, 245, 248 à 250, 254 à 256, 260, 263, 273, 279, 280 à 284, 286, 287, 289, 294, 300, 302, 307, 317, 322, 326, 327, 338, 390 (n.), 393, 398 à 402, 404 à 423, 425 à 438, 440, 442, 443, 447 à 450, 455, 458, 459, 468, 470, 479, 483, 486, 490, 493, 495, 497, 526. — II : 11 à 14, 16 à 18, 43, 60, 71, 72, 76 à 78, 80, 82 à 84, 92, 112, 134, 149, 167, 182, 193, 201 (n.), 202, 210, 211, 220, 221, 231, 246, 280, 309, 311 à 313, 316, 331, 333 à 335, 337, 343, 348, 350, 352, 353, 360, 363, 364, 368, 371, 392, 403, 409, 415 à 417, 421, 423, 432, 448, 449, 472, 474 à 476, 492 à 494, 555, 556, 560. — III : 3, 5, 19, 22, 23, 47, 58, 62, 93, 97, 100 à 103, 105, 107, 109, 113, 150, 155, 156, 165, 174, 179, 181 à 183, 208, 250, 277, 288, 305, 315, 316, 319, 329, 336, 371, 389, 394, 418, 422, 440, 443, 450, 459, 464, 486, 522 (n.), 529, 531, 533, 535 (n.), 540. — IV : 6, 12, 18 à 26, 33, 44 à 46, 55, 78, 79, 83, 88, 89, 96, 98, 134, 135, 149, 150, 170, 173, 176, 177, 197, 214, 222, 224 à 227, 250, 252, 254, 256, 270, 278 à 281, 283, 289 à 294, 296 à 302, 334, 339 à 343, 358, 359, 363, 364, 388, 389, 393, 394, 396, 401 à 403, 418, 420, 424, 442, 443, 456, 458 (n.), 465. — V : 22 (n.), 23, 26 à 28, 33, 34, 38, 39, 44, 47, 48, 75, 84, 90, 104, 106, 112, 113, 120, 122, 126, 127, 129, 132, 133, 137, 138, 150, 152, 155 à 158, 161, 166, 167, 174, 188, 190, 191, 218, 229, 232, 237 à 241, 243, 244, 246, 247, 249, 250, 252, 259 à 262, 267, 268, 270, 271, 273 à 275, 277, 280, 283, 295 (n.), 302, 305, 306, 308, 325, 326, 329, 330, 332, 334 à 337, 352, 354 à 356, 360, 365, 373, 389, 391, 392, 394, 399, 402, 404, 406, 415 à 417, 433, 446, 450 à 452. — VI : 13, 19, 30, 61, 66, 71, 78, 83, 85 à 88, 90, 92, 103, 123, 144 à 147, 152, 153, 156, 159 à 161, 164, 165, 168, 175, 179, 184, 201, 204, 210, 211, 213, 229 à 232, 236, 237, 240, 241, 251, 252, 256, 272, 279, 286, 306 à 309, 328 à 330, 332, 334, 336, 337, 342, 358, 363, 375, 377 à 379, 382, 384, 391, 392, 409, 412, 414, 416 à 418, 422 à 424, 429, 434, 437, 443, 446, 448 à 452, 455, 456, 466 (n.), 468, 469, 471, 474, 480, 482, 484, 490.

493, 497, 504, 506, 514 à 516. — VII : 3, 9, 14, 16, 21, 26, 28, 30 à 33, 35, 41, 44 à 46, 51 à 54, 64, 70 (n.), 73, 74, 78, 81, 83 à 85, 87, 88, 92 à 94, 96 à 98, 100, 105, 106, 110, 111, 114, 118, 119, 126, 132, 134, 145 à 147, 157, 158, 160, 162, 163, 185, 194, 202, 204, 209, 211, 223, 229, 237, 280, 281, 284, 285, 287, 291 à 294, 296 à 298, 300, 311 à 313, 321, 325, 333, 339, 342, 345, 348 à 350, 352, 354 à 356, 359 à 361, 365, 369, 370, 372, 376, 383, 385, 391, 393, 395, 403, 413, 419, 434, 436, 457, 458, 483, 484 à 490, 492 à 496, 502, 506, 511, 517, 522, 538, 540, 541, 567, 572 à 575, 579, 581, 593. — VIII : 5, 8, 9, 14, 19, 22, 24, 27, 31, 34, 35, 37, 40, 45, 54, 55, 61, 63, 65 à 69, 72, 81, 84 à 86, 95, 96, 98, 100, 103, 104, 110, 112, 115, 117, 119, 120, 125, 140, 142, 161, 171, 173, 178, 180, 183, 185, 187, 193, 196 à 198, 204, 208, 212, 219, 233, 240, 258, 280, 281, 284, 291, 292, 294, 306, 347, 348, 351, 359, 362, 364, 367, 368, 372, 373, 379 à 382, 395, 397, 399, 400, 403, 405 à 410, 419, 424, 425, 437, 438, 464, 471, 472, 475 à 477, 479, 490, 495, 497, 500, 504, 510.

— (L'armée d'). — V : 111. — VI : 36, 37, 55. — VII : 384, 522, 567.

ALLEMAGNE DU NORD (L'). IV : 278, 279, 283, 285, 289, 290, 330, 331, 334, 356, 423, 464. — V : 104, 332, 366, 393. — VI : 74, 87, 230 à 232, 307, 319, 376, 380, 396 à 398, 421, 422, 462. — VII : 12, 21, 72, 322, 332, 372, 502 (n.), 535, 559. — VIII : 19, 59, 112, 151, 176, 438, 497.

ALLEMAGNE DU SUD (L'). — IV : 331. — V : 303, 337, 390. — VI : 74, 230, 254, 480. — VII : 21. — VIII : 19, 438.

ALLEMANDS (Les). — I : 48, 84, 104, 105, 153, 154, 157, 158, 162, 168, 193, 249, 257, 265, 269, 271, 275, 281, 286, 292, 307 (n.), 326, 328, 404, 405, 409 à 414, 421 à 423, 426 à 431, 435, 438, 447, 450, 465, 478, 479, 516 à 518. — II : 10, 13, 55, 79, 81, 83, 87 (n.), 110, 149, 167, 168, 215, 218, 257, 264, 311, 352, 355, 371, 375, 380, 382, 417, 426, 457, 458, 477, 494, 496, 497, 501, 504, 506, 508, 539, 549, 563. — III : 23, 42, 57, 92, 97 à 100, 102, 104, 105, 110, 120, 138, 162, 168, 176, 177, 182, 287, 289, 290, 352, 375, 389, 440, 458, 464, 471 (n.), 484, 505. — IV : 11, 18, 21 à 23, 45, 91, 224, 230, 256, 278, 300, 334, 344, 380, 394, 396, 402, 403, 433, 434, 467. — V : 27, 34, 97, 99, 109, 168, 169, 232, 250, 251, 263, 266 à 268, 270, 272 à 274, 280, 303, 328, 354, 355, 366, 390, 392, 393, 408, 412. — VI : 44, 54, 85, 145, 161, 240, 284, 304, 329, 332, 389, 485, 514. — VII : 9, 84, 94, 100, 105, 110, 118, 126, 187, 191, 221, 222, 286, 287, 293, 300, 313, 319, 346, 351 à 353, 359, 365, 392, 393, 424, 470, 475, 482, 484, 486 à 489, 492 à 495, 506, 508, 528, 573, 575, 571, 585. — VIII : 5, 8, 77, 87, 108, 127, 190, 196, 197, 204, 307, 370, 398, 403, 442, 448, 457, 468, 471 à 473, 476, 477, 479, 499, 509.

ALLIANCE (La Sainte). — I : 71. — II : 72, 137 (n.), 162, 163. — VI : 235. — VII : 160. — VIII : 353.

ALLOBROGES (Les). — III : 17, 116, 498 (n.).

ALMANACH ROYAL (L'). — I : 163.

ALOPÉUS (Baron Maximilien D'), diplomate russe à Berlin. — III : 40. — IV : 251, 444 (n.). — VI : 307, 380, 396, 443, 444, 462 à 465, 473 (n.), 479, 480. — VII : 19, 43, 204, 247, 260, 444, 445, 510, 593. — VIII : 198 (n.).

ALPES (Les). — I : 160 (n.), 245, 260, 271, 275, 277, 319, 322, 324, 333, 383. — II : 183, 316, 411, 519. — III : 88, 198, 200, 279, 309, 310, 385. — IV : 70, 235, 260, 460, 470. — V : 2, 79, 97, 112, 173, 177, 407, 412, 432, 434. — VI : 37, 220, 235, 336, 390, 416, 425, 490, 508. —

VII : 101, 316, 506. — VIII : 10, 35, 76, 146, 187, 201, 208, 210, 211, 224, 233, 246, 251, 252, 257, 366, 367, 471.

Alpes (L'armée des). — III : 176, 198, 294, 406. — IV : 90, 386. — V : 73 (n.), 429.

Alpes Juliennes (Les). — VI : 91.

Alpes-Maritimes (Le département des). — V : 72.

Alquier (Charles-Jean-Marie, Baron). — III, 407. — IV : 198, 238, 315, 316, 318 (n.), 333. — V : 389, 390, 393, 396. — VI : 112, 327, 362 (n.), 378, 446, 452, 470. — VII : 65, 244, 545.

Alsace (L'). — I : 32, 36 (n.), 79, 255, 265, 276, 278, 279, 283, 285, 288, 295, 296, 308 (n.), 333, 399, 401, 415, 416 (n.), 418, 443 (n.), 455, 546 (n.). — II : 13, 72, 77 à 83, 92, 95 à 98, 112 (n.), 122, 142, 149, 160, 175, 185, 193, 194 (n.), 198, 200, 210, 234, 241, 248, 254, 261, 290, 311, 340, 352, 354, 355, 360, 363, 364, 368, 382, 409, 420, 434, 447, 466, 467, 472, 498, 505, 510, 519, 520. — III : 105, 130, 168, 434, 442, 443, 449, 450, 452, 460, 461, 468 (n.), 472 (n.), 490, 497, 505, 538. — IV : 135, 136, 230, 271, 293, 294, 351, 410, 414, 415, 420, 443, 456, 461. — V : 8, 44, 46, 278. — VI : 37, 161, 230, 268, 509. — VII : 31, 116, 482, 511. — VIII : 178, 228, 249, 250, 368, 400, 472, 476 à 479, 496, 498, 499.

Alsaciens (Les). — II : 97. — III : 17, 57, 540. — V : 55. — VIII : 471, 476.

Altenstein (Baron Charles Stein d'). — Voir Stein.

Alton (Richard, Comte d'), général. — I : 139, 140. — II : 50, 51, 53.

Altona. — III : 533. — IV : 360.

Aluta (L'). — I : 451. — II : 70 (n.). — VII : 171.

Alvensleben (Philippe-Charles, Comte d'), ministre prussien. — II : 208, 556. — III : 320, 492. — IV : 196, 252 à 254, 278, 284. — V : 331, 417. — VII : 187 (n.).

Alvinzy (Nicolas, Baron d'), général autrichien. — V : 112, 144, 145, 147.

Amar (Jean-Pierre-André), député de l'Isère, Convention. — IV : 103, 122.

Américains (Les). — I : 106, 223, 343, 371, 373, 538. — II : 21, 50, 116, 318, 421. — III : 130, 262, 529. — IV : 51. — VIII : 360.

Amérique du Nord et Amérique du Sud. — I : 16, 66, 67, 105, 290, 300, 301, 309, 338, 340, 341, 347, 351, 352, 371, 372, 413. — II : 11, 21, 29, 116, 145, 219, 302, 422, 529, 546. — III : 19, 20, 98, 175, 214, 217, 223, 228, 262, 321, 418. — IV : 50, 383. — VI : 98, 101, 107, 161, 167, 175, 203, 208, 211, 284 à 286, 367, 373, 383, 438, 459. — VII : 137, 245, 398, 399, 446. — VIII : 95, 464.

Amiens. — VI : 186. — VII : 360.

« Ami » d'Antraigues (L'), l'Ami de Paris. — VI : 338, 341, 343 à 345, 352, 361, 381, 432. — VII, 26, 275, 319, 543, 544, 562. — VIII, 182, 215.

Amis de l'Angleterre (Les). — VII : 28, 29, 274, 287, 450, 470, 476, 563, 583. — VIII : 99, 216.

Amis de la Russie (Société des). — VII : 287. — VIII : 214.

Amis du peuple (Les). — III : 19, 217. — IV : 37, 204.

Ampère (André-Marie), physicien. — I : 175.

Amsterdam. — I : 94. — III : 63, 312. — IV : 198, 241, 333. — V : 39. — VI : 167, 275. — VII : 50, 373, 423, 528.

Ancillon (Jean-Pierre-Frédéric). — VII : 553. — VIII : 19, 20.

Ancone. — I : 329. — V : 48, 93, 148, 149, 193, 194, 197, 253, 265, 292. — VI : 66, 82. — VII : 25, 232. — VIII : 436.

Ancre (Concini-Concino, maréchal d'). — I : 227.

Andalousie (L'). — VII : 394, 425, 525.

Andigné (d'), chef vendéen. — VI : 9 à 11.

André d'Arbelles, publiciste, préfet sous Louis XVIII, émigré sous le nom de M. de Montluel. — II : 92, 93.

Andréossy (Antoine-François, comte d'), général. — VI : 243 à 246, 265, 266, 272, 275, 277, 278, 295. — VII : 119, 126 (n.), 134, 149, 273. — VIII : 459.

Andrieux (François-Guillaume-Jean-Stanislas). — VI : 7.

Angelle (Baronne d'). — III : 42, 47.

Anglais (Les). — I : 28, 29, 47, 51, 58, 60, 61, 63, 86, 87, 107, 143, 157, 162, 163, 191, 193 (n.), 194, 223, 247, 253, 254, 278, 291, 301, 307 (n.), 309, 334, 337, 338, 340 à 342, 344, 346 à 349, 353 à 358, 361, 362, 366, 367, 370, 383, 388, 390, 409, 453, 494, 497, 519 (n.), 528, 533, 540. — II : 10, 16, 20, 26, 27, 30 (n.), 31, 42, 44 (n.), 50, 52, 56, 57, 60, 61, 70, 71, 87 (n.), 88, 91, 94, 95, 104, 110, 116, 144 à 146, 181, 183, 184, 190, 205 à 207 (n.), 222, 224, 236, 238, 239, 309, 335, 336, 383, 388 à 391, 413, 418, 421, 437, 439, 442, 453. — III : 18 à 20, 133, 139 à 143, 156, 175, 186, 212, 214, 216 à 218, 220, 226, 228, 240, 243, 244, 255, 256, 258, 261, 272, 273, 276, 281, 287, 298, 319 à 323, 341, 345 (n.), 404, 405, 424, 434, 441, 448, 450 à 452, 461, 462, 465, 468, 473 (n.), 477, 478 (n.), 486, 487, 489, 500 à 503, 505, 526, 534. — IV : 27, 29, 34, 36 à 38, 40, 42, 47, 76, 79, 80, 81, 83, 84, 86, 89 à 91, 136, 139, 144, 149, 163, 164, 176, 198, 199, 202, 207 à 209, 213, 256, 258, 265, 267, 279, 280, 284, 303, 304, 308, 309, 316, 324, 344, 345, 348, 351, 365, 382, 388 à 392, 406, 409, 410, 434, 452, 460, 465, 466, 473. — V : 27, 29, 34, 36, 39, 44, 45, 48, 50, 51, 71, 102 à 106, 113, 115, 119, 121, 132, 135, 138, 148, 149, 163, 171, 173, 191, 192, 195, 214, 226, 228, 232, 251, 254, 258, 259, 283, 288, 293, 295, 300, 301, 309, 313, 314, 334, 335, 340 à 343, 345, 346, 349, 350, 354, 357 à 360, 362, 379, 386, 391, 403, 404, 413, 417 à 420, 428, 431 à 434, 438, 439, 444 à 446, 450 à 452. — VI : 9, 11, 22, 30, 33, 35 à 38, 45, 46, 49, 54, 63, 64, 71, 75, 76, 82, 87, 95, 102, 103, 106, 112 à 117, 120, 129, 140 à 144, 146 à 148, 150, 153, 156, 157, 159, 160, 166, 167, 169, 174, 175, 177, 183 à 188, 190, 191, 196, 197, 199, 200, 201, 204, 211 à 213, 219, 220, 222, 223, 232, 241 à 247, 250, 252 à 262, 264, 269, 270, 272 à 275, 278 à 288, 290, 294, 295, 299, 300, 306, 309, 311 à 315, 319, 320, 336, 340, 350, 372 à 374, 378, 382, 383, 393 à 395, 407, 408, 412, 414, 415, 420, 425, 430, 431, 435 440, à 442, 446, 451, 455, 469 à 471, 490, 493, 504, 508, 514, 517. — VII : 25, 27, 29 à 34, 39, 45 à 47, 60, 65 à 67, 70 à 72, 74, 75, 79, 84, 86 à 88, 94, 97, 100, 104, 122, 131, 137, 149, 153, 154, 162, 166, 172, 175, 176, 185, 188 à 190, 194, 199 à 202, 204, 219, 223, 224, 232 à 234, 236 à 242, 245, 246, 249, 262, 270, 272, 277, 280, 282, 284, 290, 293, 296, 315, 321, 325, 330, 331, 338, 347, 354, 359 à 361, 365, 369, 372, 373, 376 à 378, 382 à 385, 394, 395, 397, 398, 420, 422, 423, 425, 436, 439, 442, 446, 465, 473, 488, 512, 517 à 519, 524 à 526, 540 à 542, 547, 550, 559, 561, 563, 566, 581, 583. VIII : 14 (n.), 49, 69, 81, 82, 96, 97, 99 à 101, 104, 114, 121, 134, 143, 144, 166 (n.), 174, 177, 184, 191, 198, 205, 212, 214, 219, 225, 236 (n.), 246, 251, 259, 280, 288, 290, 297, 311, 334, 345, 346, 360, 370, 375, 383, 394, 402 à 404, 407, 410, 421, 436, 441, 443, 449, 454 à 457, 463, 465, 466, 473, 475, 477, 478, 480, 484, 499, 506, 507.

Anglès (Charles-Grégoire), ministre d'État, préfet de police de Paris. — VIII : 335.

Angleterre (L'). — I : 3, 14, 15, 26, 29, 34, 36 (n.), 38, 44 à 47, 53, 56, 60 à 63, 66, 67, 73, 78 (n.), 87, 93, 94, 98, 132, 164, 175 à 177, 183,

190, 191, 193, 194, 216, 217. 254, 286, 287, 289 à 292, 294, 300 à 302, 306, 317, 320 (n.), 329, 331, 334, 337 à 340, 342 à 358, 360, 361, 363 à 367, 369, 371 à 373, 376, 383, 388, 391, 394, 399, 400, 403, 406, 433, 441, 459, 461, 493, 494, 520, 522 à 526, 531 à 533 (n.), 535, 536, 543. — II : 10, 22, 23, 28 à 32, 42 à 44 (n.), 49, 54, 55, 57, 58, 60, 64 (n.), 66, 70, 71, 73, 84, 85, 88, 91 à 95, 116, 143, 144, 145, 147, 148, 152, 155, 158, 162, 164, 181 à 183, 202, 205, 208, 216, 218 (n.), 221, 223, 225, 236 à 238, 241, 242, 248, 257, 259 à 261 (n.), 280 (n.), 281, 289, 297, 301, 333, 335 à 337, 339, 369, 380 à 384, 387, 388 à 393, 409, 410 (n.), 413, 414, 418 à 422, 426, 432, 437 à 442, 445, 452 à 454, 479, 485, 503, 550. — III : 16, 17, 19, 20, 44, 82, 95, 135, 139, 140, 142 à 144, 156, 167, 168, 175, 181, 183, 190, 201, 212 à 221. 223 à 228, 230, 232, 239 à 245. 247, 253, 255, 256, 258 à 263, 271 à 273, 275, 276, 278 à 281. 283, 306. 320 à 324, 331, 341, 344, 345, 353, 367, 370, 375, 385, 393, 396, 397, 404, 405, 419 à 421, 423, 425, 433, 434, 441, 444, 448 à 450, 453, 455, 456, 458 à 460, 464, 465, 469, 471, 473, 476 à 478, 485 à 490, 497, 501, 502, 526, 529 (n.), 531, 533, 539. — IV : 3, 28 à 31, 34 à 36, 38, 40 à 43, 45 à 47, 65, 76, 79, 80, 92, 99, 134, 135, 141, 142, 150, 173, 176 à 179, 183, 185, 196, 199, 202 à 206, 212, 213, 221, 222, 225 (n.), 230, 232, 241, 244, 249, 254, 260, 265 à 268, 270, 274, 278, 279, 284, 303, 304, 306 à 308, 324 (n.), 333, 343, 350 à 353, 358 (n.), 359, 361, 362, 372, 373, 378, 384, 385, 388, 389, 391, 398, 406, 407, 409, 410, 419, 423, 432, 434 à 436, 442, 457, 458, 461, 464 à 470, 473, 474. — V : 23, 27, 28, 31 (n.), 32, 36, 37, 39, 40 à 42, 44, 45, 47 à 51, 92, 102, 104, 112 à 115, 117 à 120, 122 à 124. 128 à 130, 138, 139, 148, 166, 171, 172, 191 à 193, 201. 213 à 216, 225 à 227, 232. 242, 246, 251, 254 à 256, 258 à 260, 265, 285 à 289, 291, 295 (n.), 297, 298, 300, 301, 305, 308 à 310, 327, 330, 334, 335, 339, 340, 343, 345, 349 à 351, 355, 357, 359, 367, 369, 388, 416, 418, 419, 425, 431, 433, 444 à 446, 451, 482. — VI : 19, 20, 22, 28, 32, 34, 35, 37, 38, 46, 47, 54, 55, 58, 59, 62 à 64, 66, 71, 72, 75 à 79, 81 à 83, 87, 88, 90, 92, 95, 98, 99, 102 à 109, 111, 112, 116. 120 à 122, 127, 129, 140 à 142, 146 à 149, 152, 154 à 160, 164 à 170, 174, 175, 181, 183 à 185, 188, 190, 196, 198, 201 à 203, 205 à 209, 211, 213, 219 à 223, 236, 239, 242 à 244, 247 à 250, 252 à 255, 258 à 264, 267, 268, 270 à 277, 279 à 284, 286 à 289, 291 à 302, 306, 308 à 315, 318 à 320, 323 à 328, 332, 335, 337, 338, 340 à 342, 344, 351, 354, 357, 359, 361, 369 à 376, 378, 379, 381 à 383, 392 à 394, 396, 397, 400, 410 à 415, 417 à 420, 422 à 426, 428, 430, 432, 435, 436, 438 à 441, 446 à 453, 455, 459, 465, 480, 483 à 486, 490, 492, 493, 495, 499, 504. — VII : 8, 10, 12, 13, 14, 18, 19, 21, 22, 26 à 29, 31 à 33, 35, 36, 39, 40, 44 à 47, 49, 50, 54, 55, 60, 61, 68 à 75, 80, 82 à 90, 94, 98, 100, 103, 104. 109, 113 à 117, 119, 131, 139, 142, 144 à 146, 150, 154 158 à 160, 162, 171, 175, 179, 185, 187, 188, 194 à 196, 199 à 202, 204, 211, 215, 217 à 221, 223, 224, 226, 235, 237, 239, 241, 242, 245, 246, 249, 253, 260, 262, 263, 270 à 272, 277, 284, 286, 290, 293, 304, 305, 307, 314, 318, 321, 323, 331, 337, 341, 342, 349, 360, 363, 368, 372, 373, 389, 396 à 400, 402, 412, 418 à 423, 434 à 436, 445, 450, 452, 457, 459, 461, 465, 469, 472, 473, 476, 493, 497, 500 à 502, 504, 512, 516, 517, 520, 521, 523, 531, 539, 541, 542, 546 à 548, 555, 558, 560, 561, 563, 565, 566, 569, 575, 581, 582, 591, 592. — VIII : 33, 34, 36, 41, 46, 47, 49, 53, 63, 67, 81,

82, 88, 90, 94 à 99, 105, 107, 114, 116, 117, 121, 134 à 137, 139, 141, 142, 146, 148, 150, 153, 155, 161, 162, 178, 186 à 188, 191, 192, 194, 199, 202, 204, 207, 208, 211 à 213, 222, 226, 231, 233 à 235, 237, 238, 240, 244 à 249, 256, 258, 263, 275, 280, 281, 284, 285, 289, 290, 292, 293, 295, 306, 329, 346, 348 à 350, 358 à 361, 364, 369, 370, 372, 375, 376, 378, 379, 382, 385, 388, 392, 394, 397, 398, 399, 401, 405, 406 à 408, 412, 421, 423, 424, 432, 436, 442, 460, 464 à 467, 474 à 480, 491, 492, 495, 498, 499, 510.

— (Le Prince régent d'). — Voir : Georges IV.

— (L'armée d'). — V : 257, 265, 292, 293, 309. — VI : 308.

Angoulême (Louis-Antoine de Bourbon, Duc d'). — VI : 342. — VIII : 272, 482.

Anhalt (Ducs d'). — VII : 53 (n.).

Anjou (L'). — II : 40.

— (Les). — Voir : Philippe V d'Espagne.

Ankarstroem (Jean-Jacques), assassin de Gustave III de Suède. — II : 379, 380.

Anna Paulovna (Grande-Duchesse). — VII : 432. — VIII : 377.

Anna Léopoldovna, régente de Russie. — VI : 127.

Anne d'Autriche. — I : 47, 167. — II : 180. — VIII : 215, 306.

Annecy. — VIII : 348.

Annibal. — I : 452 (n.). — II : 89. — III : 26, 51. — V : 177.

Anquetil (Louis-Pierre). — IV : 173.

Anselme (Général, Jacques-Bernard-Modeste d'). — III : 116 à 119 (n.), 120.

Anspach. — I : 468. — II : 499, 501. — III : 492. — VI : 391, 472, 473. — VII : 14, 21, 32 à 34, 80 (n.).

Anstett (Baron d'). — VI : 323, 333 (n.), 334. — VII : 445. — VIII : 13, 49, 50, 62 à 64, 154, 155, 165, 170, 175, 206.

Antilles (Les). — II : 221, 248. — III : 321, 531. — IV : 204. — V : 50, 115, 119, 128, 173. — VI : 98, 106, 167, 168, 175, 197, 204, 372, 430 à 432, 438, 439.

Antoine (L'Archiduc), évêque de Munster, archevêque de Cologne. — VI : 482.

Antoine (Marc), triumvir. — I : 468, 469. — II : 380.

Antonio (L'Infant don). — VII : 264, 266.

Antraigues (Emmanuel-Louis-Henri de Launay, Comte d'), publiciste, député de Villeneuve (Ardèche), Constituante. — I : 77, 222 (n.). — IV : 350. — V : 38, 207 (n.), 312, 351. VI : 6 (n.), 47, 110, 222, 223, 278, 332, 333, 335, 339, 341, 343 à 445, 355, 361, 362, 369, 370, 381, 395, 432. — VII : 16, 26, 27, 37, 162, 193, 319, 572. — VIII : 182, 274, 428.

Anvers. — I : 338, 361. — III : 163, 219, 224, 225, 273, 276, 277, 339, 366, 505. — IV : 89, 270, 315, 332, 466, 469. — V : 39, 115. — VI : 167, 197, 204, 275, 416, 509 (n.). — VII : 69, 372 à 374, 375, 380, 382, 447, 450, 472, 542, 552. — VIII : 178, 207, 212, 281, 285, 295, 306, 340, 471.

Aout (Nuit du 4). — II : 11, 27, 79 à 81, 87. — VI : 240.

— (Journée du 10). — II : 514, 520, 522, 524, 525. — III : 7, 8, 10, 14, 15, 17 à 19, 24, 26, 28, 76, 101, 121, 138, 189, 192, 303, 393, 409, 414. — IV : 286. — V : 213, 214. — VI : 15, 72. — VIII, 309, 428, 451.

Apennins (Les). — I : 275, 383. — V : 377. — VI : 95.

Apocalypse (L'). — II : 550.

Apruni (Le Père), professeur de théologie. — V : 81.

Arabes (Les). — II : 532. — V : 195, 255, 446. — VII : 222, 230.

Aragon (L'). — VII : 434, 478, 525, 527.

Araktchéef (ministre de la guerre en Russie). — V : 352. — VI : 126, 127.

Aran (La vallée d'). — IV : 90, 322, 353.
Aranda (Don Pedro-Pablo Abarqua de Boléa, Comte d'). — I : 116, 128, 373. — II : 381, 382, 399, 502. — III : 134, 135. — IV : 29, 202.
Aranjo (Comte d'), ministre de Portugal. — IV : 310.
Aranjuez. — II : 381. — III : 459. — VI : 113. — VII : 257 à 259.
Arberg (d'). — VI : 384, 393.
Arc de Triomphe (L'). — VIII : 308.
Arcet (d'). — VI : 7.
Archipel (L'). — I : 519. — III : 304, 305, 404, 435. — VII : 171, 249.
Arcis-sur-Aube. — IV : 61. — VIII : 305.
Arcole. — I : 455. — V : 112, 131, 138, 142, 479. — VI : 258. — VII : 280, 368.
Arçon (Jean-Claude-Éléonore Le Michaud, dit d'), général du génie. — II : 543. — III : 545.
Ardennes (Les). — II : 92. — VIII : 242, 471.
— (L'armée des). — III : 5, 461. — IV : 77, 86.
Aréna (Barthélemy), député de la Corse, Législative, Cinq-Cents. — III : 118. — V : 484.
— (Joseph). — VI : 47.
Arenberg (Le Duc d'). — VII : 53.
Argenson (René-Louis de Voyer, Marquis d'). — I : 73, 84, 160 (n.), 199, 203, 290, 312, 320, 327, 328, 339, 393, 395, 411. — IV : 236, 269. — V : 161. — VIII : 455.
Argenton (Jean-Constantin). — VII : 360.
Argonautes (Les). — I : 523. — IV : 82.
Argonne (Campagne de l'). — II : 543. — III : 30, 31, 35, 370.
Argovie (Canton de l'). — III : 122. — IV : 133.
Arioste (Louis). — VII : 477.
Aripiles (Les). — VII : 588.
Aristide le Juste. — II : 539.
Aristote. — VII : 314 (n.).
Arles. — I : 249.
Arlon. — VIII : 348.
Armada (L'). — V : 138. — VI : 493, 514. — VII : 517, 542.
Armagnacs (Les). — III : 28 (n.).
Arménie (L'). — VI : 255.
Armfeld (Gustave-Maurice, Comte d'), général. — II : 380. — VI : 332. — VII : 572, 578, 579.
Armide. — VI : 235. — VII : 99, 177.
Arminius (chef des Chérusques). — II : 12. — IV : 98.
Arnault (Antoine-Vincent), littérateur. — V : 194, 195, 468, 473, 480.
Arndt (Ernest-Maurice). — VII : 488. — VIII : 8, 477, 479.
Arnouville-lès-Gonesse. — VIII : 461.
Arpald le Conquérant. — II : 151.
Arras. — I : 257. — VI : 383.
Artagnan (Le manoir d'). — VII : 455.
Artois (L'). — I : 268. — II : 499, 519. — III : 450, 505. — IV : 136, 461 (n.). — V : 131.
— (Les d'). — II, 481.
— (Le Comte d'). — Voir : Charles X, comte d'Artois.
Ascaniens (Les). — I : 465.
Aschaffenbourg (Principauté d'). — III : 104. — VIII : 352.
Asie (L'). — I : 290, 503. — III : 245 (n.), 261, 421. — IV : 385. — 189, 354, 444, 447. — VI : 30, 88, 90, 114, 204, 383, 459, 490. — VII : 55, 175, 237, 242, 341, 565, 567, 571, 576. — VIII : 284.
Asie Mineure (L'). — V : 445, 446.
Aspern. — VII : 355, 356.
Assemblée nationale constituante (L'). — I : 121, 133, 162, 223, 224. — II : 1, 4, 6 à 9, 11, 16, 21, 26, 27, 30, 31, 33, 35, 39, 40, 46, 48, 53, 54, 56, 58, 59, 66, 76 à 80, 83 à 108, 110, 111, 115 à 125, 126 à 130, 136, 140, 142, 147, 148, 171, 181, 182, 185, 186, 188 à 193, 196 à 203, 204, 206, 214, 217 à 220, 228, 232, 237, 243, 244, 248, 249, 252, 254, 259, 261, 262, 265, 266, 268 à 270, 273, 275, 278 (n.), 279, 293, 294, 300, 304, 316, 325, 336, 536, 553. — III : 73, 187, 199, 236, 257, 519. — IV : 31, 261, 275. — V : 211. — VII : 160. — VIII : 339, 467.

Assemblée législative de 1791 (L'). — II : 269, 297 à 300, 304 à 313, 315, 316, 318 à 322, 325, 326, 331, 335, 342, 347, 357, 358, 360, 362 à 366, 370, 372, 373, 383 à 385, 387, 388, 427 à 430, 433, 434, 436, 437, 445, 446, 477, 479, 480, 483 à 489, 491, 510, 512, 514, 521, 522, 524. — III : 7 à 9, 15, 21, 25 à 29, 31 à 33, 35, 67, 68, 73, 75, 76, 118, 147, 184, 189, 249. — IV : 31, 372. — VIII : 449.

Association des Irlandais unis (L'). — IV : 39.

Assuérus. — VII : 430.

Asteran (L'). — V : 66.

Asti. — V : 409.

Astorga — VII : 337.

Astrakan. — VI : 114.

Asturies (Les). — VII : 278.

Astyanax. — VIII : 305.

Atabaliba (inca du Pérou). — IV : 322.

Ath. — III : 354. — VIII : 348.

Athénée (L'). — II : 513.

Athènes. — I : 91 (n.). — IV : 102. — V : 81, 194, 467 (n.). — VIII : 340.

Attila. — II : 151. — III : 171, 275. — IV : 230. — VII : 586, 591.

Aube (Département de l'). — VII : 323.

Aubert-Dubayet (Jean-Baptiste-Annibal), député de l'Isère, Législative, général et diplomate. — II : 433.

Aubigné (Théodore-Agrippa d'), chevalier. — I : 269. — VII : 478.

Aubriet (secrétaire de la Légation de la République en Suède). — III : 436.

Aubry (François), Constituante et Convention, Cinq-Cents. — IV : 169, 288, 293 (n.). 323 (n.), 336, 355, 366 (n.), 367, 374, 383, 385, 386.

Auckland (William-Eden, lord). — III : 218, 253, 272 à 274, 366, 367. — V : 45, 359. — VI : 287.

Audibert-Caille. — II : 451.

Audierne (La baie d'). — VI : 295.

Audoin (Pierre-Jean). — II : 201 (n.). — IV : 110.

Auerstaedt. — VII : 101, 105, 312.

Augeard (J.-M.), secrétaire des commandements de la reine Marie-Antoinette. — II : 148, 149, 247. — IV : 298.

Augereau, duc de Castiglione (Le maréchal). — II : 546. — V : 59, 78, 90, 100, 212, 220 à 222, 227, 230, 248, 249, 252, 259, 442, 465, 469, 471, 474, 479. — VI : 89, 155, 366, 382, 471. — VII : 26, 33, 89, 99, 125, 595. — VIII : 18, 20, 27, 30, 56, 57, 285.

Augsbourg. — V : 27, 266. — VI : 477, 504. — VII : 84.

Augusta-Amélie de Bavière (Princesse). — VII : 17, 24, 191.

Auguste II de Pologne. — I : 73.

Auguste III de Saxe (Electeur de Saxe, roi de Pologne). — I : 44.

Auguste (L'Empereur romain). — VI : 5. — VII : 395, 396.

Augustenbourg (Chrétien-Charles-Auguste, prince d'). — VII : 454.

Augustin (Saint). — I : 192.

Austerlitz. — I : 170, 282, 455. — IV : 356, 451. — V : 139, 447. — VI : 39, 494, 519. — VII : 1, 2, 7, 8, 9, 22, 24, 28, 36 à 38, 53, 72, 100, 102, 104, 110, 119, 123, 132, 153, 155, 158, 166, 167, 169, 202, 231, 246, 320, 347, 348, 355, 364, 370, 381, 391, 398, 433, 509, 523, 541, 543, 571, 578. — VIII : 40, 76, 82, 99, 126, 183, 222, 262, 325, 444, 447, 453, 500.

Austrasie (L'). — I : 254, 264, 265, 277, 279, 302, 415. — III : 168. — VIII : 98.

Autichamp (Jean-François-Louis de Beaumont, Marquis d'). — III, 96. — V : 219, 419.

Autriche (L'). — I : 30, 39, 43, 51, 56, 60 (n.). 67, 74, 88, 116, 120, 124, 129, 132, 134, 135, 141, 144, 153, 285 à 292, 294 à 296, 304, 306 à 308, 311, 321, 322, 326, 339, 349, 350 (n.), 363, 385 (n.), 388, 391 à 394, 402 (n.), 404 à 407, 413 (n.), 414, 439 à 444, 446, 449 à 455, 458, 460 à 462, 464, 465, 468, 470, 493 à 495, 509, 520, 522,

524 à 527, 529 à 532, 536, 545, 546 (n.). — II : 22, 26, 32, 42, 49, 50, 53, 55, 57 à 61, 65 à 70, 72 à 76, 82, 91, 92, 113, 124, 131, 132, 137 (n.), 138, 148, 154 à 156, 158 à 164, 175, 181, 183, 185, 205, 209, 211, 216, 222, 224, 229, 231, 234 à 236, 240, 241, 253, 258, 279 à 281, 295, 313, 316 (n.), 325, 329, 333 à 335, 337, 338, 342, 344 à 349, 353, 355, 358, 361, 366 à 370, 373, 375 à 378, 392, 393, 397 à 399, 404, 407, 409, 410, 412 à 414, 416 à 418, 420, 425 à 429, 432, 434, 436, 440, 442, 443, 446 à 451, 453 à 455, 462 à 469, 472 à 475, 477, 479, 481 à 483, 493, 497 à 507, 510, 542 (n.), 551, 552, 554 à 556, 559. — III : 21, 23 à 25, 37, 43 à 46, 53, 55 à 57, 59, 60, 62, 64, 65, 80, 82, 86, 87, 90 à 94, 113, 119, 120, 122, 128 à 132, 139, 140, 149, 150, 156, 164, 168, 174, 180 à 182, 201, 218, 226, 250, 260, 281 à 283, 295, 296, 303, 304, 315 à 317, 319, 320, 324 à 330, 341, 351, 352, 356, 359 (n.), 360, 366, 368, 371, 372, 393, 395 à 398, 401, 403, 404, 418, 422 à 425, 433, 434, 436, 437, 440 à 444, 447 à 451, 455 à 458, 460, 462, 468, 469, 471, 480, 482, 490 à 492, 494 à 498, 526, 529, 531. — IV : 17 à 19, 27, 28 (n.), 42 à 47, 50, 55 à 57, 75, 79 à 82, 85, 86, 92 à 96, 98, 99, 134 à 138, 141, 142, 150, 162, 173, 176 à 178, 182, 185, 188, 190, 191, 194 à 196, 201, 205, 221, 222, 224, 225 (n.), 226, 230, 234 à 236, 240, 244, 249, 251 à 255, 260, 263, 269, 281, 291, 296 à 299, 302, 303, 309, 315, 330, 331, 334, 338, 340 à 348, 351 (n.), 352, 355 à 364, 367, 369, 378, 388, 393 à 396, 401, 403 à 407, 410, 416 à 419, 424, 425, 428 à 433, 436, 444, 446 à 448, 457, 458, 460, 461, 465 à 467, 470, 473. — V : 26, 27, 31 à 35, 37, 39, 42, 44, 45, 47, 70, 81, 99, 103, 106 à 108, 111 à 113, 115, 117, 118, 120, 122, 125 à 127, 130, 131, 137, 144, 147, 152, 153, 156, 158, 160, 161, 164, 166, 171, 174, 189 à 191, 194, 196, 206, 207, 227 à 229, 231, 232, 235, 236, 241 à 244, 246, 247, 250, 253, 255, 256, 258, 260 à 263, 266, 267, 269, 270, 274 à 281, 283, 299, 304 à 306, 310, 318, 325 à 328, 330 à 332, 334, 338, 339, 342, 343, 348, 351, 354 à 357, 359 à 362, 366, 389, 390, 392 à 394, 400, 404, 412, 417 à 420, 430 à 432, 444, 451. — VI : 19 à 21, 29, 30, 32, 33, 36, 59, 64, 71, 72, 74 à 82, 84, 85, 87, 91 à 98, 105, 109, 111, 146, 147, 158, 161, 169, 170, 177, 179, 184, 191, 192 (n.), 198, 201, 204, 206, 236, 239, 250, 252, 258, 259, 263, 271, 285, 290, 292, 301, 307, 308, 310 à 312, 314, 315, 318, 319, 323, 328, 331 à 333, 335, 337, 342, 355, 360, 372 à 375, 378, 380, 381, 383, 384, 391 à 394, 397, 407, 412, 413, 415, 417, 418, 420, 421, 424, 425, 427, 434, 444 à 452, 455, 456 à 459, 461, 463, 465, 466, 468, 471, 477, 480, 481 (n.), 482 à 484, 489 à 492, 495 à 498, 500, 506, 508, 517. — VII : 1 à 10, 12 à 15, 18, 19, 21, 28, 31, 49, 51 à 53, 77, 80, 81, 84, 86, 87, 90, 91, 94, 95, 97, 100, 106, 119, 120, 123, 128, 133, 134, 138, 142, 146, 148 à 153, 155, 158 à 161, 163, 166, 168, 171, 172, 187, 190, 200, 203 à 206, 210, 211, 216 à 218, 223, 224, 228, 237, 239 à 241, 249, 273, 274, 288 à 301, 303, 306 à 308, 310 à 312, 315, 317 à 322, 331 à 334, 337, 338, 340 à 350, 353 à 359, 363, 366 à 372, 378, 380 à 384, 393, 395, 398 à 400, 404, 417, 422, 427, 428, 430, 431, 433, 434, 440, 444, 445, 452, 454, 457, 458, 472, 480, 500, 510, 525, 529, 533, 537, 538, 540, 541, 543, 547 à 549, 552, 555 à 558, 563, 567, 568, 570, 575, 580, 592, 593, 596. — VIII : 4, 7, 8, 11 à 13, 17 à 19, 22 (n.), 24, 26, 27, 29 à 38, 41, 44 à 53, 54 à 56, 65 à 67, 69, 72, 73, 77, 80 à 82, 84 à 86, 89 à 97, 102, 104, 107 à 127, 130 à 141, 144, 146 à 151, 155, 157 à 162, 164, 165 à 179, 182, 185 à 189, 192 à 194, 196 à 200,

203, 208 à 210, 213, 214, 216, 220, 231 à 234, 236 à 238, 243, 244, 247, 249, 252, 253, 256, 258, 260, 271, 276 à 278, 280, 291, 292, 294, 296, 306, 307, 330, 331, 335, 346, 350, 351, 359, 361, 364, 365 à 368, 373 à 375, 378 à 382, 385, 388, 390, 391, 394 à 397, 399, 401, 403 à 405, 407 à 409, 411 à 413, 421, 424, 435 à 439, 441, 447, 455, 464, 467, 471, 478 à 480, 491, 498, 499, 504.

Autrichiens (Les). — I : 40, 43, 85, 87, 258, 263, 280, 288 (n.), 292, 307 (n.), 386, 390, 409, 412, 433, 440, 441, 448, 451, 526. — II : 24, 69, 73, 92, 131, 142, 154, 157, 167, 180, 228, 235, 248, 255, 348, 378 (n.), 413, 414, 450, 457, 472, 488, 500, 501, 553. — III : 4, 7, 24, 29, 30, 42, 44, 45, 49, 57, 60, 62, 86, 87, 92 à 95, 101, 105, 109, 118, 132, 159, 161, 163, 167, 171, 174, 216, 224, 287, 291, 297, 313, 314, 316, 322, 336 à 339, 343, 347, 351, 354 à 357, 360, 362, 365 à 367, 371, 400, 407, 444, 445, 459, 461, 462, 465, 469, 480, 482, 501, 528, 537, 538, 547. — IV : 45, 57, 76 78, 80, 86, 88 à 90, 138, 139, 148, 155, 163, 200, 201, 236, 240, 317, 344, 345, 351, 362, 384, 403, 404, 406, 413, 418, 426, 433, 434, 436, 443, 446, 460. — V : 34, 35, 46, 47 (n.), 51, 55, 61, 76, 83, 85, 89, 90, 99, 100, 104, 112, 127, 132, 135, 143, 147, 148, 153, 155, 156, 158, 165, 190, 217, 228 à 231, 233, 237, 244, 245, 247 à 249, 253, 258, 260, 268 à 270, 275, 279, 281, 295, 304, 306, 359, 360 (n.), 365, 368, 369, 374, 391, 404, 407, 409, 412, 414, 415, 430 à 434, 438, 450, 479. — VI : 20, 30, 31, 42 à 44, 46, 50, 54, 66, 77, 83, 86, 87, 91, 183, 254, 309, 328, 332, 333, 375, 392, 395, 415, 420, 422, 424, 443, 445, 446, 457, 460, 469, 470, 471, 475 à 477, 479, 490, 492, 494, 495, 500, 504 à 506, 516. — VII : 1, 2, 9, 12, 15, 37, 100, 119, 133, 134, 159 (n.), 176, 187, 190, 205, 239, 240, 242, 273, 290, 291, 295 à 297, 308, 311, 320, 321, 323, 337, 341, 345, 347, 349, 350, 353 à 355, 357, 358, 363, 379, 383, 386, 388, 391, 392, 400, 427, 445, 511, 536, 549, 552, 554, 592. — VIII : 4, 43, 71, 78, 79, 103, 124, 151, 161, 177, 183 à 185, 230, 255, 266, 267, 276, 278, 283, 286, 334, 352, 367, 379, 394, 403, 413, 436, 443, 448, 475, 479, 497.

Autriche (Maison d'). — Voy. Habsbourg.

Autry (La trouée d'). — III : 30.

Autun. — II : 120. — VII : 268. — VIII : 342, 375.

Auvergne (L'). — II : 166.

Auxonne. — VIII : 466.

Avaray (Antoine-Louis-François de Besiade, Comte et Duc d'). — I : 77 (n.). — II : 285 (n.). — VII : 105 (n.), 124.

Avaux (Jean-Antoine, Comte d'). — I : 279. — II : 417.

Averhoult (d'). — II : 311 (n.).

Avignon. — I : 36 (n.), 69, 70, 132, 229, 390. — II : 98 à 104, 107, 119, 122, 125, 191, 196 à 198 (n.), 199, 200, 204, 232, 234, 293, 356, 372, 445, 519, 541. — III : 130, 199, 210, 236, 308, 311, 395, 419. — V : 91, 129, 149, 215. — VI : 386. — VII : 405. — VIII : 79, 336, 348, 475.

Azara (Don Joseph-Nicolas d'), ministre d'Espagne. — V : 91 à 93, 112, 343. — VI : 186, 281.

Azeglio (Massimo Fapparelli, Marquis d'). — I : 398.

Azincourt (Bataille d'). — I : 510. — VI : 297, 451. — VIII : 506.

B

Baal. — VIII : 506.

Babeuf (François-Noël). — V : 69 (n.), 97.

Babylone. — I : 453 (n.). — VIII : 506.

Bacciochi (Prince de Lucques et de Piombino) — V : 176. — VII : 50.

Bacher (Théobald). — III : 533, 535. — IV : 33, 77, 88, 133, 138, 146 à 148, 173, 184, 186, 197, 203, 279, 290, 351 (n.), 397. — V : 366 (n.), 389, 393, 396.

Badajoz. — VII : 278, 527.

Bade (Le Margrave Charles-Frédéric de). — I : 115. — II : 78 (n.). — III : 109, 459. — IV : 427 — VI : 231, 349, 355, 356, 363, 384, 396. — VII : 9. 53, 80. — VIII : 9.

Bade et les Badois. — I : 116, 402, 407 (n.), 418. — IV : 34, 135, 396. — V : 266, 279, 281, 395, 398 (n.). — VI : 85, 230, 324, 328, 331, 345, 357, 452, 480, 514. — VII : 14, 15, 31, 33, 36. — VIII : 197 (n.), 470, 478.

Baert (Alexandre-Balthazar-François de Paule, Baron de). — II : 434 (n.).

Balachof (Général). — VII : 571, 578, 579.

Balbi (Comtesse de). — II : 283. — IV : 408.

Balbo (César), homme d'État italien. — V : 68. — VI : 32.

Bale. — II : 79 (n.), 175, 210, 344, 539. — III : 17, 122, 180, 204, 401, 533, 535. — IV : 33, 69, 133, 148, 149, 197, 223, 228, 236, 266, 277 à 279, 282, 284, 289, 291, 310, 320 à 322, 328, 330, 332, 342, 345, 346, 350, 361, 363, 368, 395, 396, 425, 433, 435. — V : 28 à 30, 33. — VI : 28, 78, 390, 509. — VIII : 10, 225, 242, 245.

Baléares (Les îles). — VII : 78, 80, 185.

Balkans (Les). — VII : 385, 394, 395.

Ballanche (Pierre Simon). — I : 175.

Baltique (La mer). — I : 340, 505, 514. — II : 204, 205, 208, 420. — III : 305, 306, 398, 486, 487. — IV : 270, 358, 359, 392. — V : 240, 242, 263, 335. — VI : 73, 100, 102, 115, 141, 148, 157, 280. — VII : 54, 127, 162, 193, 200, 384, 516, 519, 523, 558, 567, 569. — VIII : 178.

Balzac (Honoré de). — I : 160 (n.), 290, 327. — VII : 373 (n.), 467. — VIII : 386 (n.).

Bamberg. — I : 402. — VI : 75. — VII : 94, 98, 171.

Banat (Le). — I : 440 (n.), 451 (n.), 526. — II : 70 (n.).

Bancal-des-Issarts (Jean-Henri), Convention, Cinq-Cents. — III : 145, 357.

Banque de France (La). — VI : 267, 282, 507. — VII : 595.

Bar (Duché de). — I : 256, 275, 447 (n.). — II : 481.

Baraguey-d'Hilliers (Louis), général. — V : 160, 290.

Barante (Amable-Guillaume-Prosper Brugière, Baron de). — VI : 17.

Barbaczy (colonel). — V : 395 à 399.

Barbares (Les). — I : 103.

Barbarie (La) et les Barbaresques. — I : 328. — VI : 198, 255.

Barbaroux (Charles-Jean-Marie), député des Bouches-du-Rhône, Convention. — III : 71, 381 (n.), 410 (n.).

Barbé-Marbois (François, Marquis de), député aux Anciens, ministre. — II : 337, 338, 356. — V : 170.

Barbeyrac (Jean), littérateur et publiciste. — I : 11 (n.).

Barbier (Antoine-Alexandre). — VIII : 43 (n.).

Barbier (Luc), lieutenant de hussards. — IV : 154.

Barbou-Bescourières (Gabriel), général. — VI : 478.

Barcelone. — I : 167. — VII : 244, 254.

Barclay (Jean). — I : 272.

Barclay de Tolly (Michel, Prince), maréchal. — VIII : 123, 315.

Barèges. — VI : 320.

Barère de Vieuzac, député des Hautes-Pyrénées, Constituante et Convention. — I : 231. — II : 191, 192, 203, 306 (n.), 400. — III : 151, 154, 199, 203, 239, 249, 269, 281, 312, 381 à 383, 391, 398, 409, 414, 415, 426, 429 (n.), 438, 471, 473, 474, 476, 508 (n.), 513 à 515, 524, 542. — IV : 36, 62, 72, 81, 89, 106, 108 à 110, 112, 113, 122, 123, 126, 183,

192. 257, 276, 286, 388. — V : 16. — VI : 46, 244, 294. — VII : 99. — VIII : 226 (n.).

Bariatynski. — V : 136.

Baring (Alexandre), baron Ashburton. — VII : 446 (n.), 447.

Barnave (Antoine-Pierre-Joseph-Marie), député de Grenoble, Constituante. — II : 87, 88 (n.), 93, 102 (n.), 147, 157, 200, 266, 267, 270 à 272, 287, 322, 324 à 326, 333, 336, 339, 34 397, 398, 402, 491, 512, 522. — III : 540. — IV : 372.

Barra (Le tambour Joseph). — II : 538 (n.).

Barras (Paul-François-Jean-Nicolas, Comte de), député du Var, Convention. — III : 407. — IV : 119, 120, 124, 286, 383, 439 à 441, 473. — V : 7 à 10, 50, 52, 55, 57, 59, 64, 65, 74, 104, 150, 163, 170, 178, 208, 209, 221, 223, 230, 252, 253, 256, 308, 309, 342, 388, 390, 420, 426 à 428, 435, 460, 462, 467 à 469, 471, 472 à 474, 479. — VI : 36, 162, 241, 341. — VII : 440. — VIII : 462.

Barrière (Les places de la). — I : 333.

Barss (Le Polonais), agent de Kosciuszko. — IV : 50, 55, 67, 68, 180.

Bar-sur-Aube. — VIII : 286.

Bartenstein. — IV : 344.

Bartenstein (Jean-Christophe de). — I : 167.

Barthélemy (Marquis François de), diplomate. — I : 167, 317. — II : 184, 221, 237, 280 (n.), 290 (n.), 292, 321, 337 (n.), 382. — III : 118, 121, 122, 125 à 127, 205, 258, 301, 386, 390, 394, 405, 436, 437, 525, 526, 532, 533, 535. — IV : 34, 69, 77, 80, 96, 97, 133, 143, 147, 149, 173, 178, 180, 186, 197, 200, 201, 211, 223, 225 à 228, 234 à 236, 249, 251, 258, 264, 265, 269, 277, 279 à 285, 289, 300 à 302, 320 à 322, 328 à 331, 334, 338 à 340, 342, 353, 354, 356, 358, 362 à 364, 367, 369, 389 (n.), 391, 396, 424, 433, 436. — V : 28, 41, 75, 170, 208, 215, 221, 222 (n.), 263, 467 (n.). — VI : 107 (n.), 362. — VII : 104 (n.).

Bas-Rhin (Le). — III : 169 (n.), 437. — V : 48, 433, 434. — VI : 250, 373, 380. — VIII : 212.

Bassano (Vénétie). — V : 100.

Bassville (Hugon de). — III : 209, 210, 212, 291, 292 à 294, 488. — V : 63, 64, 149, 290.

Bastille (La). — I : 78 (n.), 200, 227, 306. — II : 4, 10, 12 (n.), 20, 23, 25 (n.), 301, 361, 404. — III : 214. — IV : 53. — VII : 583, 595.

Bataves (Les) et la Batavie, — II : 54, 363. — III : 168, 300, 312, 337. — IV : 164, 165, 270, 272, 273, 275, 276, 313 à 319, 333, 391. — V : 23, 36, 37, 97, 215, 227, 280, 294, 295, 313, 339. — VI : 17, 20, 46, 90, 154, 155, 184, 186, 253, 254, 279, 309, 426, 515, 517. — VII : 62, 63, 212, 346, 407.

Bath (La ville de). — VII : 28.

Bathurst (Henri, Comte de). — VII : 400. — VIII : 459 (n.).

Baudin des Ardennes (Pierre-Charles-Louis). — V : 459.

Baudoin Ier de Flandre (Empereur de Constantinople). — III : 352. — V : 444.

Baudot (Marc-Antoine), député de Saône-et-Loire, Législative et Convention. — III : 511. — IV : 159, 422.

Bauer (Bruno). — III : 484.

Bautzen (Ville de). — VII : 367. — VIII : 123, 125, 131.

Bavière (La). — I : 39 (n.), 115, 125, 138, 300, 302, 313, 402, 404 (n.), 406, 407 (n.), 431, 437, 440, 444, 445 (n.), 450, 453 (n.). — II : 338, 417, 449, 466, 468, 497 à 500. — III : 44, 45, 89, 129 à 131, 156, 168, 181, 183, 250, 314, 317, 320, 324, 329, 330, 394, 395, 400, 420, 422, 425, 440, 442, 443, 449 à 452, 460, 462, 490, 497, 531. — IV : 18, 191, 193, 194, 230, 299, 334, 338, 340, 341, 358, 361, 363, 364, 395, 401, 402, 420, 425, 431, 433, 460,

465. — V : 27, 32, 44, 45, 62, 97, 106, 120, 125, 126, 190, 232, 240, 244, 250 (n.), 256, 266, 275, 278, 280, 303, 305, 325, 362, 389, 390, 393, 404, 420. — VI : 19, 36, 74, 84, 85, 112, 116, 163, 230, 252, 259, 331, 381, 391, 452, 453, 456, 457, 459, 460, 468, 471 à 473, 480, 482, 497, 504, 514, 516. — VII : 4, 14, 15, 20, 30 à 33, 36, 52, 53, 80, 96, 97, 107, 151, 286, 322, 346, 352, 384, 393, 485, 500, 553, 596. — VIII : 115, 117, 158, 188, 189, 198, 232, 272, 278, 352, 381, 395, 399, 403, 407, 410, 439, 478.

Bavarois (Les). — I : 43, 74, 96, 177. — II : 500. — III : 44. — V : 126, 415. — VI : 331. — VII : 46, 349, 359. — VIII : 85, 195, 352, 470, 478.

Bayard (Pierre Ferrail, seigneur de). — II : 539, 544.

Bayle (Moïse), président de la Convention. — III : 517 (n.).

Baylen (Capitulation de). — VII : 278, 280, 293, 299, 356.

Bayonne. — III : 133, 299. — IV : 362, 389. — VII : 188, 219, 247, 259, 262 à 264, 267, 268, 272, 274, 275 (n.), 277, 281, 300, 309, 324 (n.), 335, 395, 409, 435, 449, 527. — VIII : 156, 214, 219 (n.), 220.

Bayreuth. — I : 468. — II : 499, 501. — III : 492. — VI : 475.

Bays (de). — II : 416, 417 (n.), 448.

Bazeilles. — III : 30.

Bazire (Claude). — II : 300, 432. — III : 427.

Béarn (Le) et les Béarnais. — II : 250. — III : 168. — VIII : 217, 228.

Beauchamp. — III : 275.

Beauharnais (Eugène de). — Voir : Eugène de Beauharnais.

Beauharnais (François, Marquis de). — VII : 214.

Beaulieu (Jean-Pierre, Baron de), général autrichien. — IV : 76, 135. — V : 64, 66, 76, 90.

Beaumarchais (Pierre-Augustin, Baron de). — I : 76. — VI : 286. — VII : 265.

Beaumetz (Bon-Albert Briois, chevalier de). — II : 192.

Beaumont (Colonel). — Voir Murat. —

Beauvais. — VII : 360.

Beccaria (Cesare Bonesana, Marquis de), publiciste. — I : 105, 116.

Becker (Joseph), député de la Moselle, Convention et Anciens. — IV : 161, 246.

Becquet. — II : 362, 432, 434 (n.).

Beethoven (Ludovig van). — VI : 330. — VII : 487.

Behring (Détroit de). — VII : 571.

Beira (Province portugaise de). — VII : 219.

Belges (Les). — I : 43, 67, 137, 138, 140, 141, 442, 529, 531. — II : 20, 49, 51 à 54, 50, 64, 66, 69, 70, 72, 152, 154, 313, 482. — III : 81, 154, 155, 160, 163, 167, 170 à 173, 176, 206, 223 à 225, 250, 256, 258, 260, 277, 282 à 284, 287, 288, 300, 308, 339, 340, 375, 385, 397, 474. — IV : 80, 157, 158, 177, 240, 245, 246, 428, 429, 430. — V : 23, 280, 419. — VI : 316, 517. — VII : 327, 470 à 472, 575. — VIII : 285, 503.

Belgique. — I : 29, 43, 66, 67, 137 à 139, 141, 279, 310, 320, 321, 338, 367, 440, 524. — II : 19, 50, 52 à 57, 60 à 62, 64, 65, 70, 73, 92, 152 à 154, 176, 185, 228, 260, 295 (n.), 313, 340, 362, 372, 392, 393, 406, 409, 411 à 414, 421, 423, 442, 445, 452, 453, 457, 482, 483, 500, 561. — III : 4, 26, 27, 29 à 31, 38, 44, 56, 61, 81, 85, 88, 95, 99, 103, 114, 142, 149 à 151, 156, 159, 163, 165, 171 à 173, 175, 176, 203, 204, 206, 207, 218 à 220, 226, 230, 233, 240, 242, 245 à 247, 251 à 253, 256, 258, 259, 266, 271, 272, 274, 276, 278, 280, 283, 284, 286, 287, 314, 320, 324, 336, 338 à 342, 345, 349, 350, 368, 370, 371, 384, 385, 388, 390, 391, 396, 424, 428, 441, 443, 450, 458, 460, 465, 482, 498. — IV : 11, 57, 80, 81, 84, 85, 89, 92, 96, 99, 135, 150, 153 à 156, 158, 159, 161, 162, 164, 177, 178, 182, 188, 206, 240, 241, 243, 245,

247, 270, 291, 316, 329, 330, 358, 372, 379, 387, 388, 399, 428, 430, 455, 465 (n.), 466, 467 (n.). — V : 2 (n), 20, 21, 27, 84, 96, 115, 119, 120, 123, 127 à 129, 146, 215, 232, 236, 242, 255, 267, 314, 320, 335, 336, 338, 362, 373, 404, 418 à 420, 431. — VI : 20 à 22, 46, 96, 117, 204, 250, 275, 315, 383, 391, 416, 471, 499, 503, 504, 508, 509, 515. — VII : 18, 36, 100, 348, 359, 360, 372, 373, 380, 447, 457, 472, 523, 541, 561. — VIII : 75, 78, 79, 81, 146, 178 à 180, 188, 206, 207, 212, 214, 246, 268, 269, 278, 285, 348, 351, 358, 370, 393, 419, 420, 432, 439, 443, 449, 472, 488, 490, 495, 499, 505.

Belgrade. — I : 451, 521. — II : 55, 70 (n.). — VI : 391. — VII : 134.

Bellay (Cardinal Jean du), homme d'État. — II : 417.

Bellegarde (Fort de). — IV : 28, 143.

Bellegarde (Ant.-Dubois de). — III : 26, 360, 406. — IV : 164, 198, 238, V : 154.

Bellegarde (Henri, Comte de, Général). — V : 404. — VII : 388.

Belle-Isle. — VI : 64.

Belle-Isle (Le Maréchal Fouquet, Duc de). — I : 27 (n.), 74, 82 (n.), 86, 201 (n.). — III : 23. — V : 161, 349. — VI : 457.

Belleville. — III : 158, 254, 255.

Bellièvre (Nicolas de). — I : 60.

Beloseghi (Prince). — VI : 360.

Belzunce (Chevalier de). — II : 352.

Bender (Blaise-Colomban, Baron de), feld-maréchal. — IV : 360, 361.

Benedeck (Louis de), feld-maréchal. — VI : 471 (n.).

Benedetti (Vincent), diplomate français. V : 31 (n.).

Bénévent. — I : 69, 70, 132, 388, 390. V : 197, 296. — VII : 51, 65, 66, 216, 473. — VIII : 437.

Bengale (Le). — VI : 30.

Bennigsen (Auguste-Théophile Levin, Comte de), général. — VI : 128 à 132, 135, 136, 339, 361, 491, 501. — VII : 120, 144, 161, 168 à 170, 197, 578, 579.

Benoit (Antoine Vernier). — II : 416, 447, 448. — III : 19, 53, 78, 81, 83, 84, 86, 141, 143, 272.

Bentabole (Pierre), Conventionnel. — III : 343.

Bentham (Jérémie). — I : 163. — III : 15.

Bentinck (William-Charles Cavendish). — IV : 91. — VII : 159, 321, 476, 546, 547. — VIII : 95, 104 à 106, 143, 177 (n.), 230 (n.), 232 (n.), 233, 234 (n.), 235, 238.

— (Colonel). — IV : 163.

Benzel-Sternau (Anselme-François de). I : 178.

Béranger. — I : 51.

— (Jean-Pierre, de). — VII : 467.

Bercpény (Bercheny), hussards de. — V : 395.

Bérenger. — I : 302 (n.).

Bérézina (La). — V : 448. — VIII : 2 à 4, 36, 325.

Berg-op-Zoom (Ville de). — I : 362. — III : 337. — IV : 239, 313, 333.

Berg (Le grand-duché de). — I : 36 (n.). — II : 160, 290 (n.), 368. — VII : 31, 45, 53, 126, 132, 420, 421, 423, 485, 520, 521. — VIII : 68, 140, 222, 351.

Bergame (Ville de). — V : 144, 153, 408.

Bergasse (Nicolas). — II : 4.

Bergoeing (François), Convention, Cinq-Cents. — III : 410 (n.).

Bergzabern (La ville de) — III : 169 (n.), 177.

Berlier (Théophile, Comte), député de la Côte-d'Or, Convention, Cinq-Cents, Conseiller d'État. — IV : 124, 170 (n.), 327 (n.), 421. — VI : 14.

Berlin et les Berlinois. — I : 19, 40, 45, 64, 65, 74, 76, 114, 134, 152, 167 (n.), 349, 393, 413 (n.), 474 à 477, 481, 482, 484, 486 à 488, 490 à 493, 515, 523 (n.), 538. — II : 12, 24 à 26 (n.), 29, 55, 58, 60, 69, 82, 154 à 161, 163, 211, 216, 232, 239, 240, 281, 283, 289, 329, 334, 335, 340, 341, 347, 349, 352, 353, 355,

364, 366 à 372, 375, 376, 378, 381, 383, 387, 390, 414, 416, 425, 442, 446 à 451, 453, 455, 460 à 462, 464, 496, 497, 501, 556. — III : 21, 22, 42, 45, 53, 79, 99, 107, 112, 135, 136, 141, 218, 319, 320, 399, 403, 418, 495, 532, 533. — IV : 15, 18, 20, 33, 42, 43, 82, 134, 138, 139, 149, 186, 188, 197, 225, 227, 229, 251, 254 à 256, 283, 289, 290, 357 (n.), 394, 395, 404, 416, 419, 420, 423. — V : 28, 31, 103, 104, 115, 127, 160, 173, 182, 188, 216, 251, 256, 328, 330 à 332, 334, 335, 339, 356, 361, 417. — VI : 29 à 31, 74, 143, 147, 152, 201, 209, 245, 246, 280, 282, 284, 290, 305 à 307, 310, 316, 334, 342, 357, 362, 375, 376, 379, 381, 393, 396, 398, 399, 401, 420, 421, 442, 444, 447, 450, 453, 455, 460, 468, 472, 473, 475 à 477, 479, 480, 484, 488, 499, 501. — VII : 6, 8, 11, 14, 18, 34, 38, 41, 45, 46, 83, 88, 90 à 98, 103, 105 à 107, 112, 114, 115, 118, 121, 128, 133, 139, 190, 238, 290, 293, 296, 307, 321 (n.), 329, 354, 356, 359, 453, 454, 530, 531, 533, 535, 550 à 553, 555 à 557, 590, 593. — VIII : 16, 18, 19, 22, 28, 30, 38, 48, 55, 56, 58, 60, 74, 81 (n.), 123, 162 (n.), 181, 183, 359, 368, 375, 382, 447.

— (Le décret de), 21 novembre 1806. — VII : 102 à 166, 529.

Bermudez (José), délégué des Cortès d'Espagne. — VII : 571.

Bernadotte (Prince de Ponte-Corvo, Charles XIV de Suède). — I : 170. — II : 547. — IV : 473. — V : 152, 213, 220, 222, 277, 306 à 308, 324, 325, 327, 388, 391, 392, 415, 429, 435, 436, 452, 459, 465, 471, 474, 482. — VI : 22, 49, 51, 125, 218, 219, 374, 339, 366, 395, 456, 458, 464, 471, 502, 507. — VII : 33, 34, 51, 132, 133, 157, 216, 241, 243, 347, 374, 375, 377, 380, 385, 389, 454 à 456, 470, 509, 510, 540, 544, 545, 559, 566 à 568, 572, 582 à 585, 591, 592, 594. — VIII : 11, 12, 99 à 101, 124, 139, 143, 151 à 154, 156, 161, 177, 181, 184, 185, 189 à 191, 200, 207, 217, 234, 243, 245, 247, 250 à 253, 273, 274, 280, 300, 302, 316, 330, 344, 352, 426.

Bernal Diaz. — VII : 256.

Bernard (Saint). — II : 533. — VIII : 507.

Bernard, secrétaire d'ambassade à Rome. — II : 197. — III : 294.

Bernardin de Saint-Pierre (Jacques-Henri). — I : 155. — III : 518.

Berne. — III : 17, 122 à 124, 126, 197, 204. — IV : 201, 210, 433. — V : 266, 293, 300, 302, 311. — VI : 254.

Bernier (L'abbé Étienne-Alexandre). — VI : 85, 86.

Bernis (François-Joachim de Pierres, Comte de Lyon, Cardinal de). — I : 28, 29, 87, 241 (n.), 291, 293 (n.), 294, 308 (n.), 321, 390, 533 (n.). — II : 18, 112 (n.), 119 à 121, 124, 125, 196, 197. — III : 209, 294.

Bernstorff (André-Pierre, Comte de). — I : 115. — II : 381. — III : 486, 487, 527. — IV : 30 à 32, 65, 80, 95, 133, 146, 149, 227, 308, 392.

— (Jean-Hartvig-Ernest de). — I : 310 (n.).

Berry (Charles-Ferdinand de Bourbon, Duc de). — IV : 211. — VI : 338, 356. — VIII : 272, 273, 334, 356 (n.), 369, 377, 415 (n.), 482.

Berthier (Maréchal Pierre-Alexandre, Prince de Wagram et de Neufchâtel). — III : 438. — V : 58, 65, 66, 93, 94, 176, 250, 253, 255, 256, 289 (n.), 290 (n.), 291, 292, 296, 442, 460, 471, 476. — VI : 23, 53, 145, 147, 280, 293, 366, 383 (n.), 449 (n.), 455 (n.), 456, 457 (n.), 458. — VII : 26, 31, 33, 34 (n.), 51, 67, 77, 79, 80, 84, 92 à 94, 96 (n.), 132, 170, 174, 348 (n.), 368, 409 (n.), 418 (n.), 434 (n.), 438, 440, 450, 528, 554, 561 (n.), 580, 597. — VIII : 15, 27, 30 (n.), 101, 124, 132, 133, 143, 144, 168, 184, 222, 259, 262, 268, 269, 327, 344 (n.).

Berthollet (Claude-Louis, Comte). — VI : 6, 243.

BERTIN aîné, directeur du Journal des *Débats*. — VI : 115.

BERTRAND DE LA HOSDINIÈRE, dit BERTRAND DU CALVADOS. — V : 428.

BERTRAND DE MOLLEVILLE (Antoine-François DE), marquis. — II : 322, 336, 398. — III : 47, 195, 410 (n.).

BERTRAND (Henri Gratien, Comte), général. — VI : 457. — VII : 139, 144, 145, 147. — VIII : 129, 466.

BESANÇON. — V : 47 (n.). — VIII : 477.

BESSARABIE (La). — I : 524. — IV : 358 (n.). — VI : 490. — VII : 559, 570.

BESSIÈRES, duc d'Istrie (Le maréchal). — II : 544 (n.), 546. — VI : 366. — VII : 262, 278, 324, 381, 419. — VIII : 160.

BETHMANN (Mlle). — I : 484. — III : 444.

BÉTHULIE (La). V : 458.

BEUGNOT (Comte Jacques-Claude). — I : 241 (n.). — II : 361. — VI : 263.

BEURNONVILLE (Pierre Riel, Marquis DE), maréchal. — III : 36, 38, 84, 179, 246, 250, 287 (n.), 307, 337, 339, 347, 349, 357 à 360, 369, 371, 372. — IV : 362. — V : 57, 227, 294, 295, 467 (n.), 471. — VI : 29, 32, 74, 89, 326, 327, 362. — VII : 377, 439, 572. — VIII : 319.

BEYME, ministre prussien. — VII : 97, 141 à 143, 146, 147, 161 (n.).

BEZBORODKO (Comte Alexandre). — IV : 446. — V : 352.

BÉZIERS. — I : 276, 277.

BIALYSTOCK. — VII : 543.

BIBLE (La). — I : 356, 482. — V : 224.

BIBLIOTHÈQUE NATIONALE. — III : 155.

BIELFELD (Jacques-Frédéric, Baron DE). — I : 19, 26, 79, 100 (n.), 104, 119, 152, 333, 345 (n.), 414, 416, 461.

BIELKE (Mme DE). — I : 519 (n.).

BIGNON (Louis-Pierre-Edouard, Baron). — I : 158. V : 467 (n.). — VIII : 4.

BIGOT DE SAINTE-CROIX. — I : 169. — II : 321.

BILLAUD-VARENNE (Jean-Nicolas). — III : 96, 383 (n.), 428, 429 (n.), 475 (n.), 508 (n.), 513, 515, 516 (n.), 517 (n.), 536. — IV : 72, 89, 109, 112, 114, 116, 122, 126, 257, 276, 286.

BINASCO. — V : 89, 97. — VII : 35.

BINDER (Maréchal). — IV : 87. — VIII : 53, 54 (n.).

BINGEN. — III : 288, 350, 373.

BIRMINGHAM. — III : 241.

BIRON (Armand-Louis de Gontaut, Duc DE), duc de Lauzun. — I : 487, 490. — II : 57, 58, 86 (n.), 135, 289, 324, 336, 338 à 341, 353, 387, 390, 419, 457, 541. — III : 87, 98, 104, 180, 182, 294, 296 (n.), 298, 407, 423, 438. — IV : 64.

BIROTTEAU (Jean-Baptiste), Conventionnel. — III : 410 (n.).

BISCAYE (La). — IV : 144, 165, 166, 203, 310.

BISCHOFFSWERDER (Hans-Rodolphe, Baron DE). — I : 486, 487. — II : 24, 155 à 160, 162, 163, 204, 209, 211, 224, 225, 235, 236, 242, 253, 255 à 257, 290, 339, 353, 370, 375, 425, 442, 443, 556. — III : 46, 92, 491. — IV : 95.

BISMARCK SCHOENHAUSEN (Otto-Édouard-Léopold, Comte DE). — I : 447 (n.). — V : 31 (n.). VII : 495. — VIII : 408 (n.), 472 (n.), 496.

BIVILLE. — VI : 344.

BLACAS D'AULPS (Pierre-Jean-Louis-Casimir, Duc DE). — VIII : 412, 413.

BLAD (Claude-Antoine-Auguste). Conventionnel. — IV : 169, 355 (n.), 365, 366 (n.), 374 (n.), 421 (n.).

BLANIÉ (Directeur d'une agence d'espionnage à Strasbourg). — III : 532.

BLAU (Félix-Antoine), théologien allemand. — III : 102, 178.

BLAUW. — IV : 270, 271, 275, 313 à 315, 318.

BLENHEIM-PARK. — III : 322.

BLOIS. — I : 217 (n.).

BLÜCHER (Gerhard-Lebrecht DE, Prince de Wahlstatt), maréchal. — II : 555, 556 (n.). — VII : 89, 96, 110, 359, 553. — VIII : 71, 183, 186, 196, 206, 213, 242, 257, 270, 273, 282,

283, 286, 288, 296, 297, 315, 445, 458, 463, 468, 496.

Blumendorf (de). — II : 397, 449, 450.

Blumenthal. — I : 167 (n.).

Bodin (Jean). — I : 24, 58.

Boehmer (Georges-Louis). — III : 100, 104, 107, 110, 177, 178.

Bohême (La). — I : 29, 96, 98, 111, 116, 124, 135 à 137, 404, 411, 439, 440, 443 (n.), 526, 531. — II : 18 (n.), 62, 72, 258, 278, 373, 417, 493, 551. — III : 22, 181, 182, 463. — IV : (n.), 11, 355 (n.), 403. — V : 106, 276 (n.). — VI : 381, 384, 452, 455, 457, 471 (n.), 475, 491, 494, 506. — VII : 18, 21, 52, 119, 172, 221, 286, 306, 348, 384, 500. — VIII : 73, 89, 90, 110, 111, 122, 134, 152, 161, 176, 183, 364.

Boileau-Despréaux (Nicolas). — I : 148, 236 (n.).

Boilleau (Jacques), député, Convention. — III : 410 (n.).

Boineburg (Comte Jean-Christian de). — I : 276 (n.).

Bois (Pierre du). — I : 248, 249, 251, 252, 266, 269, 275.

Boisgelin (M. l'abbé de). — II : 122 (n.).

Boisgelin (Marquis Bruno de). — VIII : 311.

Bois-le-Duc. — I : 362. — IV : 89, 164.

Boissy-d'Anglas (François-Antoine, Comte de). — IV. — 111, 123, 158 (n.), 168 à 170 (n.), 172, 223 (n.), 230 à 232, 256, 257, 259, 262, 264 (n.), 288, 307, 327 (n.), 336, 366, 374, 375, 383, 397, 398, 400, 401, 421 (n.), 430, 441. — V : 467 (n.). — VIII : 459.

Bolingbroke (Harry-Saint-John, Vicomte de). — I : 163.

Bologne et les Bolonais. — V : 27, 92 à 94, 109, 110, 249 (n.). — VI : 82, 89. — VIII : 365, 436, 437.

Bombelles (Mme de). — II : 180 (n.).

— (Marquis Marc-Marie de). — II : 220, 221, 329, 458 (n.), 463 (n.), 505, 506. — III : 446.

— (Louis-Philippe, Comte de). — VIII : 412.

Bonald (Louis-Gabriel-Ambroise, Vicomte de). — I : 151, 174.

— (François de), évêque de Clermont. — II : 186.

Bonaparte (La famille). — VI : 366. — VII : 57, 62, 118, 212, 233, 286, 435, 454, 548. — VIII : 248, 352.

Bonaparte. — I : 3, 43, 62, 111 (n.), 115, 133, 196, 209, 220, 262, 309 (n.), 329, 398, 408, 512, 542, 548. — II : 7, 24, 45, 124, 544. — III : 75, 120, 148, 175, 193, 272, 279, 345, 392, 538, 539, 540. — IV : 70, 90, 102, 226, 267, 287, 295, 299, 327, 375, 382 à 386, 439, 440, 445. — V : 73, 74, 76 à 81, 83, 84, 87, 89 à 100, 104 à 110, 112, 113, 117, 119, 125, 131, 132, 139 à 166, 168, 170, 174 à 183, 186, 188 à 190, 192 à 207, 210 à 214, 217, 218 (n.), 220, 222 à 224, 227 à 229, 231 à 259, 263, 264, 266, 268 à 271, 273, 276, 280, 283 à 286, 288 à 294, 297, 298, 300 à 302, 308 à 310, 315, 321, 326, 328, 329, 339, 340, 342, 343, 346, 349, 355, 368 à 371, 374, 380, 387, 388, 390, 392, 407 à 409, 411, 426, 427, 429, 430, 434, 438 à 442, 444 à 450, 455, 458 à 465, 467 à 488. — VI : 3 à 11, 13, 14, 16, 18 à 29, 32 à 34, 37, 38, 40 à 44, 46 à 79, 81 à 106, 108 à 113, 115 à 117, 119, 124, 125, 140, 142 à 167, 171 à 187, 190 à 201, 203, 205 à 218, 220, 223 à 232, 239 à 247, 249, 251 à 254, 256 à 264, 267 à 296, 298 à 310, 312 à 314, 316 à 327, 329 à 334, 337 à 343, 345 à 365, 368, 370, 371, 389 à 391, 410, 412, 413, 417, 425, 428, 442, 443. — VII : 34, 35, 37 à 39, 48, 69, 74, 75, 130, 147, 169, 191, 227, 463, 493. — VIII : 46, 182, 190, 293, 344, 377, 416, 423, 424, 431, 433 à 435, 453, 456 (n.), 492, 518 (n.).

— (Mme Marie-Lætitia Ramolino. — VII : 438, 440, 441. — VIII : 334.

— (Caroline-Marie-Annonciade, Princesse Murat), Reine de Naples. —

VII : 17, 64, 336, 440, 443 (n.), 519, 544, 545, 547. — VIII : 101, 231, 232, 239, 386.
— (Charlotte). — VII : 435, 441.
— (Élisa, Comtesse Baciocchi), grande-duchesse de Toscane, princesse de Piombino. — V : 176. — VI : 429, 436. — VII : 50, 451, 473, 476.
— (Jérôme), roi de Westphalie. — VI : 15, 364. — VII : 17, 25, 103, 132, 180, 191, 194, 285, 286, 288, 296 (n.), 297, 337 (n.), 347 (n.), 354, 359, 369, 372, 376 (n.), 381, 408, 411, 424, 483, 484, 490, 516 (n.), 520, 521, 527. — VIII : 108 (n.), 168, 195, 219, 229, 322.
— (Louis), roi de Hollande. — V : 302. — VI : 15, 364 à 366, 428. — VII : 17, 50, 61 à 65, 79, 96, 100, 103, 115 (n.), 137 (n.), 156, 165, 191, 193, 253, 259, 262, 284, 296 (n.), 297, 341 (n.), 348 (n.), 359, 369, 372, 381, 389, 390, 399, 407, 408, 411, 418 à 424, 434 à 438, 446 à 449, 451, 477, 521, 526 à 528, 545, 547. — VIII : 101, 219, 229, 497.
— (Lucien), prince de Canino. — IV : 382. — V : 302, 458, 461, 468, 469, 474, 478, 479, 481 à 484, 486. — VI : 15, 23, 51, 106 (n.), 153, 177, 296, 321, 322, 364, 366. — VII : 233, 234, 250, 260, 317, 410, 411, 435, 451. — VIII : 428, 449, 450.
— (Pauline), princesse Borghèse, duchesse de Guastalla. — V : 176. — VII : 50, 440.
Bonchamp (Charles-Melchior-Artus de), général. — II : 174. — III : 376, 463, 538. — VII : 282.
Bondy. — VIII : 323.
Bongars (Jacques), historien. — I : 266.
Bonn. — I : 432. — II : 12 (n.), 344. — III : 97, 109. — IV : 139, 161. — V : 168. — VIII : 368, 404, 406, 407, 409.
Bonne-Carrère (Guillaume de). — II : 189 (n.), 297, 362, 397, 409, 482.
Bonne-Espérance (Cap de). — I : 329. — V : 193. — VII : 71.
Bonneval (Claude-Alexandre, Comte de). — II : 541. — V : 440.
Bonnier d'Arco. — III : 147 (n.). — V : 226, 263, 266, 272, 278, 280, 281, 396, 398.
Bordeaux. — II : 123. — III : 539. — VII : 131, 259, 279, 289, 517, 526. VIII : 297, 303, 311, 331.
— (de). — I : 14.
Borel de Bretizel (Durand). — III : 301 (n.).
Borghetto. — V : 90.
Borgia (Alexandre). — IV : 61. — VI : 406 (n.).
Bormida (La). — VI : 36.
Borodine (Général). — VI : 140.
Borodino. — VIII : 325.
Borysthène (Le). — VII : 457.
Bosnie (La). — I : 451. — III : 398. — IV : 193 (n.), 465 (n.). — V : 228, 229, 277, 299. — VI : 381, 391, 450. — VII : 39, 135, 136, 171, 239, 249.
Bosphore (Le). — III : 529. — V : 340 (n.). — VII : 54, 242, 249 (n.).
Bossuet, évêque de Meaux. — I : 6, 12, 21, 33, 44, 54, 61, 62, 130, 150, 159, 174, 183, 222 (n.), 233, 282. — II : 118, 119 (n.). — IV : 3. — VII : 265, 564.
Botta (François-Joseph-Guillaume). — IV : 26. — V : 83. — VII : 474.
Bottot. — V : 471, 473.
Bouche (Charles-François). — II : 99, 102 (n.), 197 (n.), 200.
Bouches-du-Rhône (Département des). — II : 102.
Bouchotte (Jean-Baptiste-Noël). — III : 407, 438.
Bouc (Le). — I : 520 (n.). — II : 244.
Bougeant (Le père Guillaume-Hyacinthe). — I : 320.
Bouillé (Marquis de), général. — II : 141 à 143 (n.), 180, 183, 220, 227, 228, 242, 249, 253, 254 (n.), 258, 259, 278, 289, 358, 471, 536, 537. — III : 26, 53.
Bouillé (Mme). — VII : 439.
Boukharie (La). — VI : 114.
Boulainvilliers (Henri, Comte de). — IV : 475.
Boulay de la Meurthe (Antoine-Jacques-

Claude-Joseph). — V : 485. — VI : 7.
Bouligny (Le chevalier de), diplomate espagnol. — V : 438, 439.
Boulogne (Le bois de). — VIII : 463.
Boulogne-sur-Mer. — III : 245, 406. — IV : 222. — V : 48, 139, 301. — VI : 157, 291, 309, 344, 345, 383, 393, 430, 431, 433, 439, 440, 449, 450, 458, 471. — VII : 8, 94, 202, 245, 249, 272, 331, 360, 518, 542, 548, 552.
Bouquet (Dom Martin), — I : 319.
Bourbon (Le palais). — V : 474.
— (Henri-Louis-Joseph, Duc de). — II : 4. — III : 4, 162. — IV : 211.
— et les Bourbonniens (Ile). — VII : 60, 71.
— (Les). — I : 43, 44, 62, 67, 69, 121, 170, 208, 257, 289, 447, 449. — II : 58, 271 (n.), 286, 291, 402, 502, 558. — III : 24, 189, 200, 201, 312, 424, 471, 478, 503, 504, 517. — IV : 144, 169, 172, 174, 188, 190, 191, 207, 209, 237, 266, 321, 348, 368, 402, 458, 469, 472. — V : 42, 117, 207, 378, 379, 381, 401, 418, 433, 455, 466. — VI : 12, 25, 38, 42, 84, 107, 150, 209, 244, 246, 264, 275, 278, 340, 342 à 348, 350 à 352, 355, 356, 362, 363, 366 (n.), 372, 389, 390, 408, 413, 447, 454, 510. — VII : 16, 58, 60, 80, 118, 197, 215, 233, 234, 281, 340, 435, 463, 469, 584. — VIII : 11, 81, 128, 153, 154, 200, 216, 218, 228, 240, 241, 247, 248, 251 à 254, 257, 272, 273, 275 à 277, 279, 280, 283, 284, 297, 299, 301 à 303, 306, 310 à 313, 315, 317 à 321, 330 à 333, 338, 346, 356, 401, 403, 416, 417, 420 à 430, 435, 443, 448, 450, 454 à 458, 460 à 463, 465, 475, 476.
— d'Espagne (Les). — I : 127, 288, 376, 377, 385. — II : 559. — III : 478 (n.), 531. — IV : 202, 310, 390. — V : 105, 206, — VI : 327, 362, — VII : 212, 216, 218, 220, 222, 258, 259, 265, 266, 281, 326, 335, 449, 563. — VIII : 95, 116, 140, 208, 226, 258, 281, 291, 294.
— de Naples. — I : 311, 388, 451, — II : 546, 559. — III : 255, 292, 422. — IV : 202, 390. — V : 36, 197, 381, 385, 413. — VI : 77, 470. — VII : 30, 34, 96, 120, 212, 572. — VIII : 104, 149, 179, 412, 497.
— de Parme. — I : 311, 451.
— l'Archambault. — VI : 320.
Bourdois (M.). — II : 338 (n.).
Bourdon (François-Louis). — IV : 106, 110, 120, 126, 231, 232.
Bourges. — III : 408.
Bourgignons (Les). — VI : 493.
Bourgogne (La maison de). — II : 275.
— (La). — I : 245, 254, 257, 302. — IV : 212. — V : 236, 278. — VIII : 477, 509.
—, comté (La). — I : 36 (n.).
—, duché (La). — I : 36 (n.).
Bourgoing (Jean-François, Baron de). — II : 94, 95, 281, 382, 451, 503 (n.). — III : 133, 134, 157, 190 (n.), 230 à 232, 263, 298, 299, 417. — IV : 234, 266, 308 à 310, 320 à 322.
Bourguignons (Les). — VI : 299.
Bourmont (Maréchal Louis-Auguste-Victor, Comte de Ghaisnes de). — V : 219. — VI : 12, 37, 47. — VIII : 430 (n.).
Bourrienne (Louis-Ant. Fauvelet de). — V : 248, 297. — VIII : 335.
Boursault-Malherbe (Jean-François). — IV : 263.
Bourse (La). — VII : 295.
Boutiaguine (de). — VIII : 13, 418.
Boutroue (Jules-Alexandre Léger). — V : 454.
— (Louis-Martial-Stanislas). — V : 454.
Bouvines. — VIII : 495.
Boyen (Hermann). — VII : 292, 593. — VIII : 14, 26, 55.
Boyer-Fonfrède. — III : 412 (n.).
Brabant (Le) et les Brabançons. — I : 137 à 140, 254, 362. — II : 51 à 53, 59, 65, 190, 319 (n.), 348, 418. — III : 23, 31, 142, 145, 154, 163, 168, 201 (n.), 275, 342, 505. — IV : 151. — V : 45, 128. — VII : 423. — VIII : 121, 146, 228.

BRADAMANTE. — VII : 181.
BRAGANCE (Maison de). — I : 44, 67. — IV : 266 (n.). — VII : 217, 219, 231, 232, 236, 253, 257, 281, 435. — VIII : 41, 149.
BRAINE-LA-LEUD. — IV : 87.
BRANDEBOURG (Le). — I : 97, 307, 404 (n.), 468. — II : 375. — III : 529. — VII : 107, 185, 530.
— (La maison de). — VII : 81, 88, 120, 121, 139.
— (Joachim II, Électeur de). — I : 466, 467. — V : 23.
— (L'Électeur de). — I : 403 (n.). — II : 361. — IV : 255, 291.
— (Jean-Sigismond, Électeur de). — I : 269.
— (Frédéric-Guillaume, Comte DE), général. — VIII : 58.
BRANDEIS. — VIII : 152, 155, 169.
BRANICKI (Jean-Clément). — I : 88.
BRANTÔME (Pierre de Bourdeilles, abbé et seigneur DE). — I : 266. — V : 85.
BRANTZEN. — IV : 198.
BRAUNAU. — VI : 62. — VII : 46, 81.
BRAY (François-Gabriel, Comte DE). — VII : 90, 112, 177 (n.), 178 (n.), 189, 402 (n.), 458, 512 (n.), 538.
BRÉARD (Jean-Jacques). — III : 249, 347, 381 (n.), 382. — IV : 115, 125, 126, 145 (n.), 147 (n.), 169, 223 (n.), 232 (n.), 238 (n.), 264 (n.), 293 (n.), 319 (n.), 323.
BRÉDA. — I : 362. — III : 273. — IV : 88, 239, 313. — VII : 423.
BRÊME. — VI : 30. — VII : 21, 93, 171, 217, 452, 520. — VIII : 114 (n.), 115.
BRENNUS (Le chef gaulois). — V : 145.
BRESCIA. — V : 90, 91, 153, 165 (n.), 408.
BRÉSIL (Le). — III : 244. — IV : 221. — VI : 168, 438. — VII : 231, 245.
BRESLAU. — I : 167 (n.). — IV : 15. — VI : 464. — VII : 113. — VIII : 55, 56, 60, 62, 64, 67, 74, 123, 132.
BRESSE (La). — I : 271.
BREST. — III : 407. — VI : 23, 33, 35, 37, 49, 63, 100, 101, 170, 274, 278, 382, 430, 438, 439, 449, 451, 453, 455, 459. — VII : 245, 272, 331.
BRETAGNE (La) et les BRETONS. — I : 145, 443 (n.), 522 (n.). — II : 40, 488. — III : 214, 501, 502. — IV : 207, 208, 365. — V : 138. — VI : 34, 35, 37, 49, 107. — VII : 131, 151. — VIII : 272.
BRETAGNE (L'armée de). — VI : 89.
BRETEUIL (Louis-Auguste le Tonnelier, Baron DE). — I : 27 (n.), 40 (n.), 51, 73 (n.), 124 (n.), 286 (n.), 298 (n.), 299 (n.). — 300 (n.), 314 (n.), 315 (n.), 316 (n.), 450 (n.). — II : 140, 141, 143, 174, 176, 181, 182 (n.), 184, 188, 219, 220, 223, 224 (n.), 271, 281, 282, 284, 329, 331, 340, 352, 368, 373, 424, 425, 437, 508. — III : 41, 47, 139, 321 (n.), 353, 397 (n.), 446, 469. — VI : 294.
BRICARD (Le canonnier). — V : 301.
BRIDAU (Philippe). — V : 14 (n.)
BRIENNE. — I : 214. — VIII : 257.
BRINDES. — VI : 107.
BRINDISI. — VI : 309.
BRIOT (Pierre-Joseph). — V : 451.
BRISACH (VIEUX-). — I : 36 (n.).
BRISGAU (Le). — II : 248. — III : 4, 119. — V : 250. — VI : 504. — VII : 15.
BRISSAC (Louis-Hercule-Timoléon DE COSSÉ-). — II : 329.
BRISSOT DE WARVILLE (Jean-Pierre). — I : 30 (n.), 160. — II : 157, 201 (n.), 295, 296, 299, 301 à 304, 308, 309, 311, 314, 317 à 319 (n.), 326, 335, 357, 359, 361, 362, 366, 393, 397 à 402, 407, 419, 435, 479, 489, 505, 512. — III : 20, 118, 123, 125, 126, 138, 141, 169, 170, 197, 198, 200, 201 (n.), 204, 240, 249, 255, 256, 260, 261, 263, 272, 280, 341, 410 (n.), 529. — IV : 62, 64, 72. — V : 228. — VII : 85, 99.
BRISSOTINS (Les). — II : 301.
BRIXEN. — VII : 15.
BROCKHAUSEN. — II : 52. — VII : 243 (n.), 247 (n.), 260 (n.), 274 (n.), 291, 293 (n.), 299 (n.), 323 (n.), 336 (n.)
BRODY. — VI : 443.

BROGLIE (Charles-François, Comte DE). — I : 28, 78, 293 (n.), 298, 307 (n.). — III : 243, 393, 396.

— (Victor-Claude, Prince DE). — II : 536.

— (Victor-François, Duc DE), maréchal de France. — I : 82 (n.). — II : 253. — III : 2. — VI : 228. — VII : 494 — VIII : 36.

BRONTE (Duc DE). — Voir : NELSON.

BROUSSAIS (François-Joseph-Victor). — V : 467 (n.).

BRUCHSAL. — IV : 211, 427.

BRUEYS D'AYALLIERI (François-Paul, Comte DE). — V : 195.

BRUGES. — III : 259, 285, 311.

BRUILLE. — III : 30, 356, 361.

BRUIX (Amiral Eustache DE). — V : 427, 429, 472, 476.

BRULART. — V : 219.

BRUMAIRE (Le 18). — I : 512. — IV : 295. — V : 11, 87, 161, 201, 207, 209, 223, 427, 430, 467 (n.), 468, 470, 474, 487 (n.). — VI : 1, 2, 7, 8, 13, 18, 25, 44, 52, 72, 172, 216, 218, 225, 342 à 344, 367, 387, 426, 507. — VII : 276, 336, 360, 462, 579, 595. — VIII : 228, 268, 309, 318, 337, 352, 420, 428, 431, 434, 449, 450, 462.

BRUNE (Le maréchal Guillaume-Marie-Anne). — II : 548, 549 (n.). — V : 293, 294, 311, 315, 319, 321, 322 (n.), 363, 364, 369, 391, 434, 450, 459, 471. — VI : 7, 20, 49, 91, 255, 366, 382, 383 (n.). — VIII : 449.

BRUNN. — VI : 493 à 498, 500, 502. — VII : 9, 10.

BRUNSWICK (Élisabeth DE). — I : 480, 484.

— (Charles-Guillaume-Ferdinand, Duc DE). — I : 114, 115, 365, 406, 414, 493, 497. — II : 160, 334, 335, 349 à 352, 368, 370, 425, 443, 470 à 472, 494, 500, 543, 555. — III : 4, 5, 6, 26, 36, 40, 41, 45, 47, 49, 51, 53, 58 à 60, 62, 63, 79, 83 à 85, 88 à 90, 92 à 96, 136, 142, 213, 366, 370, 460, 492, 494, 495, 540. — IV : 17, 35, 83, 138, 221, 279, 290. — V : 434, 455. — VI : 460, 462, 464, 474, 486, 488. — VII : 22, 23, 40, 41, 43, 44, 92, 96, 98 (n.), 99, 103, 180 (n.), 322, 324, 346, 359, 373, 435. — VIII : 25, 217, 448, 460 (n.).

— (Duché de). — I : 402, 404 (n.), 405 (n.), 437. — II : 351, 352, 365. — III : 459, 492. — IV : 221. — VI : 485, 499. — VII : 52, 102, 103 (n.), 285, 372. — VIII : 134.

BRUNSWICK-LUNEBOURG (Maison de). — VIII : 187.

BRUSLART (Louis-Guérin DE). — VIII : 415, 432, 465.

BRUTUS. — I : 111, 149. — III : 292. — IV : 25. — V : 93, 291, 474, 481. — VI : 129. — VII : 393.

BRUXELLES. — I : 67, 264. — II : 51, 52, 65, 66, 152, 153, 167, 247, 295, 316, 340, 352, 353, 368, 373, 424, 427, 450, 482, 505. — III : 142, 162, 163, 259, 277, 284, 285, 288, 311, 338, 339, 353, 422, 443, 450, 468. — IV : 75, 87, 88, 413. — VI : 316 à 318, 503. — VIII : 264, 432, 444.

BRZEST. — VI : 467.

BUBNA (Le général Ferdinand, Comte DE). — VII : 321, 383, 384, 386 à 388, 392. — VIII : 37, 38, 41, 43, 46, 47, 49, 51 (n.), 77, 78, 114, 115, 117, 119, 121, 124, 125, 131, 141, 156, 169, 174, 175, 266.

BUCHAREST. — IV : 250. — VII : 570.

BUCHHOLZ (Ministre de Prusse). — III : 453 à 456, 493, 495.

BUCHOT (L'abbé Philibert). — IV : 67, 172.

BUDBERG (Ministre d'Alexandre Ier). — VII : 48, 94, 170, 199, 201.

BUDE. — IV : 344.

BUENOS-AYRES. — VI : 137, 162, 272.

BUFFON (Jean-Louis Leclerc, Comte DE). — III : 103. — IV : 475. — VI : 450.

BUG (Le). — IV : 141, 190.

BUGEAUD DE LA PICONNERIE (Maréchal). — VI : 514. — VII : 339.

Bugey (Le). — III : 168.
Bukovine (La). — I : 439, 444, 451. — III : 328 (n.). — VII : 558.
Bulgakof (Ministre de Russie). — I : 521. — II : 460, 461.
Bulgarie (La). — IV : 358 (n.). — VI : 490. — VII : 135, 136, 239, 249.
Bulow (Général, Frédéric-Guillaume de), comte de Dennewitz. — VIII : 264, 286, 288.
Burcard (Général). — V : 373.
Burckhard (Le chef d'escadron). — V : 397, 398.
Bureau des longitudes (Le). — IV : 440.
Burg (La). — V : 154.
Burger (Frédéric), de Strasbourg. — IV : 300.
Burger (Godefroy-Auguste). — II : 12 (n.).
Burgos. — VII : 244, 261, 275 (n.).
Burke (Edmond). — I : 164, 350, 357. — II : 27, 28, 43, 144 à 146, 150, 206, 207, 215, 218, 233, 238, 289, 440 (n.). — III : 216, 228, 229, 241, 320, 458, 462. — IV : 24, 36, 91. — V : 406. — VIII : 285.
Bury (La ville de). — III : 362.
Busaco (Le hameau de). — VII : 518.
Bute (Jean-Stuart, Comte de). — I : 343. — IV : 361, 362.
Buzot (François-Nicolas-Léonard). — III : 239, 240 (n.), 381, 410 (n.).
Byng (L'amiral John). — I : 342.
Byron (Georges-Noël Gordon), lord. — VI : 33.
Byzance. — I : 504. — II : 559. — III : 277, 352. — V : 406. — VII : 565. — VIII : 506.

C

Cabanis (Pierre-Jean-Georges). — V : 465, 485. — VI : 7.
Cabarrus (François, Comte). — IV : 203.
Caboche (Le boucher Simon). — I : 202.
Cacault (François). — I : 79 (n.), 387 (n.). — III : 293 à 295, 402 (n.), 488, 489 (n.), 528. — IV : 70, 100, 201. — V : 34, 51, 56 (n.), 92 (n.), 100, 112, 154, 203. — VI : 178.
Cachemire. — VII, 589.
Cadix. — VI : 107, 412, 425, 432, 438, 439, 449, 453, 455, 458, 459. — VII : 137, 254, 256, 272, 478, 526, 560. — VIII : 76.
Cadoudal (Georges). — V : 12, 435. — VI : 9, 34, 37, 49, 63, 89, 118, 244 245, 258, 272, 274, 338, 342 à 347 (n.), 363, 367. — VII : 122, 206, 360. — VIII : 322, 432.
Cagliari. — VI : 144.
Cagliostro (Joseph-Balsamo, prétendu Comte Alexandre de). — I : 76, 180. — V : 94.
Cahier de Gerville (Bon-Claude). — II : 322.
Caillard (Antoine-Bernard). — II : 338 (n.), 409 (n.), 417. — III : 21, 156, 394, 533. — IV : 176, 274, 423. — V : 28 à 30, 126, 160, 173, 216, 217, 328.
Caïn. — II : 330.
Ça ira (La chanson populaire). — VII : 107.
Caire (Le). — II : 542 (n.). — V : 103, 343, 369, 442, 447.
Caius Gracchus. — IV : 103 (n.).
Calabres (Les). — I : 385. — V : 386, 412. — VI : 327, 407. — VII : 60, 61, 233, 270, 282, 284, 466, 547. — VIII : 76, 366, 448.
Calais. — II : 336 (n.). — VI : 280.
Caliban. — V : 117.
Californie (La). — II : 61.
Caligula (Caïus-César-Augustus-Germanicus). — III : 333.
Callimaki (Prince Charles). — VII : 122.
Calonne (Charles-Alexandre de). — I : 213. — II : 174 à 177, 180, 181, 248, 250, 253, 255 à 257, 260, 269, 283, 284, 288, 292, 357, 504 (n.), 509. — III : 4, 446, 447.
Calvados (Le département du). — VII : 131.
Calvin et les Calvinistes. — I : 102. — IV : 121, 209.

Cambacérès (Jean-Jacques Régis de). — I : 169, 274. — III : 73, 345, 346, 381 (n.), 519, 520. — IV : 123, 147 (n.), 158 (n.), 168, 170 (n.) à 172, 179, 181, 184, 198, 223, 225, 229, 232, 233, 238 (n.), 259 à 265, 288, 293 (n.), 319 (n.), 323, 326, 327, 355, 366, 370, 374, 375, 421, 441, 470. — V : 429. — VI : 6, 14, 145, 147, 195, 296, 310, 352, 365, 366, 387, 404, 431, 433, 452, 468, 493. — VII : 108 (n.), 112 (n.), 113 (n.), 115 (n.), 116, 117 (n.), 123 (n.), 125 (n.), 137, 139, 153, 154 (n.), 155 (n.), 167, 340, 349, 370 (n.), 375, 377, 380. 381, 416, 431, 452 (n.), 596. — VIII : 42, 43, 142, 218 (n.), 226 (n.), 241, 305 (n.), 417, 451, 463.

Cambefort (Lord). — V : 351.

Cambon (Joseph). — II : 300, 316, 398, 432, 535. — III : 31, 147, 233 à 236, 249, 253, 259, 278, 281, 307, 308, 311, 312, 373 (n.), 382, 283, 391, 406, 415, 438, 517 (n.), 519. — IV : 66, 110, 114, 154, 161 (n.), 287. — VIII : 67.

Cambrai. — I : 36 (n.).

Cambrésis (Le). — III : 505. — IV : 136.

Cambridge. — I : 165.

Camille (Marcus-Furius). — V : 145.

Camille. — VII : 99.

Camisards (Les). — III : 501.

Campbell (Sir Neil). — VI : 439.

Campe (Joachim-Henri). — II : 12. — III : 15. — IV : 20.

Campo (L'ambassadeur d'Espagne del). — V : 107, 117.

Campo-Chiaro (Duc de). — VIII : 412.

Campomanès (Don Pedro-Rodriguez, Comte de). — I : 116, 128, 374. — IV : 202.

Camus (Armand-Gaston). — II : 100, 122 (n.). — III : 172, 206, 233, 280, 285, 286, 340, 357, 358, 359, 381 (n.).

Canada (Le). — I : 289, 291, 294. — II : 207 (n.). — III : 262. — IV : 385. — V : 39, 192. — VI : 197, 246, 249, 262, 275. — VII : 80.

Canclaux (Général Jean-Baptiste-Camille). — II : 541. — III : 463.

Candie (Ile de). — I : 329. — II : 55. — III : 404. — VI : 30. — VII : 47, 171, 185.

Cannes. — VIII : 436.

Canning (George). — V : 172, 216 (n.). — VI : 34, 266, 267, 298. — VII : 159, 162, 163, 165, 200, 201, 204, 247, 260, 277, 291, 398. — VIII : 153.

Cantons (Les). — II : 181, 182. — III : 121, 301, 524. — VI : 254, 257.

Cap (Le) ou Cap-Town. — V : 36, 119, 215. — VI : 33, 106, 160. — VII : 79, 80, 137. — VIII : 81, 292.

Capet (Louis). — Voir : Louis XVI.

Capétiens (Les). — I : 208, 244, 245, 326, 442.

Capitole (Le). — V : 291.

Capitulations (Les). — III : 138, 139, 303. — IV : 435.

Capo d'Istria (Jean-Antoine, Comte de). — VIII : 440, 467, 473, 492.

Capoue. — V : 413. — VII : 589.

Caprara (Jean-Baptiste). — VI : 385, 386, 434. — VII : 65, 66, 260.

Capucins (Les). — II : 153.

Caracciolo (Amiral Prince François). — I : 115. — V : 423.

Caraman (Louis-Charles-Victor Riquet, Marquis et Duc de). — II : 368, 373 (n.), 426. — VI : 109.

Carbon (François-Jean). — VI : 89.

Carcassonne. — III : 519.

Carélie (La). — I : 527.

Carency (de). — II : 440 (n.).

Cariati (Le Prince). — VIII : 102, 157.

Carignan (La Maison de). — VIII : 367, 373.

Carinthie (La). — I : 440. — IV : 11. — VII : 384, 394.

Carisien (de), ministre de Suède. — II : 340, 341.

Carletti (Le Comte François-Xavier de). — IV : 100, 199, 200, 232, 252, 297, 302, 303, 338, 340, 357, 362.

Carliste (Frédéric Howard, Comte de). — II : 206.

CARLOIX (Vincent). — I : 264.
CARLOS (Carlos-Maria-Isidor de Bourbon, dit l'Infant DON). — VII : 266.
CARLSRUHE. — V : 393.
CARMAGNOLS (Les), et la Carmagnole. — IV : 12. — V : 81, 419.
CARMER (Jean-Henri-Casimir, Comte DE). — I : 115, 471.
CARNAVON (Lord). — VI : 209.
CARNIOLE (La). — I : 36 (n.), 440. — II : 551. — IV : 11. — VI : 177. — VII : 384, 394.
CARNOT (Lazare-Nicolas-Marguerite). — II : 535, 543. — III : 161, 246 (n.), 309 à 311, 356, 357, 362, 383 (n.), 406, 475 (n.), 508 (n.), 513 à 516, 532, 535, 537, 538, 543, 545. — IV : 51, 66, 75, 77, 88 à 90, 109, 110, 126, 132, 147 (n.), 151, 158 (n.), 169, 170, 177 à 179, 223 (n.), 232 (n.), 238 (n.), 241, 243, 261, 326, 337, 385, 430, 441, 472. — V : 8, 9, 10, 47, 49 à 51, 55, 69 (n.), 70 à 77, 97, 140, 163 à 165 (n.), 169, 170, 178, 206, 208, 209, 215, 221, 223, 227. — VI : 49 à 51. — VII : 595. — VIII : 182, 446, 449 à 452.
CAROLINE-MARIE D'AUTRICHE (Reine de Naples). — I : 386, 388, 451 (n.). — II : 558. — III : 255, 296, 319, 402. — IV : 13, 28, 202, 389 (n.). — V : 94, 324, 346 à 349, 374, 375, 400, 421 à 423, 425. — VI : 235, 362, 378, 407, 456. — VII : 16, 99, 430. — VIII : 104, 239, 367.
CAROUGE. — II : 17. — III : 125.
CARPENTRAS. — II : 99, 197.
CARRA (Jean-Louis). — I : 236 (n.). — II : 201 (n.), 334, — III : 83, 84, 96, 169, 210, 211.
CARRARA. — V : 249 (n.). — VII : 50.
CARRIER (Jean-Baptiste). — I : 232, 238. — II : 533. — III : 68, 343, 539. — IV : 60, 72, 123, 185, 324. — V : 16, 476. — VII : 35.
CARROUSEL (Place du). — III : 410. — IV : 117. — VI : 241. — VIII : 83.
CARS (Comte DES). — VIII : 299.
CARTHAGE et les CARTHAGINOIS. — I : 292, 309, 338 (n.). — II : 89. — III : 273, 344, 473, 476, 477. — IV : 176, 183, 241. — V : 36 (n.). — VII : 256, 421, 422, 541.
CARTHAGÈNE. — VII : 245, 272.
CASAL. — I : 278.
CASANOVA DE SEINGALT (G.-J.). — I : 76.
CASA-SANTA DE LORETTE (La). — V : 70.
CASPIENNE (La mer). — VI : 30.
CASSANO. — V : 407.
CASSAN (Jacques DE). — I : 276.
CASSEL. — IV : 33. — VIII : 195.
CASSILLA, agent sarde à Gênes. — V : 35.
CASTAGNOS (Général don Francisco-Xavier DE), duc de Baylen. — VII : 325.
CASTEL. — III : 289.
CASTELCICALA (Prince DE). — Voir : RUFFO (Fabrice).
CASTELLANE (Maréchal Comte). — VII : 576, 577, 589.
CASTELNAU (Comte DE). — II : 148.
CASTIGLIONE (Bataille de). — V : 100, 185, 447, 479. — VI : 258. — VIII : 261, 500.
CASTILLE (La et les CASTILLANS). — I : 36 (n.). — IV : 368. — VI : 107.
CASTILLE (Le Conseil de). — II : 238. — VII : 266, 267, 279.
CASTLEREAGH (Robert-Stewart, Marquis de Londonderry, Vicomte). — I : 448 (n.). — IV : 461 (n.). — VI : 34, 168, 209, 297. — VII : 159, 162, 165, 200, 398. — VIII : 96, 98, 153, 161, 162 (n.), 211, 212, 232 (n.), 233, 238, 245 à 252, 254 (n.), 256 à 258, 260, 264 à 267, 271, 272, 275, 277, 280, 289, 300, 306, 334, 359, 369, 375, 379 à 382 (n.), 384, 386, 389, 390, 392, 394, 395, 397 à 399, 402, 403, 405 à 408, 412, 421 à 423, 426 (n.), 458, 463, 464, 467, 469, 473 à 476, 480, 488, 492.
CASTRIES (Maréchal Charles-Gabriel de la Croix, Marquis DE). — I : 315 (n.). — II : 254. — III : 2, 480. — IV : 408.
CATALOGNE (La) et les CATALANS. — I : 36 (n.). — II : 238, 292, 503. — III : 231. — IV : 90, 145, 165, 166, 203. — VI : 326. — VII : 215, 254, 256, 263, 389, 434, 525, 526, 528.

Cathcart (Général William Shaw, Comte de). — VIII : 98, 107, 161, 162 (n.), 183, 206, 213, 288.

Cathelineau (Général Jacques). — III : 463. — VII : 282.

Catherine II de Russie. — I : 19, 40, 50, 52, 65, 70, 73 (n.), 92, 109, 112, 114, 116, 117, 119, 130, 131, 153, 160, 161, 166 (n.), 168, 296, 301, 316, 328, 356, 384, 386, 449, 451, 454, 484, 493, 510, 514, 515 à 517, 519, 521, 524, 527, 528, 530, 532, 535, 545. — II : 32 à 34, 74, 75, 130, 154, 161, 164, 175, 182, 205, 208, 215 à 217, 219, 221, 229, 238, 239, 244, 247 (n.), 248 (n.) à 251, 254, 262, 281, 286, 291, 324, 330, 332, 346, 347, 353, 365, 369, 372, 376, 380, 381, 426, 430, 443, 455, 458 à 460, 464, 467, 468, 495, 497, 501, 502, 506, 511, 557, 558. — III : 16, 20, 45, 54, 92, 93, 132, 135, 136, 158, 186, 187 (n.), 303, 305, 313, 315, 316, 323, 325, 332, 333, 352, 398, 440, 444, 445, 448, 453, 454, 465, 482, 495, 527, 529, 546. — IV : 6, 7, 44, 47, 48, 52, 55, 56, 58, 93, 139, 141, 186 à 188, 190, 193, 284, 290, 305, 315, 318 (n.), 343, 397, 400, 403, 404, 406, 418, 445, 447, 471, 476. — V : 23, 26, 27, 42 à 45, 131, 133, 134, 136, 137, 144, 178 à 181, 233, 353, 354, 404. — VI : 123, 125, 126, 128, 133, 135, 143, 149, 151, 161, 162, 203, 252, 286, 305, 323, 369, 387, 442. — VII : 125, 179, 197, 206, 358, 401, 513, 539, 582. — VIII : 6, 95, 339, 426.

Catherine de Wurtemberg (Reine de Westphalie). — VII : 103, 191, 228, 299 (n.).

Catherine (La grande-duchesse). — VII : 180 (n.), 228, 229, 251, 310. — VIII : 377.

Catilina (Lucius-Sergius). — IV : 131.

Catinat (Maréchal Nicolas de). — V : 93. — VI : 218.

Caton (Marcus-Porcius). — III : 273, 473. — V : 183, 291.

Cattaro. — V : 194, 228, 229, 231, 249 (n.). — VI : 391. — VII : 15, 39, 46, 47, 54, 70, 72, 76 à 79, 81, 89, 125, 185, 232.

Cauchelet (Mlle). — VIII : 418.

Caulaincourt (Armand-Augustin-Louis de), duc de Vicence. — V : 127. — VI : 150, 165, 349, 352. — VII : 4 (n.), 229, 237 (n.), 239, 241 à 244, 248 à 252, 259, 263 (n.), 268 (n.), 272 (n.), 273, 288 (n.), 296, 303, 307, 316, 320, 331 (n.), 337, 338 (n.), 341, 343, 344, 347, 348 (n.), 350, 357, 358, 362, 379, 380, 384, 400, 401, 416, 417, 426, 429, 431, 432, 512, 517, 519, 520, 535, 538 à 540, 542, 565 (n.). — VIII : 42, 43, 108, 109 (n.), 118, 121 à 124, 126 à 133, 143, 158 à 160, 163 à 171, 173 à 176, 203 à 205 (n.), 209, 216, 219 (n.), 221, 222 (n.), 223, 225, 227, 230, 235 (n.), 237 (n.), 240, 244, 245, 251, 255, 256, 258, 259 (n.), 260 à 270, 276, 277, 279, 282, 283, 286, 287, 289, 291 à 296, 302 à 305, 310, 323, 324, 327, 329, 331, 334, 347, 377, 417, 418, 428, 484.

Cavaignac (Jean-Baptiste). — III : 406. — IV : 330, 338. — VI : 212.

Cavaillon. — II : 197 (n.).

Cavour (Camille, Comte Benso de). — V : 68.

Cazalès (Jacques-Antoine-Marie de). — II : 87 (n.), 198 (n.).

Cellamare (Le conspirateur). — VI : 350.

Celtes (Les). — III : 498 (n.).

Cent-Ans (Guerre de). — I : 202, 253, 289, 542. — III : 413. — IV : 54. — VI : 205. — VII : 587. — VIII : 507.

Cent-Jours (Les). — VIII : 428, 450, 454

Centre (L'armée du). — III : 79 (n.).

Cent-Suisses (Les). — III : 359 (n.).

Céphalonie (Ile de). — V : 194, 195.

Cercle de la Basse-Saxe (Le). — VI : 396, 397.

Cerdagne (La). — IV : 90, 145.

Certani. — Voir : Andrea de Nerciat.

Céruti (Rue), à Paris. — VII : 72, 73 (n.).

César (Jules). — I : 3, 259, 261, 264, 277, 329, 382. — II : 89, 245, 271 (n.), 380, 493, 520. — III : 75, 153, 212, 335. — IV : 103, 388, 463, 469, 471, 477. — V : 2, 12, 57, 79, 84, 98, 108, 163, 175, 179, 182, 187, 198, 225, 287, 341, 427, 449, 462, 463, 473, 479. — VI : 5, 11, 23, 27, 179, 193, 199, 226, 228, 245, 246, 350, 369, 387. — VII : 62, 123, 221, 236, 313, 353, 396, 405, 415, 432, 461, 462, 549, 564. — VIII : 40, 447, 494.

Cesarotti (Melchior). — V : 177.

Ceuta. — VII : 272.

Cévennes (Les). — I : 259. — II : 488. IV : 463 (n.). — V : 58.

— (Guerre des). — I : 231.

Ceylan. — V : 36, 215. — VI : 33, 160, 164, 167, 170, 190, 201. — VIII : 292.

Chabot (François). — II : 300.

Chabrillan. — VII : 577.

Chaillon. — IV : 324 (n.).

Chaillot. — VI : 157.

Chalgrin — III : 138, 158.

Chalon-sur-Saône. — III : 29, 48, 55, 81.

Chalons (L'armée de). — III : 30.

Chambéry. — II : 17. — III : 114, 116. — VIII : 348, 477.

Chambon (Antoine-Benoît). — III : 410 (n.).

Chambonas (Général, Marquis de). — II : 488. — III : 15.

Chambord (Le château de). — IV : 413, 414. — V : 46.

Chambre des Communes (La). — I : 164, 191, 344, 351. — II : 27, 84, 85, 169, 205, 438. — III : 192 (n.), 241, 242, 262, 275, 320. — IV : 35, 37, 40, 204, 205. — V : 40, 138. — VI : 101, 120, 169, 170, 209, 248, 266, 297, 298. — VII : 45, 85, 497.

Chambre des Lords (La). — I : 165, 351. — II : 169, 205, 208, 237. — III : 241, 262, 275. — IV : 35, 36, 39, 204, 205. — VI : 36, 170, 248, 266, 296, 297, 303. — VII : 497.

Chambre des Pairs (La). — V : 467 (n.).

Chambres de réunion (Les). — I : 416. — II : 78, 81, 108. — VI : 21.

Chambre introuvable (La). — VIII : 356 (n.).

Chamfort (Nicolas de). — II : 396 (n.).

Chamlay. — I : 161 (n.). — III : 472 (n.).

Champagne (La). — I : 264, 274. — II : 194 (n.), 448, 471. — III : 58, 112, 136, 171, 315. — IV : 137. — V : 138. — VI : 32. — VII : 92, 99, 324. — VIII : 25.

Champagny (Jean-Baptiste Nompère de), duc de Cadore. — V : 467 (n.). — VI : 6 (n.), 278, 332 à 334, 347 (n.), 357, 362, 381. — VII : 80 (n.), 85, 86, 192, 193, 195 (n.), 206 (n.), 217 à 219, 224 (n.), 226, 235 (n.), 237 (n.), 243 (n.), 244, 247, 254, 262, 263, 272 (n.), 273, 288 (n.), 289, 290, 293 (n.), 294, 330 (n.), 337 (n.), 341 (n.), 347, 349, 355 (n.), 362, 364 (n.), 367, 380, 382, 384, 387, 388, 390 à 392, 400 à 402, 404, 416 à 420, 422, 423 (n.), 425 (n.), 426, 432, 433 (n.), 435, 436, 439, 444, 450 (n.), 451, 452 (n.), 453, 456 (n.), 459 (n.), 517 à 520, 526, 527, 530, 531, 534, 535. — VIII : 42, 174 (n.), 274 (n.), 428.

Champaubert. — VIII : 270, 276, 281.

Champcenetz (Chevalier de). — II, 184, 221, 336.

Champ de Mars (Le). — II : 110, 490, 492. — III : 32, 33. — V : 342. — VI : 406.

Championnet (Le général Jean-Louis-Étienne). — I : 262. — II : 547. — V : 214, 365, 369, 372, 374 à 376, 378, à 381, 383 à 388, 429, 456. — VI : 515. — VII : 59. — VIII : 236, 507.

Champs-Élysées (Les). — VIII : 315, 316.

Chanaan (La terre de). — III : 259.

Chandernagor. — IV : 34. — V : 128.

Chant du Départ (Le). — V : 53.

Chantereau-Lefèvre (Louis). — I : 275, 276.

Chantereine (La rue). — V : 461, 462, 470.

Chantilly. — VI : 293.
Chapelier (Isaac-René-Guy de). — I : 222 (n.). — II : 192.
Chaptal (Jean-Antoine, Comte de Chanteloup). — V : 467 (n.). — VI : 67, 145, 243.
Charenton. — V : 341.
Charette de la Contrie (François-Athanase). — II : 174. — III : 376, 463. — IV : 50, 324 (n.). — V : 18, 50. — VII : 282, 325.
Charlemagne. — I : 13, 208, 209, 245, 246, 248, 249, 254, 255, 259, 261, 267, 276 (n.), 296, 310 (n.), 329, 383, 415. — II : 110, 199, 493. — III : 382, 523 (n.). — IV : 175 (n.). — V : 149, 187, 197. — VI : 145, 227, 239, 240, 305, 364, 374, 384 à 387, 403, 422, 434, 435. — VII : 25, 58, 123, 135, 188, 189, 355, 410, 438, 462, 463, 489, 506, 549, 573. — VIII : 426, 495, 507.
Charlemont. — IV : 135. — VIII : 480, 481, 486, 488.
Charles (Monsieur). — V : 442.
Charles-Auguste (Grand-duc de Saxe-Weimar-Eisenach). — I : 115, 403 (n.), 418, 444. — II : 224, 253, 469. — III : 181. — VII : 126.
Charles-Auguste de Deux-Ponts (Duc). — I : 311, 417 (n.). — II : 78 (n.), 338, 449. — III : 108, 421, 433.
Charles-Édouard (d'Angleterre). — I : 44. — III : 500.
Charles-Emmanuel II de Savoie. — III : 497 (n.). — V : 315.
Charles-Emmanuel IV (de Sardaigne). — I : 393. — V : 179, 230, 296, 305, 412, 415, 431. — VI : 36, 80, 109, 143, 144, 151, 152, 163, 164, 184, 185, 190, 252, 287, 293, 312, 320, 333, 337, 391, 393, 414, 454, 484, 503, 508 (n.). — VII : 94, 160, 171, 172, 346.
Charles-Eugène de Wurtemberg. — I : 411. — II : 78 (n.). 345. — III : 109.
Charles-Théodore (Électeur palatin de Bavière). — I : 403 (n.), 417 (n.). — II : 338, 475. — III : 109, 442, 452. — IV : 149. — V : 278, 389. — VI : 28.
Charles III d'Espagne. — I : 115, 127, 128, 168, 369, 373, 375, 378, 385 à 388, 532 (n.). — IV : 202. — VII : 221.
Charles IV d'Espagne. — I : 374 à 378, 532. — II : 22, 229, 237, 238, 249 (n.), 292, 381, 451, 558. — III : 134, 135, 231, 239, 300, 312, 318. — IV : 144, 234, 237, 266, 267, 309, 310, 321, 390. — V : 105 (n.), 117. — VI : 28, 53, 75, 201, 279, 280, 325 à 327, 362, 437. — VII : 115, 188, 212 à 214, 218 à 220, 233, 244, 257 à 259, 261, 263, 264 à 266. 269, 271, 279, 340, 345, 407, 434.
Charles IV (Duc de Lorraine). — I : 84 (n.), 284, 447, 448.
Charles IV, roi des Deux-Siciles. — Voir : Charles III d'Espagne.
Charles V le Sage. — I : 196, 207. — II : 520. — VI : 38.
Charles-Quint. — I : 56, 258, 262, 263, 288, 379. — V : 23. — VII : 7. — VIII : 465, 471.
Charles VI d'Allemagne. — I : 25, 26, 36, 38, 167, 288 (n.), 290, 448.
Charles VII. — I : 255, 257.
Charles VII de Bavière. — Voir : Maximilien-Joseph de Deux-Ponts.
Charles VIII. — I : 261, 262, 327. — V : 85, 88, 95, 112, 145, 155, 379, 382. — VIII : 507.
Charles IX. — I : 27, 265. — III : 33 (n.), 35 (n.), — VII : 123.
Charles X (Comte d'Artois). — II : 4, 148, 173 à 178, 180, 220, 221, 223 227, 229, 238. 246 à 248 (n.), 251 à 258, 260, 262, 271, 284, 287 (n.), 288, 292, 331, 345, 357, 597. — III : 1, 171, 331, 332, 446 à 449, 451, 465, 500, 502, 503. — IV : 208, 365, 465 (n.). — V : 132, 435, 454. — VI : 89, 221, 277, 315, 338, 341, 348, 404 (n.), 405 (n.), 508, 510. — VII : 213. — VIII : 272, 291, 297, 299, 300, 310, 334, 432, 482.
Charles X-Gustave (de Suède). — I : 44 (n.).
Charles XI, de Suède. — I : 181.

Charles XII, de Suède. — I : 38 (n.), 505. — III : 37. — VII : 169, 568, 579. — VIII : 465.
Charles XIII, de Suède. — VII : 454, 456 (n.).
Charles XIV, de Suède. — Voir : Bernadotte.
Charles de Lorraine (Prince). — I : 137 (n.).
Charles (L'archiduc). — II : 153, 555. — III : 337, 348. — IV : 12, 75, 84, 87. — V : 106, 148, 366, 392 à 394, 396, 399, 400, 404, 433 à 435, 450. — VI : 55, 78, 91, 420, 421, 471, 476, 491, 494, 505, 506. — VII : 122 (n.), 138, 159 (n.), 349, 358, 365, 366, 383, 511, 567. — VIII : 471.
Charles le Téméraire. — VII : 309.
Charlier (Charles). — II : 430. — III : 517 (n.). — IV : 115.
Charlotte de Mecklembourg-Strelitz (Reine d'Angleterre). — II : 388.
Charlotte de Galles (Princesse). — VIII : 287 (n.).
Charlotte de Prusse (Princesse). — VIII : 301.
Charlotte-Joachime de Bourbon (Reine de Portugal). — VII : 212.
Charlottenbourg. — I : 482. — VII : 106.
Charrier (Antoine). — III : 407.
Charrier de La Roche (Louis). — II : 102 (n.), 103, 362.
Charte (La), de 1814. — II : 37. — VIII : 345, 346, 356.
Charte anglaise (La Grande), — VIII : 346.
Charte de 1830 (La). — VI : 221. — VIII : 334.
Chartres (Duc de). — Voir : Louis-Philippe Ier.
Chastelain (Jean-Claude). — V : 384.
Chastenay (Mme de). — 215, 217.
Chateaubriand (François-René, Vicomte de). — I : 175, 463 (n.), 137 (n.). — III : 2, 464. — VI : 53, 63, 319 (n.), 351, 368, 405 (n.). — VII : 475, 486. — VIII : 218, 332, 339, 345.
Chateauneuf (Alexandre, Comte de). — II : 253. — III : 124, 125.
Chateau-Thierry. — VIII : 270, 276, 282.
Chatelet (Le). — I : 202.
Chatham (Lord). — Voir : Pitt.
Chatillon-sur-Seine. — VIII : 245, 255, 262, 266, 280, 298.
Chaumette (Pierre-Gaspard). — III : 474, 517. — IV : 60, 72, 114.
Chaumont. — VIII : 286, 288.
Chaussart (Pierre-Jean-Baptiste). — III : 284.
Chauvelin (Germain-Louis). — I : 327.
Chauvelin (François-Bernard, Marquis de). — II : 391, 419, 439, 440, 452, 453. — III : 18 à 20, 95 (n.), 118, 132, 139, 140, 142, 143, 156 (n.), 165 (n.), 167 (n.), 190 (n.), 215, 217 à 220, 223 (n.), 224 à 227 (n.), 229, 230, 240 à 243, 256, 258, 260, 262, 263, 273, 274, 277, 417, 425, 487 à 489 (n.). — VI : 7.
Chazal (Jean-Pierre). — IV : 170 (n.), 223 (n.), 232 (n.), 238 (n.), 264 (n.), 293 (n.), 323. — V : 481.
Chelm. — IV : 141.
Chemery. — III : 30.
Chénier (André). — I : 179, 233, 328. — II : 146, 193 (n.), 267 (n.), 305, 529 (n.), 535. — III : 331. — IV : 102, 326.
Chénier (Marie-Joseph de). — III : 518. — IV : 170 (n.), 262, 381. — VI : 7, 173.
Chépy. — III : 258, 259, 284, 390, 391, 475 (n.), 534 (n.). — IV : 69.
Cher (Le département du). — II : 489.
Cherasco. — V : 62, 65, 66.
Cherbourg. — II : 404. — VI : 400. — VII : 518, 542.
Cherbourg (L'armée de). — III : 407.
Chérin (Le général Louis-Nicolas-Henri). — II : 548, 549 (n.). — III : 361, 370, 371. — V : 18.
Cherson. — III : 304. — V : 340.
Chester (Le comté de). — III : 213.
Chesterfield (Lord). — I : 158.
Chétardie (Joachim-Jacques Trotti, Marquis de la) — I : 50, 73 (n.).
Chevalier (Mme). — VI : 125.
Cheverny (de). — I : 285 (n.).

CHAPPE. — V : 35.
CHIESE (La). — VI : 82.
CHILDÉRIC III. — VI : 386.
CHINARD (Joseph). — III : 119.
CHINE (La) et les CHINOIS. — II : 178 (n.), 529 (n.). — V : 27, 265 (n.). — VII : 133, 243, 274.
CHIUSA (Le fort de la). — VI : 504.
CHODERLOS DE LACLOS. — VII : 257.
CHOISEUL-GOUFFIER. — I : 346 (n.). — II : 67, 321, 455. — III : 136 à 139, 158, 302, 398. — VI : 283, 323.
CHOISEUL-PRASLIN (Comte DE). — I : 38 (n.). — 72 (n.), 293 (n.), 321 (n.).
CHOISEUL (Duc Étienne-François DE). — I : 38, 63, 69, 86, 115, 291, 296, 328. — II : 125, 131, 140, 197, 295, 404, 407, 481. — III : 121, 326, 327, 396. — IV : 250. — V : 193.
CHOLET. — III : 538.
CHOPIN (Frédéric). — VII : 124 (n.).
CHOUANS (Les). — IV : 368. — V : 49, 219. — VI : 37. — VII : 131, 393.
CHOUDIEU (Pierre). — III : 31, 146.
CHRÉTIENS (Les). — I : 269.
CHRIST (Le). — V : 323. — VI : 137, 235.
CHRISTIAN VII, roi de Danemark. — IV : 143, 308.
CHRISTIN. — VI : 313 (n.).
CHRISTINE (de Suède). — I : 44.
CHRISTOPHE-COLOMB. — V : 180.
CHYPRE. — I : 329. — VI : 30. 287.
CICÉ (Champion DE). — II : 123, 125 (n.).
CICÉRON. — I : 154. — II : 54. — V : 291. — VI : 36.
CID (Le). — VII : 478.
CIMAROSA (Domenico). — V : 379.
CINCINNATUS (Lucius-Quinctius). — II : 539. — V : 163, 205, 246.
CINTRA. — VII : 280, 299, 356.
CIRCELLO. — VI : 470.
CITÉ (La). — Voir : LONDRES.
CITÉ (Section de la). — IV : 286.
CIVITA-VECCHIA. — III : 294. — VI : 412. — VII : 67.
CLANCARTY (Lord). — VIII : 423, 426 (n.), 434, 435.
CLARENCE (Le duc DE). — VI : 297.
CLARKE (Maréchal), duc de Feltre. — II : 544. — V : 49, 100, 125, 126, 130, 140, 142, 144, 145, 150, 151, 154, 162 à 165 (n.), 218 (n.), 227. — VI : 81. — VII : 76 à 79, 85, 86, 117 (n.), 155 (n.), 236, 323 (n.), 367, 369 (n.), 370 (n.), 375 à 377 (n.), 378, 380 (n.), 381, 389, 391 (n.), 409, 413 (n.), 418 (n.), 423 (n.), 434 (n.), 447 (n.), 516 (n.), 522 (n.), 546 (n.), 596. — VIII : 82, 125 (n.).
CLAUSEWITZ (Général Charles DE). — VIII : 22, 23.
CLAVIÈRE (Étienne). — I : 142, 143. — II : 335, 398, 402, 428, 480, 484, 514. — III : 8, 56, 60, 123, 124, 126, 127, 233, 272, 341, 410, 415.
CLÉMENT (Jacques). — II : 379.
CLÉMENT XIII (Pape). — I : 68, 69.
CLÉMENT DE SAXE (Électeur de Trèves). — I : 115, 116, 128, 402 (n.), 403 (n.), 417 (n.). — II : 78 (n.), 167, 210, 228, 229 (n.), 235, 331 à 333, 336, 337, 340, 342 à 345, 357. — III : 108.
CLÉMENT XIV. — I : 69, 70 (n.). 389.
CLÉOPATRE. — I : 111, 483. — V : 287, 347. — VII : 177.
CLÉREMBAULT. — VII : 330 (n.).
CLERFAYT (Maréchal Joseph de Croix, Comte DE). — III : 4, 5, 30, 337, 359, 362, 367, 369, 498, 525. — IV : 77, 162, 403, 416, 426, 427, 442. — V : 45.
CLERMONTOIS (Le). — III : 30.
CLERMONT-TONNERRE (Stanislas, Comte DE). — II : 102 (n.), 198 (n.), 199.
CLÈVES (Prince et Princesse DE). — I : 264. — VII : 75.
CLÈVES (Duché de). — I : 36 (n.), 97, 268, 432, 433. — II : 316 (n.). — IV : 279, 280. — VII : 14, 17, 21, 31, 32, 34, 45.
CLICHY (Club de) et les Clichyens. — V : 213, 214, 253. — VI : 216.
CLICHY. — III : 253.
CLIVE (Lord), Baron de Plassey. — V : 39. — VI : 196. — VII : 500.

CLOOTZ (Anacharsis), baron du Val-de-Grâce. — II : 110, 316, 363. — III : 15, 21, 385, 389, 390, 477. — IV : 63, 64, 130.

CLOVIS. — VII : 421, 505 (n.).

CLUBS (Fermeture des). — V : 69 (n.).

COBENZL (Louis, Comte DE). — I : 158, 462, 528 (n.). — II : 177, 223 (n.), 224 (n.), 225 (n.), 236 (n.), 243 (n.), 259, 372, 424 à 426, 429, 430, 465 (n.), 496, 497 (n.). — III : 440, 449, 451, 452, 457, 458. — IV : 44, 45, 47, 57, 84, 93, 94, 136, 188, 190, 192, 394, 404 (n.), 418 à 420, 432 (n.), 444 (n.), 458 (n.). — V : 44, 45, 137, 174, 233 à 245, 247 à 251, 269, 270, 275, 276, 280, 281, 306, 324 à 327, 355 à 358, 360, 361. — VI : 78 à 84 (n.), 89, 91 à 94, 96, 110, 114, 115, 117, 144, 147, 162, 185, 198, 333, 334, 420, 445 à 447, 450, 492, 495, 497. — VII : 25, 29, 249 (n.).

— (Philippe, Comte DE). — II : 163, 465 (n.), 466 à 468, 498 à 501, 508, 556. — III : 44, 130, 131, 314, 326. IV : 13. — VI : 185, 187, 201, 215, 237, 251, 310, 355 (n.), 356, 357, 421, 428, 452. — VII : 49.

COBLENTZ. — I : 296, 478. — II : 92, 165, 166, 262, 282, 283, 285, 286, 305, 316, 341, 345, 367, 472, 503 à 505, 508, 527, 554. — III : 108 à 110, 174 à 176, 181, 464. — IV : 139, 161. — V : 165, 244, 336. — VI : 509.

COBOURG (Maréchal Frédéric, Prince DE SAXE). — I : 525. — III : 338, 347, 348, 353 à 355, 359, 363 à 372, 387, 397, 461, 469, 480, 481, 498, 536, 537. — IV : 62, 76, 84 à 87, 92, 415. — V : 121. — VI : 485. — VIII : 448.

COCHBURN (Commandant le *Northumberland*). — VIII : 466.

COCHON DE LAPPARENT (Charles, Comte). — II : 535. — III : 360, 406. — IV : 126, 145 (n.), 147 (n.), 170 (n.), 238 à 240, 243, 244, 272, 310 (n.), 315, 316, 318 (n.), 329, 330, 333. — V : 97, 116, 221. — VII : 63.

COCHRANE (L'amiral Alexandre-Forester Inglis). — VI : 431.

CODE CIVIL. — I : 1, 206, 221, 512. — II : 37. — III : 519. — IV : 470. — V : 146, 428. — VI : 64, 69, 103, 105, 214, 228. — VII : 221, 283, 355, 472, 474, 479, 481, 482, 484, 485. — VIII : 410, 448, 493.

CODE DE FRÉDÉRIC LE GRAND (Le). — IV : 15, 22.

CODE DES DÉLITS ET DES PEINES (Le). — IV : 440.

COFFINHAL (Jean-Baptiste). — IV : 115, 117, 119.

COIGNY (Mme DE). — VIII : 215, 221, 310, 429 (n.).

COIGNY (Marie-François-Henri de Franquetot, Marquis et Duc DE). — II : 271, 287.

COLBERT (Jean-Baptiste), Marquis de Torcy. — I : 24 (n.), 36, 167, 196, 303, 416 (n.). — II : 295. — III : 506. — V : 46 (n.). — VI : 4, 97, 198, 212. — VIII : 178.

COLBERT (Général Auguste-Marie-François, Comte DE). — VI : 280, 281.

COLCHEN (Jean-Victor). — V : 214, 226.

COLERIDGE (Samuel Taylor). — V : 350.

COLIGNY (L'amiral Gaspard DE). — I : 27, 265. — VI : 9.

COLLÈGE DES PRINCES (Le). — VII : 53.

COLLÈGE DES ROIS (Le). — VII : 53.

COLLENBACH. — VI : 492.

COLLEREDO (Mme DE), née de Grenneville. — VI : 492.

COLLI (Général). — V : 61, 64, 149.

COLLIOURE. — IV : 143, 145, 165.

COLLOREDO-MANSFELD (François-Gundacher, Prince DE). — II : 82, 356, 498, 556. — III : 326, 329. — IV : 13, 416, 432. — V : 305. — VI : 79, 91, 445, 482 (n.).

COLLOT D'HERBOIS (Jean-Marie). — I : 236 (n.). — III : 383 (n.), 412 (n.), 428, 508 (n.), 513, 515, 516 (n.), 539, 540. — IV : 106, 109, 112, 116, 122, 126, 257, 276, 286. — V : 476.

COLMAR. — III : 288.

COLOGNE. — I : 25 (n.), 80, 254, 402,

432. — II : 18, 316 (n.), 409 (n.). III : 22, 150, 155, 394. — IV : 57, 139, 161, 336. — V : 190, 244, 435. — VI : 204, 509. — VIII : 10, 195, 280, 368, 409.

COLOGNE (L'Électeur de). — Voir : MAXIMILIEN-FRANÇOIS-XAVIER-JOSEPH DE LORRAINE.

COLONNA (Prosper) — V : 145.

COMANT-DESMOLAND (Colonel). — V : 50 (n.).

COMÉDIE-FRANÇAISE (La). — VIII : 143, 343.

COMEYRAS (Jean-François Delpech, Marquis DE). — III : 301 (n.). — IV : 304.

COMITÉ AUTRICHIEN (Le). — III : 240. — IV : 289.

COMITÉ DE CONSTITUTION (Le). — IV : 375.

COMITÉ DE DÉFENSE GÉNÉRALE (Le). — III : 248.

COMITÉ DE DÉFENSE NATIONALE (Le). — III : 249, 253, 255, 261, 307, 357, 377, 380, 381 (n.).

COMITÉ DE L'AN II (Le). — III : 383. — IV : 71, 126, 151, 178, 257. — VI : 225.

COMITÉ DE L'AN III (Le). — III : 383, 423. — IV : 153, 168, 170 à 175, 180, 216, 219, 387, 389, 391 à 393, 396 à 401, 464. — V : 7, 105, 263. — VI : 14, 19, 77, 225, 230, 282, 310. — VII : 51, 55, 104, 575. — VIII : 179, 459.

COMITÉ DE SALUT PUBLIC (Le). — I : 78 (n.), 309, 348. — II : 192, 203. — III : 154, 305 (n.), 380 à 383, 390, 391, 393, 394, 396 à 399, 401 à 404, 406, 407, 414 à 427, 430, 432 à 438, 470 à 473, 475, 477, 478, 484, 507, 508, 512 à 516, 519, 524 à 527, 530, 532, 534 à 537, 540, 542, 544, 546. — IV : 47, 55, 65 à 71, 74, 80, 81, 88 à 90, 103, 106, 109, 110, 112, 114, 115, 117, 124, 125 à 127 (n.), 131, 132, 145 à 150, 155 à 158, 161, 164 à 169, 176, 177, 179, 182 à 186, 197 à 203, 214, 215, 218, 220 à 224, 226 à 229, 231 à 253, 255 à 259, 261 à 266, 268 à 271, 273, 275 à 277, 280 à 284, 288, 289, 291, 293, 294, 297 à 299 (n.), 300 à 342, 348, 353, 354 à 370, 374 à 378, 382 à 388, 391, 397, 410, 412, 421, 423, 424 à 431, 433 à 435, 440, 441, 448, 458, 467 (n.), 473, 475, 477. — V : 2, 10, 20, 22, 23, 28, 29, 31, 34, 36, 37, 49, 51, 102, 105, 117, 127, 140, 148, 159, 190, 205, 256, 299, 320, 366, 388, 426, 428, 429, 467 (n.). — VI : 5, 6, 16, 19, 21, 72, 84, 97, 107 (n.), 174, 176, 179, 197, 198, 240, 279, 291, 328, 337, 363, 425, 426, 478, 513, 515. — VII : 7, 8, 16, 19, 31, 63, 103, 106, 111, 140, 149, 188, 235 (n.), 376, 421, 451, 462, 480, 483, 505, 558. — VIII : 87, 226 (n.), 293, 434, 507.

COMITÉ DE SURETÉ GÉNÉRALE (Le). — III : 517 (n.). — IV : 109, 111, 114, 115, 117, 121, 124, 125, 217.

COMITÉ DES BELGES ET DES LIÉGEOIS UNIS (Le). — III : 161.

COMITÉ DES ÉTRANGERS. (Le) — II : 316.

COMITÉ SECRET ANGLAIS (Le). — IV : 37.

COMITÉ DES FINANCES (Le). — IV : 154, 161.

COMMINES (Philippe DE). — I : 257.

COMMUNE DE PARIS (La). — II : 523. — III : 8, 14, 27, 28, 31, 32, 35, 75 à 77, 140, 248, 266, 407 à 409, 414, 415, 425, 430, 438, 474, 538. — IV : 63, 71, 112, 117 à 120, 122, 126.

COMPAGNIE DU SUD. — I : 342.

COMPAGNONS DE JÉHU (Les). — IV : 325.

COMPIÈGNE. — VII : 441. — VIII : 341, 343 à 345, 377.

COMTAT-VENAISSIN (Le). — I : 69, 70 (n.), 132. — V : 91, 149. — VI : 386. — VIII : 348.

CONCIERGERIE (La). — III : 7. — VIII : 453.

CONCORDAT (Le). — II : 116, 117, 124. — V : 91, 291. — VI : 34, 45, 64, 85, 86, 103, 155, 156, 173, 199, 214, 316, 350, 385, 386, 406. — VII : 25, 66, 188, 379, 438. — VIII : 79.

CONDÉ (Louis-Joseph de Bourbon, prince

DE). — II : 4, 93, 166, 170 (n.), 173 à 175, 180, 228, 253, 283, 285, 292, 345, 481, 504, 506, 507. — III : 4, 132, 332, 333, 407, 464, 465, 481. — IV : 76, 192, 210, 211, 351, 405, 412 à 415, 442, 443. — V : 46, 47 (n.), 212, 222 (n.). — VI : 354. — VIII : 217, 297.
CONDÉ (L'armée de). — IV : 405, 406, 417. — V : 46, 47 (n.), 354, 358.
CONDÉ (Le Grand). — I : 58, 62, 84, 214, 227, 362, 494. — II : 539. — III : 28 (n.), 545, 548. — V : 47 (n.). — VI : 349.
CONDÉ (La place forte de). — III : 360, 407, 460, 461, 467, 537, 538. — IV : 135. — VI : 409. — VIII : 480, 481, 486, 488.
CONDÉENS (Les). — V : 219.
CONDILLAC (Étienne Bonnot DE). — I : 115, 155, 158.
CONDORCET (Marie-Jean-Antoine-Nicolas Caritat, Marquis DE). — I : 237. — II : 299, 302, 306, 319, 362, 401, 430, 433, 435. — III : 9, 71, 141, 236, 281, 381 (n.), 386. — IV : 59.
CONFÉDÉRATION DE BAR (La). — VII : 559.
CONFÉDÉRATION GERMANIQUE (La). — IV : 19, 359. — V : 191. — VIII : 197.
CONFÉDÉRATION HELVÉTIQUE (La). — III : 122. — IV : 359 (n.). — VIII : 281.
CONFÉDÉRATION DU NORD (La). — IV : 278, 281, 443. — VII : 81, 83, 87, 89, 93, 98, 171, 580. — VIII : 362.
CONFÉDÉRATION DES PRINCES (La). — I : 395, 413, 414 (n.), 418, 508. — II : — 63. — III : 22, 113. — IV : 278, 291.
CONFÉDÉRATION DU RHIN (La). — V : 269, 334. — VI : 54. — VII : 52, 53, 72, 75, 76, 80, 81, 85, 87, 92, 98, 102, 109, 126, 158, 185, 186, 211, 273, 286, 293, 296, 298, 319, 330 (n.), 337, 341, 345, 359, 438, 453, 483, 486, 508, 520, 521, 532, 573. — VIII : 3, 9, 19, 25, 31, 53, 67, 69, 75, 89, 90, 95, 108, 109, 114, 115, 117, 122, 127, 136, 162, 171, 176, 178, 180, 183, 185, 187, 189, 197, 281, 367, 470, 497.
CONFÉDÉRATION DE TARGOWITZ (La). — VII : 125, 479.
CONFÉRENCE (La). — VIII : 467, 469, 470, 480 (n.), 481, 491, 492.
CONFÉRENCES : — ANVERS. — VIII : 425, 496.
— BRUXELLES. — VI : 411 (n.).
— LA HAYE. — VI : 411 (n.).
— LONDRES, 1830. — VI : 24. — VIII : 408 (n.).
— PLEISWITZ. — VIII : 323.
— REICHENBACH. — II : 71, 75, 92, 148, 152, 154, 161, 162. — VII : 152 (n.).
— SCHOENBRÜNN. — Voir : TRAITÉ.
CONFUCIUS. — III : 119.
CONGRÉGATION DES AFFAIRES ECCLÉSIASTIQUES. — VI : 65.
CONGRÈS GÉNÉRAL (Le). — IV : 248.
CONGRÈS (Un). — V : 234.
CONGRÈS : — AIX-LA-CHAPELLE. — VII : 198 (n.). — VIII : 492.
— ALTENBOURG. — VII : 382, 388.
— CHÂTILLON. — V : 55, 127. — VIII : 71, 199, 251, 256, 257, 264, 266, 268, 279, 285 à 287, 289, 292 à 294, 296, 297, 303, 310, 323, 347, 418, 455, 484.
— COLOGNE. — I : 80.
— ERFURT. — VII : 304. — VIII : 376, 388.
— FRANCFORT. — 419, 484, 485 (n.), 509. — VIII : 255, 283, 285, 287, 289, 293, 294, 297, 307, 323, 346.
— KALISCH. — VI : 485 (n.). — VIII : 361 à 364, 480.
— LA HAYE. — II : 152, 153, 176.
— LEYBACH. — II : 137 (n.). — VII : 198 (n.).
— PARIS. — VI : 319 (n.).
— PRAGUE. — I : 448 (n.). — VI : 415 (n.). 419, 484 (n.), 485. — VII : 304, 381. — VIII : 71, 149, 154, 163, 168, 170, 172, 173, 175, 176, 179, 180, 187, 191, 198, 199, 215, 220, 222, 223, 255, 256, 258, 259, 263, 266, 289, 307, 323.
— RASTADT. — I : 45. — III : 147 (n.). — V : 249 (n.), 250 (n.), 254, 259, 261, 263, 265, 266, 268, 270 à 272, 279, 280, 302, 305, 306,

308, 327, 328, 338, 339, 342, 361, 365, 366, 392 à 396, 451. — VI : 19, 55, 92, 95, 96, 158, 237, 286, 296. — VII : 7, 9. — VIII : 168, 376.
— Reichenbach. — Voir : Traité.
— Ryswick. — Voir : Traité.
— Sistova. — II : 148, 155, 162, 222, 236. — III : 136.
— Teschen. — I : 90 (n.), 418. — III : 400. — VI : 144. — VIII : 168.
— Toeplitz. — VI : 415 (n.). — 485 (n.). VIII : 199, 255, 266, 346, 361.
— Troppau. — 137 (n.). — VII : 198 (n.).
— Vérone. — 137 (n.). — VII : 199 (n.). — VIII : 338.
— Vienne. — I : 10, 335, 467 (n.). — II : 386 (n.). — VI : 24. — VII : 158 (n.), 302, 494. — VIII : 162 (n.), 244, 350, 351, 358, 359, 369, 373, 375, 378, 379, 384, 385 à 387, 390, 398, 402 (n.), 403, 408, 409 (n.), 413, 414, 417, 434, 436, 458, 476, 480, 484, 501.
— Westphalie. — VIII : 215.
— Wilna. — VII : 573, 578, 580.
Coni. — V : 61, 66, 67, 75.
Consalvi (Cardinal Hercule). — VI : 155, 386. — VII : 25, 29, 65. — VIII : 365, 367 (n.), 411 (n.), 419 (n.), 431 (n.).
Conscience (Henri). — V : 363 (n.).
Conseil de régence (Le). — III : 185 (n.).
Conseil d'État (Le). — IV : 146. — VI : 5, 7, 22, 52, 67, 68, 89, 156, 191, 214, 225, 228, 282, 294, 303, 343, 356, 365, 468. — VII : 116, 464, 479, 497. — VIII : 43, 218, 269, 418, 430.
Conseil suprême national polonais (Le). — IV : 51, 181.
Conseil des Anciens (Le). — IV : 375, 377, 441, 470. — V : 1, 4, 7, 9, 13, 14, 16, 75, 99, 113, 156, 163, 170, 171, 203, 208, 209, 212, 218, 221, 222, 237, 253, 254, 256, 296, 309, 310, 342, 362, 392, 426, 428, 455, 456, 458 à 460, 463, 468 à 474, 476 à 480, 483 à 486, 488.
Conseil des Cinq-Cents. — IV : 375, 377, 441, 470. — V : 1, 4, 7, 9, 13, 14, 16, 75, 113, 123, 156, 163, 170, 171, 203, 206, 208, 209, 212, 218, 220 à 222, 237, 253, 254, 256, 257, 296, 302, 309, 310, 322, 342, 362, 392, 426, 428, 436, 451, 456, 458 à 460, 463, 464, 467 à 470, 472 à 474, 476 à 478, 480, 481, 483 à 486. — VIII : 325, 450.
Conseil exécutif (Le). — III : 7, 8, 13, 14, 18 à 20, 25, 27 à 29, 31, 53, 54, 56, 77 à 84, 86 à 88, 115, 118, 119, 124 à 126, 151 à 158, 164, 166 à 168, 172, 177, 190, 204, 207, 208, 210, 217 à 221, 224 à 227, 229, 233 à 235, 240, 241, 243, 247, 252 à 254, 256, 258, 259 à 262, 271, 273, 277, 281, 283, 286, 291, 297, 299, 301, 302, 314, 338, 357, 385, 396, 399, 402, 431, 508, 532. — V : 2, 28. — VI : 19, 97. — VII : 51, 111, 490. — VIII : 284, 293.
Conseils italiens (Les). — V : 198, 199, 202.
Conservatoire des arts et métiers. — IV : 440. — V : 271.
Constance (Lac de) et la ville. — V : 450. — VII : 15.
Constant (Benjamin). — VI : 7, 169, 182, 220, 223, 251. — VII : 206, 286, 582. — VIII : 11, 154, 217, 218, 299 (n.), 450, 455.
Constantin (le Grand). — II : 529 (n.). III : 158, 523 (n.). — VII : 25, 506.
Constantin-Paulowitz (Grand-duc de Russie). — I : 519. — II : 495. — V : 43, 352, 410. — VI : 30, 127, 132, 304. — VII : 20, 91, 168, 170, 196, 199, 429. — VIII : 403.
Constantinople. — I : 14 (n.), 74, 250, 261, 269, 308, 328, 329, 504, 519, 521. — II : 67 (n.), 383, 455. — III : 136, 158, 301, 302, 326, 327, 396, 398, 399, 402, 404, 417, 435, 524, 527. — IV : 45, 66, 93, 202, 227, 250, 351 (n.), 356, 393. — V : 103, 132, 148, 154, 178, 298, 300, 340, 341 (n.) à 343, 350, 355, 368, 369, 438, 444 à 446. — VI : 30, 255, 382, 391, 425, 450, 490, 513. — VII : 25,

46, 54, 74, 122, 123, 134, 136, 148, 149, 153, 172, 178, 179, 186, 195, 199, 200, 223, 226, 227, 239, 240, 242, 243, 246, 249, 250, 252, 299, 341, 342, 419, 506, 588. — VIII : 95.

Constituants (Les). — I : 316, 329. — V : 87. — VI : 93. — VII : 582.

Constitution de l'an III (La). — IV : 374 à 377, 440, 441, 470. — V : 4. 121, 127, 256. — VI : 339. — VII : 461.

Constitution de l'an VIII (La). — II : 37. — V : 204, 209. — VI : 5, 105. — VII : 497.

Constitution de l'an X (La). — VI : 226.

Constitution de 1848 (La). — VI : 18.

Constitution civile du clergé (La). — II : 186, 196. — VI : 86.

Constitution de 1791 (La). — I : 318 (n.). — II : 312, 314, 317, 325, 327, 332, 337 (n.), 339, 360, 361, 434. — IV : 149. — VI : 27.

Constitution de 1793 (La). — III : 427, 507. — IV : 285.

Constitution (La) et les Constitutionnels. — I : 530 (n.). — III : 78, 336, 340, 371, 415, 426, 428, 523. — IV : 181, 207, 208, 381, 407, 421, 431, 437 (n.), 455. — V : 9, 10, 20, 209, 221, 231, 472, 478, 484. — VI : 5, 7, 16, 24, 49, 145, 161, 191, 192, 219, 251, 303, 385, 426, 427.

Constitution britannique (La). — IV : 36. — VI : 169.

Constitution germanique (La). — V : 190. — VII : 158.

Consulat (Le). — I : 196. — III : 359 (n.), 520. — IV : 169, 387. — V : 102, 130, 204, 458. — V : 2, 5, 6, 9. — VI : 14, 18, 22, 24, 29, 31, 47, 51, 55, 103, 110, 155, 182, 215, 218, 221 à 223, 225, 226, 229 (n.), 256, 288, 291, 300, 348, 364. — VII : 7, 131, 193 (n.), 208, 301, 454, 455, 466, 471, 501, 583. — VIII : 336, 410, 414, 417, 433, 467.

Consuls (Les trois). — V : 485, 486. — VI : 3, 40. — VII : 8.

Consulte de Paris (1805) (La). — VI : 427, 429.

Consulte de Lyon (1801) (La). — VI : 179, 180, 181, 191, 193, 194, 196, 201, 260.

Contrat social (Le). — Voir : Rousseau (Jean-Jacques).

Convention (La). — I : 6, 117, 224, 226 (n.), 227, 274, 277, 287, 296, 309, 323, 325, 377, 380. — II : 40, 87, 203, 268, 269, 304, 317, 319, 512, 514, 529 (n.), 535. — III : 27, 51, 54, 59, 60, 61, 64 à 69 (n.), 70 à 79, 83, 86, 87, 95, 100, 108, 110, 111, 114 à 117, 125, 126, 140, 143 à 155, 159, 160, 163, 164, 167 à 170, 172, 173, 183 à 191, 193 à 200, 203 à 205, 207, 210, 211, 214, 217, 219, 224 à 226, 229, 233, 235 à 241, 244, 246, 248, 249, 251 à 255, 257 à 261, 263, 264 (n.), 266, 267, 277 à 282, 284 (n.), 286, 288, 290, 291, 293, 294, 299, 306, 309 à 311, 318, 325, 333, 334, 338 à 343, 345 à 351, 353 354, 356 à 359, 361, 362, 364, 369, 372, 376 à 382, 387 à 389, 391, 395, 406 à 415, 419, 425, 426, 429, 430, 435 à 439, 455, 463, 470, 472 à 474, 476, 480, 483, 493, 506, 508, 509, 512, 514, 516, 518, 520, 529, 531, 546. — IV : 31, 35, 39, 40, 43, 60, 63, 64, 66, 71, 73, 74, 102 à 106, 110 à 112, 114 à 120, 123 à 127, 131, 133, 144, 146, 149, 154, 156, 159, 165, 168, 175 (n.), 179, 182 à 195, 198, 199, 208, 213, 216, 218 à 220, 229 à 231 à 233, 236, 238, 240 à 243, 246, 256, 257, 259, 261 à 265, 271 à 276, 279, 281, 286 à 289, 291, 297, 304, 306, 307, 310, 314, 316, 324 (n.), 326, 327, 329, 335, 336 à 338, 340, 341 (n.), 342, 347, 351 (n.), 354, 362, 365, 366, 369, 370, 373, 375, 376, 381, 382, 399, 401, 413, 422, 425, 427 à 429, 431, 436 à 441, 447 à 453, 456, 457, 461, 468, 470 à 472, 477. — V : 1, 2, 4, 6, 7, 24, 61, 74, 84, 129, 170, 188, 199, 215, 227, 250, 288, 320, 430, 364, 472, 477, 481, 482, 483. — VI : 4, 5, 14, 31, 38,

68, 77, 175, 180, 204, 212, 220, 225, 336, 350, 363, 405, 509. — VII : 61, 208, 373, 451, 464, 481, 542. — VIII : 8, 70, 186, 284, 319, 341, 420, 453, 509.

Convention nationale batave (La). — V : 37.

Convention rhénane (La). — III : 288. IV : 400.

Conzié (de), évêque d'Arras. — II : 247, 283. — III : 447.

Cook (Édouard). — VI : 168. — VIII : 246, 247.

Cook (Le capitaine James). — III : 103.

Coombe-Wood. — VI : 340.

Copenhague. — II : 10 (n.), 147, 409 (n.). — III : 417, 418, 527, 533. — IV : 65, 180, 227, 356, 396. — VI : 64, 141. — VII : 201, 217, 592.

Cophtes (Les). — V : 195.

Coquebert de Montbret (Baron). — III : 421 (n.).

Coran (Le). — II : 532. — III : 199, 202, 229. — IV : 60. — V : 440, 446.

Corcyre (L'île de). — V : 195.

Corday (Charlotte). — II : 379. — IV : 20.

Cordeliers (Les). — II : 513. — III : 10.

Corfiotes (Les). — V : 361, 468. — VIII : 440.

Corfou. — V : 164, 194, 195, 403. — VI : 287, 359, 391, 407, 446. — VII : 38, 74, 232, 233 (n.), 237, 241, 244, 245, 517, 569. — VIII : 44.

Corneille (Pierre). — I : 149, 150. — VI : 271, 367, 518. — VII : 165, 175, 265, 300.

Cornet (Mathieu-Augustin, Comte). — V : 470, 471.

Cornwallis (Général Charles, Marquis et Comte de). — IV : 86. — V : 117. — VI : 171, 185 à 187, 191, 195, 196, 199. — VII : 500.

Corogne (La). — VI : 325.

Coromandel (Côtes de). — V : 27.

Corps diplomatique (Le). — V : 117.

Corps germanique (Le). — V : 26, 326, 330.

Corps législatif (Le). — IV : 375, 441. — V : 114, 142, 161 à 163, 209, 212, 221, 222, 302, 321, 455, 463, 470, 473, 483, 485. — VI : 5, 90, 191, 192, 200, 214, 272, 294, 426. — VII : 35, 335, 418 à 420 (n.), 426, 479, 541. — VIII : 227, 228, 333.

Corse (La). — I : 36 (n.), 155, 328. — II : 404, 544. — III : 118. — IV : 90, 382. — V : 27, 71, 148, 184, 194. — VI : 107, 269, 323. — VIII : 415 (n.), 465.

Corse (L'armée de). — III : 407.

Corses (Les). — II : 97. — IV : 474. — V : 52, 55, 57, 59, 61, 93, 140, 181, 238, 355. — VI : 15, 31, 270, 348. — VII : 61.

Corsini (Palais). — V : 290.

Cortès (Les). — I : 125, 126, 378. — III : 300. — VII : 256, 267, 269, 478, 519, 525, 560, 571.

Corvin (Mathias), roi de Hongrie. — IV : 11.

Corvisart (Jean-Nicolas, Baron). — III : 518.

Cosaques (Les). — I : 515 (n.). — II : 245, 558. — III : 306, 456. — IV : 52, 140, 188, 192, 345, 404. — VI : 492. — VII : 568.

Costa de Beauregard (Général, Marquis). — V : 64, 66, 67.

Coste (de la). — II : 119 (n.).

Cotentin (Le). — III : 538.

Cotin (Charles). — I : 236 (n.).

Cotta (Jean-Frédéric, baron de Cottendorf). — III : 98, 99.

Cour d'appel (La). — VI : 26.

Courier (Paul-Louis). — V : 364, 365. — VI : 218, 368.

Courlande (Duchesse de). — VIII : 214, 216 (n.).

Courlande (La) et les Courlandais. — II : 202 (n.), 420. — IV : 343. — V : 354. — VII : 585.

Courtrai. — I : 252, 312. — III 285. — VIII : 348.

Coutances. — I : 248.

Couthon (Georges). — II : 300. — III : 383 (n.), 415, 430, 473, 508 (n.), 513, 516 (n.), 544. — IV : 36,

71, 101, 106, 109, 112, 114, 117, 119, 120.
Coypel (Charles-Antoine). — VII : 256.
Cracovie (La). — III : 451, 452. — IV : 51, 52, 67, 78, 82, 94, 136, 141, 188, 190, 192, 251, 404, 419. — VI : 359. — VIII : 72, 250, 380, 409.
Crébillon fils (Claude-Prosper Jolyot de). — IV : 128.
Crécy. — I : 510. — VI : 297, 451. — VIII : 495.
Crefeld. — I : 85.
Créqui (Marquis de). — I : 279.
Crète (La). — II : 202.
Cretet (Emmanuel), Comte de Champmol. — VII : 375.
Creutz (Gustave-Philippe, Comte de). I : 116.
Creuzé-Latouche (Jacques-Antoine). — IV : 170 (n.), 288, 293 (n.), 323, 327 (n.).
Crèvecoeur (Philippe de). — I : 262. — IV : 164.
Crillon-Mahon (François de Paule, Duc). — IV : 234, 235.
Crillon-Mahon (Louis de Berton des Balbes de Quiers, Duc de). — IV : 203, 234.
Crimée (La). — I : 301, 345, 453 (n.), 519, 521, 525, 527. — II : 68, 455. — III : 16, 182, 304, 526. — IV : 45.
Crivelli (Les). — V : 175.
Croatie (La) et les Croates. — I : 121, 439. — II : 222, 224, 245, 534 (n.). — III : 183. — IV : 465 (n.). — V : 143. — VI : 391, 450. — VII : 249, 384, 394, 540, 575. — VIII : 442.
Croisades (Les). — V : 459.
Croix-aux-Bois (La). — III : 36.
Cromwell (Olivier). — I : 15, 61 à 63, 167. — II : 408, 485. — III : — 11, 18, 164, 193, 213, 228, 335, 342, 476. — IV : 3, 5, 18, 74, 96, 102, 116, 226, 255, 412, 413, 458, 471, 477. — V : 12, 57, 179, 473, 479. — VI : 33, 239, 242. — VIII : 11, 452, 506.
Cronstadt. — VI : 148.
Crussol (Bailli de). — IV : 417. — VIII : 462.
Cumberland (Le Duc de). — Voir : Ernest-Auguste de Hanovre.
Curtius (Marcus et Metius). — III : 534.
Custine (Général Adam-Philippe, Comte de). — I : 490. — II : 86 (n.), 541. — III : 6, 87, 97 à 102, 104 à 114, 117, 118, 150, 151, 155, 163, 174 à 181, 250, 253, 273, 288, 289, 355, 371, 373, 377, 394, 400, 407, 421, 438, 536.
Custine (Le fils). — I : 474 (n.), 487, 488, 489, 493. — II : 334, 335, 350 à 352, 364, 366 (n.), 371, 376, 415, 442 à 446, 449, 450, 471 (n.). — III : 166, 180, 182.
Custrin. — I : 86. — VII : 109, 112, 298, 530.
Cuvier (Georges, Baron). — VI : 450.
Cuxhaven. — IV : 356. — VI : 317.
Czartoryski (Les) et le prince Adam. — IV : 188. — V. — 132. — VI : 134, 162, 222, 223, 302, 304, 335, 336, 352, 359 à 361, 375, 376, 387, 388, 413, 421, 440, 442 à 444, 463, 465, 467, 477, 479, 498, 505. — VII : 20 (n.), 27, 36 à 38, 40, 48, 68, 74, 127, 196, 306, 402, 403, 496, 508 (n.), 566, 579, 580. — VIII : 6, 8, 9, 61, 243 (n.), 398, 402.
Czernichef (Comte). — I : 113 (n.).

D

Dacie (La). — I : 520.
Daendels (Général Herman-Willem). — IV : 164, 198.
Dagobert de Fontenille (Général). — II : 542. — IV : 30.
Dalberg (Duc et duchesse Emmerich-Joseph de). — VIII : 214, 221, 297, 298, 316, 317, 319, 322, 331, 335, 395, 406, 483.
Dalberg (Charles-Théodore-Antoine-Marie Kamerer de Worms, Prince de), Électeur de Mayence. — I : 128, 178,

402 (n.), 403 (n.), 417 (n.). — II : 10, 78 (n.), 167, 168, 210, 345, 417, 493. — III : 103, 104, 110, 111. — IV : 143, 301. — V : 281. — VI : 231, 324, 384, 391 (n.). — VII : 26, 52, 53, 276, 438, 486, 573.

Dalgas (L'agent). — IV : 69.

Dalmatie (La). — I : 36 (n.), 451. — IV : 193 (n.), 465. — V : 156, 227, 228, 232, 243, 249 (n.), 261, 359, 390. — VI : 97. — VII : 12, 15, 36, 37, 47, 48, 74, 77, 78, 80, 94, 100, 117, 119, 122, 125, 150, 151, 171, 232, 242, 306 (n.), 354, 372, 384, 386, 394. — VIII : 44, 112, 124, 437, 497.

Damas (Comte Roger de). — VI : 455.

Dampierre. — III : 47, 53, 58, 290, 362, 369, 370, 372, 407.

Danemark (Le) et les Danois. — I : 64, 99, 115, 116, 126, 310 (n.), 340, 402 (n.), 403, 527, 528 (n.), 529, 532. — II : 10, 31, 182, 202 (n.), 380, 381, 417, 503. — III : 16, 323, 396, 418, 419, 485 à 487, 527, 528 (n.), 531. — IV : 30, 31, 65, 76, 80, 143, 173, 176, 180, 221, 224, 227, 230, 238, 248, 249, 306, 308, 344, 358, 392. — V : 114, 330. — VI : 64, 87, 114, 120, 148. — VII : 98, 172, 185, 193, 200, 201, 203, 217, 293, 509, 517, 531, 555, 569, 584. — VIII : 14 (n.), 53, 100, 151, 174, 409 (n.).

Danican (Général Auguste). — V : 395.

Dante (Durante Alighieri). — V : 79.

Danton (Georges-Jacques). — I : 202, 237, 252, 325. — II : 203, 265, 297, 300, 316, 321, 362, 513, 514, 522, 528, 535. — III : 8, 9, 13 à 15, 17, 18, 25 à 28, 32 à 34 (n.), 53, 56, 58, 65, 71, 75 à 77, 82, 84, 140, 141, 145, 146, 149, 166, 172, 192, 206, 207, 233, 247, 265 à 267, 272, 276, 278, 279, 281, 309, 341 à 343, 345 à 348, 353, 379 à 387, 389, 391, 392, 396, 400, 402, 405, 406, 408, 409, 412 (n.), 414 à 416, 422, 423, 425, 427 à 432, 469 à 471, 474, 508 à 510, 524, 525, 529, 530, 532, 541, — IV : 50, 59 à 64, 71, 72, 107, 108, 113, 116, 123, 131, 180, 181, 241, 262, 286, 294, 303, 474, 475. — V : 3, 36 (n.), 191, 214, 265 (n.), 451, 452. — VI : 46, 300, 304, 350. — VII : 188, 421, 439. — VIII : 226 (n.), 337, 375.

Dantonistes (Les). — III : 69 (n.). — IV : 71, 122. — V : 5, 477.

Danube (Le). — I : 451, 504, 519, 520, 524, 526. — II : 161, 204, 216, 459. — III : 109. — V : 103. — VI : 30, 42, 86, 96, 114, 306, 448, 457 (n.), 490, 503, 506. — VII : 15, 36, 149, 168, 187, 202, 223, 225, 237, 239, 242, 318, 350, 355, 368, 385, 508, 510, 535, 542, 543, 549, 556, 557, 565, 571. — VIII : 152.

Danzig. — I : 524, 530. — II : 68, 70, 71, 163, 202 (n.), 316 (n.), 467. — III : 103, 182, 316, 398, 481. — VII : 113, 164, 535, 539. — VIII : 60, 122, 136, 137, 171, 174, 178, 340.

Dardanelles (Les). — VI : 30. — VII : 148, 153, 237, 249 (n.), 252.

Darfour (Le). — V : 444.

Darius. — I : 110 (n.).

Darmstadt (Princesse de), Reine de Prusse. — I : 480, 482 à 484.

Daru (Pierre-Antoine-Noël-Mathieu-Bruno). — VII : 132, 133, 140, 153 (n.), 177, 210, 211, 264. — VIII : 223.

Daubenton (Joseph-Jean-Marie). — VI : 7.

— (Louis-Jean-Marie). — III : 518.

Daunou (Pierre-Claude-François). — IV : 169, 327 (n.), 421, 441. — V : 290, 292, 293, 320, 321 (n.), 322, 342, 364. — VI : 7.

Dauphiné (Le). — II : 92, 102, 175, 248, 519. — III : 497. — V : 58. — VII : 375. — VIII : 477, 498.

Davenhoult (Jean-Antoine). — II : 362.

David (L'abbé). — VI : 340.

David (Jacques-Louis). — III : 210, 211, 269. — IV : 347. — V : 96, 287. — VI : 404.

Davidovitch (Général Paul, Baron de). — V : 100, 112.

Davout (Duc d'Auerstædt, Prince d'Eckmühl). — I : 170. — II : 544. — III : 362, 411 (n.). — V : 442. — VI : 366, 458, 502. — VII : 101, 105, 112, 279 (n.), 296, 319, 322, 329, 334, 368, 458, 479, 480 (n.), 516, 520, 522, 529, 531, 535, 536, 539, 540, 550, 551, 553, 554, 556, 559, 573 (n.). — VIII : 57, 101, 142, 417, 449, 453, 460, 461.

Debry (Jean). — I : 45 (n.). — III : 29, 147, 169, 294, 381 (n.), 382. — IV : 170 (n.), 366, 374 (n.), 386, 421 (n.). — V : 254, 339, 396, 398, 400. — VII : 122.

Decaen (Général Charles-Isidore, Comte) — VI : 212, 217, 255, 268, 269, 278, 279, 283.

Decazes (Élie, Duc). — VIII : 356 (n.), 463.

Déclaration de 1682 (La). — II : 118. — VII : 438.

Déclaration à l'entrée dans Paris, 31 mars 1814. — VIII : 346 (n.).

Déclaration de Calmar 1804 (La). — VI : 408.

Déclaration de Francfort (La), 1er décembre 1813. — VIII : 71, 346 (n.), 347 (n.).

Déclaration de Potsdam (La). — VI : 508. — VII : 10, 11.

Déclaration de Saint-Ouen, 2 mai 1814. — VIII : 344.

Déclaration des devoirs du citoyen. — IV : 375.

Déclaration des droits de l'homme. — II : 109, 118, 207, 438, 533. — III : 22, 101, 107, 154, 173, 204, 213, 229, 383, 458, 523, 544. — IV : 22 à 24, 55, 153, 161, 162, 205, 226, 239, 272, 311, 374, 456. — V : 2, 11, 25, 49, 72, 79, 167, 440. — VI : 76, 86, 94, 286. — VII : 196, 406.

Decrès (Denis, Duc). — VI : 211, 279, 280, 293, 383, 431, 433, 439, 449 (n.), 451 (n.), 453, 455, 459. — VII : 137, 245, 262, 272, 340, 366, 374 à 376, 391 (n.), 412, 447 (n.), 452 (n.), 518, 525 (n.), 542, 594. — VIII : 417.

Defermon des Chapelières (Jacques, Comte). — IV : 169, 170 (n.), 262, 323, 355 (n.), 366 (n.), 374 (n.), 421 (n.), 430. — VI : 7.

Deforgues (Michel Chemin). — III : 425, 426, 430, 431, 433, 434, 437, 524 à 529, 531 à 535. — IV : 32, 33, 50, 51, 64, 65, 67, 173.

Degelmann (Ministre d'Autriche). — IV : 433.

Dejean (Général Jean-François-Aimé, Comte). — VI : 456, 458. — VII : 70 (n.), 100 (n.), 117 (n.).

Delacroix (Charles). — III : 145, 146, 172, 280, 284 (n.), 285, 341, 342, 347, 356, 382, 383. — IV : 63, 64, 369. — V : 24, 25, 31, 32, 49, 56 (n.), 64, 74, 75, 103, 107, 117 à 119, 123, 124, 126 à 129, 144, 160, 162, 164, 165 (n.), 172, 227, 294, 314. — VII : 111, 408.

Delbrel (Pierre). — IV : 145. — V : 479.

Delhy. — VII : 568.

Delmas (Jean-François-Bertrand). — III : 26, 381 (n.), 382, 383. — IV : 126, 145 (n.), 147 (n.), 169, 336.

Delmas (Général Antoine-Guillaume). — VI : 343.

Démétrius. — I : 50.

Démosthènes. — I : 165. — II : 218.

Denina (Giacomo-Maria-Carlo). — I : 383.

Dentzel (Général Georges-Frédéric, Baron). — IV : 299 (n.).

Denys. — V : 43.

Deo (Emmanuel de). — III : 319.

Derby (Lord). — III : 275.

Desaix de Veygoux (Général). — I : 88. — 405, 544, 548. — III : 68. — IV : 148, 160. — V : 265, 301. — VI : 40, 42, 43, 46. — VII : 2. — VIII : 56.

Descartes (René). — I : 27, 150, 233. — IV : 296.

Descorches de Sainte-Croix (Général). — II : 480. — III : 136, 302, 304 à 306, 396 à 398, 417, 435, 525 à 527. — IV : 66, 202, 248.

DÉSERT (Église du). — IV : 323.
DESMARETS (Charles). — VII : 595.
DESMOULINS (Camille). — I : 161, 236 (n.). — II : 54, 111, 185, 189, 201 (n.), 295, 439. — III : 281, 381 (n.). — IV : 62, 64.
DESPORTES (Félix). — II : 487. — III : 21,88, 108, 112, 132, 135 (n.), 156, 165, 166 (n.), 394, 417, 421, 422, 433. — IV : 268, 269. — V : 293.
DESRENAUDES (Martial Borye). — V : 475.
DESSOLES (Général Jean-Joseph-Paul-Augustin, Marquis). — VI : 343. — VIII : 456 (n.).
DESTREM (Hugues). — V : 481.
DESTRUTT DE TRACY (Comte). — I : 158. — II : 200. — V : 467 (n.). — VI : 7. — VII : 595.
DEUX-PONTS (Duché DE). — I : 96, 431, 433. — II : 409 (n.), 449, 472, 487. — III : 21, 88, 112, 132, 165, 290, 394, 421, 443. — IV : 268, 299. — V : 280.
DEUX-PONTS (Duc DE). — Voir : CHARLES-AUGUSTE DE DEUX-PONTS.
DEUX-SÈVRES (Les). — III : 349.
DEUX-SICILES (Les). — I : 385, 386. — III : 139, 254, 433. — IV : 268. — V : 390. — VI : 74, 112, 116. — VII : 78, 81, 546. — VIII : 234, 367, 436.
DIDEROT (Denis). — I : 52, 76, 109 à 113, 155, 162 (n.), 233, 237, 305, 363, 492. — II : 24, 34, 111, 406, 511. — III : 10, 448. — IV : 6, 61, 128. — V : 86. — VI : 139, 242, 304.
DIDON. — III : 220.
DIEBITCH (Gouverneur du prince Eugène de Wurtemberg). — VI : 126.
DIEBITSCH-ZABALKANSKY (Général, Comte DE). — VIII : 21, 22, 23.
DIEPPE. — IV : 304. — VI : 345.
DIEGO DE VEGA (Don). — VII : 277.
DIÈTE DE POLOGNE (La). — I : 224, 529 (n.), 530. — II : 212 (n.). — III : 313, 453 à 456, 493, 494, 496. — IV : 48. — V : 227. — VII : 579.
DIÈTE DE L'EMPIRE GERMANIQUE A RATISBONNE (La). — I : 154, 400 (n.), 403, 407, 410, 413 (n.), 416 (n.). — II : 261. — III : 21, 105, 108, 156, 319, 442. — IV : 18, 83, 143, 197, 253, 299, 301, 302, 344, 356, 394, 402. — V : 29, 137, 156, 227, 237, 338. — VI : 80, 92, 93, 96, 231, 236, 272, 363, 509. — VII : 81, 87. — VIII : 499.
DIÈTE DE GRODNO (La). — Voir : DIÈTE DE POLOGNE.
DIÈTE DE VARSOVIE (La). — Voir : DIÈTE DE POLOGNE.
DIÈTE FÉDÉRALE (La). — VII : 53.
DIÈTE DE SUÈDE (La). — VII : 456.
DIÈTE DE ZURICH (La). — VIII : 242.
DIÈTE DE RATISBONNE (La). — Voir : DIÈTE DE L'EMPIRE GERMANIQUE.
DIETRICH (Philippe-Frédéric, Baron DE). — II : 352, 353.
DIETRICHSTEIN (François-Joseph, Prince DE). — IV : 398 (n.), 432 (n.).
DIEU. — I : 12 à 17, 31, 65, 128, 148, 174, 175, 187 (n.), 197, 199, 215, 230 (n.), 247, 266, 269, 314, 422, 424 (n.), 425, 445 (n.), 540 (n.). — II : 65, 128 (n.), 129, 138, 270, 278, 344, 430, 436, 486, 521, 532, 533, 559. — III : 119, 178, 197, 228, 259, 466, 522 (n.), 523 (n.), 532. — IV : 21, 22, 36, 43, 98, 104, 105, 112, 196, 331, 418, 447. — V : 17, 18, 65, 78, 137, 185, 187, 269, 281, 346, 347, 376, 428, 441, 448. — VI : 136, 140, 324, 345, 350, 352, 385, 404, 405, 425, 434, 449, 501, 505, 518. — VII : 25, 65, 129, 165, 170, 189, 196, 265, 271, 310, 311, 314, 325, 334, 340, 366, 399, 405, 407, 423, 489, 586, 587. — VIII : 23, 93, 153, 273, 340, 397, 415 (n.), 442.
DIEU (L'île). — VIII : 128 (n.).
DIEZ (L'agent prussien) en Turquie. — II : 68.
DIGESTE (Le). — I : 148, 222, 249, 261. — V : 224.
DIGNE. — III : 118, 291 à 293.
DIJON. — I : 204. — VI : 37. — VIII : 307.
DILLON (Général Arthur, Comte). —

II : 457. — III : 35, 57, 58, 87, 89 à 91.
DIMITRI (Prince), ambassadeur à Paris. — I : 200 (n.).
DINANT. — VIII : 348.
DINO (Dorothée de Courlande, duchesse de Talleyrand-Périgord, princesse de Sagan, duchesse DE). — VII : 319. — VIII : 311, 312 (n.), 382, 482.
DIOCLÉTIEN. — IV : 473. — VI : 5. — VII : 188, 462, 463, 506, 565.
DIRECTEURS (Les). — V : 7, 9 à 11, 15, 16, 22 à 24, 28, 32, 49, 51 à 53, 56, 62, 68 à 70, 72 à 75, 77, 78, 80, 84, 90, 94, 95, 97, 98, 102, 103, 107, 110, 111, 114, 117, 119, 123, 125, 150, 151, 158, 160, 161, 163, 164, 173, 178, 179, 198, 199, 206, 208 à 211, 213, 218, 221, 222, 226 à 231, 251 à 255, 263, 265, 270, 282 à 284, 289, 298, 300, 301, 308, 309, 314, 317 à 319, 328, 329, 341, 342, 362, 368, 369, 381, 387, 389, 390, 392, 400, 426 à 428, 438, 439, 446, 451, 459, 460, 465, 468, 469, 478. — VI : 29, 36, 93. — VII : 8, 55, 246.
DIRECTOIRE (Le). — I : 173 (n.), 287, 376, 377, 492. — II : 46. — III : 120, 335. — IV : 159, 168, 195, 348, 356, 357 (n.), 370, 376, 377, 387, 441, 450, 453, 470, 472. — V : 1, 4, 5, 7 à 9, 11, 12, 15 à 23, 26, 28, 30, 31, 33 à 38, 40, 41, 45, 48 à 50, 54 à 57, 60 à 63, 67 à 70, 72 à 74, 76, 82, 83, 90 à 93, 98, 99, 102 à 107, 111 à 114, 116, 117, 121 à 127, 130, 137, 138, 142, 147 à 151, 154, 155, 157 à 166, 169 à 175, 178, 179, 184, 189, 190, 193 à 195, 197 à 201, 203 à 208, 211, 212, 214 à 218, 220, 222, 223, 225 à 232, 239, 243 à 246, 251 à 263, 265, 267, 270 à 275, 277, 279, 280, 282 à 286, 288 à 299, 301, 304, 309 à 312, 314, 316, 317, 319, 320, 322, 324 à 330, 335 à 343, 350, 351, 360 à 369, 372, 380, 383, 384, 387 à 393, 396, 400, 402, 404, 406, 408, 411, 412, 416 à 418, 420, 426 à 429, 434 à 439, 442, 445 à 448, 451, 452, 456, 459 à 461, 469 à 471, 474, 475, 478, 485, 487, 488. — VI : 1, 5, 8, 14, 19, 24 à 26, 29, 31, 33, 46, 55, 56, 72, 77, 84, 97, 98, 103, 111, 145, 152, 154, 174, 177, 179, 187, 197, 205, 214, 217, 222, 230, 240, 241, 296, 308, 328, 346, 363, 395, 406, 425, 435 (n.), 515. — VII : 7, 16, 19, 51, 55, 57, 61, 104, 111, 125, 149, 155 (n.), 193 (n.), 246, 260 (n.), 301, 338, 373, 376, 406, 407 (n.), 414, 462, 471, 473, 480. — VIII : 100, 103, 104, 178, 226 (n.), 230, 268, 273, 293, 325, 336, 337, 357, 375, 415, 416, 448, 451, 463.
DIRECTOIRE ET LES CONSEILS CISALPINS (Le). — V : 321.
DIVAN (Le). — II : 456. — III : 136 à 138, 158, 301, 398, 435, 436, 525, 526. — VII : 195.
DIVISION MILITAIRE (La 32e). — VIII : 114 (n.), 115, 171, 176, 180, 187.
DIXMUDE. — VIII : 348.
DNIESTER (Le). — I : 520. — II : 161, 216, 244. — III : 304. — VII : 110, 194, 520.
DOBSENT (Membre du tribunal révolutionnaire). — III : 517 (n.).
DOENHOF (Sophie-Julienne-Frédérique, Comtesse DE). — I : 483, 484. — II : 339, 367, 443. — III : 444.
DOGE (Le). — I : 391.
DOHM (Chrétien-Conrad-Guillaume DE). — I : 115, 167 (n.). — III : 22, 113, 114, 181. — IV : 86.
DOHNA (Le comte Frédéric-Ferdinand-Alexandre). — VIII : 23.
DOLGOROUKI (Général Georges, Prince). — VI : 467, 472, 473, 479, 502, 503 à 505. — VII : 10, 11, 18 à 20.
DOMAT (Jean). — I : 148.
DOMBROWSKI (Général Jean-Henri). — VII : 111.
DOMINICAINS (Les). — I : 70 (n.).
DOMMARTIN (Général Elzéar-Auguste). — II : 544. — V : 59.
DONA (L'agent). — III : 423, 534 (n.).
DONAUWERTH. — VI : 457. — VII : 349.

Don Quichotte. — I : 524. — VII : 256, 478. — VIII : 415 (n.).
Doppet (Général François-Amédée). — III : 116.
Dordrecht. — III : 337. — IV : 282.
Doria (André). — V : 145, 200.
Dornberg (Général Ferdinand-Gaspard, Vicomte de). — VII : 354, 356.
Dorogobuge. — VIII : 1.
Dorsch (Le professeur). — III : 97, 104, 111, 178, 289.
Dorset (Duc de). — II : 30, 31.
Dortmund. — VI : 230.
Dotis (Le château de). — VII : 382, 387, 391.
Douai. — II : 312. — IV : 135.
Douglas (Marquis). — VII : 199.
Doulcet de Pontécoulant. — III : 249. — IV : 169, 170 (n.), 262, 323, 355, 365, 366 (n.), 367, 374, 383, 385, 386, 421 (n.), 441, 473. — V : 467 (n.). — VIII : 455.
Drake (L'amiral). — III : 489. — VI : 341, 344, 350, 355, 356, 395. — — VII : 16.
Dresde. — I : 80. — II : 189 (n.), 252, 409 (n.), 548 (n.). — III : 417. — VI : 41, 237, 341, 345, 361, 395. — VII : 89, 187, 367, 564, 573. — VIII : 4, 16, 17, 37, 107, 109, 110, 115, 139, 141 à 143, 156, 158, 165, 167, 168, 173, 174, 177, 183, 184, 196, 204, 210, 230, 250, 266, 368, 382, 391, 409, 482.
Dresnay (Marquis de). — III : 501.
Drina (La). — I : 451.
Droits de l'homme anglais (Les). — VI : 168.
Drouot (Le général, Comte). — II : 544. — VI : 218.
Druses (Les). V : 445.
Du Barry (La). — I : 72.
Du Bellay. — III : 404.
Dublin (Comté de). — V : 138.
Dubois (Cardinal). — I : 25, 74, 167.
Dubois de Crancé (Edmond-Louis-Alexis). — II : 92, 535, 543. — III : 26, 114, 115, 154, 246, 249, 307, 381 (n.), 407, 517. — IV : 169, 221, 223 (n.), 232 (n.), 238 (n.), 261, 264 (n.), 266, 288. — V : 452, 465, 469. — VII : 449, 450.
Dubos (Jean-Baptiste). — IV : 475.
Dubuisson (Paul-Ulrich). — III : 355, 422 (n.).
Duchatel (Charles-Nicolas, Comte). — VII : 439.
Duchatelet (Membre du Comité diplomatique). — II : 93, 102 (n.), 198 (n.).
Duchesnois (Catherine-Joséphine-Rafin Mlle). — VII : 183 (n.).
Duckert. — IV : 69. — V : 49.
Duclos (Charles-Pineau). — I : 304, 305. — II : 185.
Ducos (Jean-François). — III : 277, 278, 280, 281.
— (Roger). — III : 219 (n.). — V : 428, 436, 462, 469, 471, 474, 477, 485. — VI : 3.
Dugommier (Général). — I : 88, 111 (n.). — II : 542. — III : 540. — IV : 90, 143 à 146.
Duguesclin (Le connétable). — II : 539. — V : 19. — VI : 38, 300.
Duhem (Pierre-Joseph). — II : 313. — III : 145, 343, 406. — IV : 156, 175, 176, 262.
Duhesme (Général Philippe-Guillaume, Comte). — VII : 244.
Dumas (Général Mathieu, Comte). — II : 361, 431, 433, 434 (n.). — IV : 116, 208, 373. — VII : 58.
Dumont (André). — I : 142, 143. — II : 388, 393, 439, 440. — III : 197. — IV : 158 (n.), 170 (n.), 223 (n.), 232 (n.), 238 (n.), 264 (n.), 288.
Dumouriez (Charles-François, général). — I : 76, 155, 306. — II : 59, 289, 296, 314 (n.), 397, 403, 404, 407, 409 à 419, 422, 423, 426, 427 à 430, 434, 435, 437 à 439, 441, 442, 444, 447 à 456, 479 à 484, 491, 505, 507, 537, 541, 543. — III : 6, 9, 16, 17, 19, 20, 25 à 27, 29 à 31, 34 à 38, 41, 42, 46 à 56, 58 à 66, 78, 80 (n.), 81 à 90, 99, 104, 114, 118, 136, 142, 147 à 151, 153 (n.), 154, à 156 (n.), 157 (n.), 159 à 163, 166, 167, 170 à 176, 180, 200,

219, 224, 226, 234, 247, 251, 252, 258, 259, 271 à 273, 277, 281, 282, 287, 303, 304, 306, 335, 336, 338, 340 à 342, 347, 348, 351 à 370, 372, 373, 377, 380, 384, 385, 391, 395, 407, 411, 423, 464, 532, 545. — IV : 64, 137, 154, 180, 245, 372, 412, 414, 415, 443, 473. — V : 28, 46, 98, 135. — VI : 219, 316, 340, 346, 447, 508. — VII : 472, 490, 572. — VIII : 107, 181, 459.

Dun (Château de). — VIII : 184.

Duna (La). — VII : 586 (n.).

Dundas (Henry, vicomte Melville). — II : 384. — III : 228. — IV : 37, 91. — VI : 297.

Dundee. — III : 213.

Dunkerque. — II : 336 (n.), 499, 539. — III : 367, 434, 450, 460, 461. — IV : 34. — V : 48. — VI : 279, 282, 291. — VIII : 471, 477.

Dupes (Journée des). — II : 512.

Duphot (Général Léonard). — V : 290, 292.

Dupleix (Joseph-François, Marquis). — I : 290. — II : 545. — V : 298.

Dupont de l'Étang (Général Pierre, Comte). — VII : 236, 269, 278, 279, 280, 299. — VIII : 335.

Dupont de Nemours (Pierre-Samuel). — II : 88 (n.). — VI : 263 (n.).

Duport du Tertre (Louis-François). — II : 322, 397.

Durand de Maillane (Pierre-Toussaint). — IV : 123. — V : 35.

Durand (Agent français à Londres). — I : 346 (n.), 446 (n.).

Durant, Chef de la division du Nord aux Affaires extérieures. — VI : 222, 293, 352, 369, 382. — VII : 546. — VIII : 101 (n.), 102 (n.), 106, 230, 237.

Duranton. — II : 402.

Duras (Amédée-Bretagne-Malo, Duc de). — II : 177.

Durfort-Boissières (Comte de). — II : 189 (n.), 220, 223.

Duroc (Maréchal), Duc de Frioul. — VI : 29, 32, 61, 62, 143, 144, 150, 151, 280, 284, 305, 455, 458, 461, 462, 464, 465, 472 à 474, 477, 478 (n.), 482. — VII : 12, 14, 17, 107, 109, 170, 174, 184. — VIII : 101 (n.), 125, 160.

Duroveray. — I : 142. — II : 388, 393, 439.

Dusseldorf. — IV : 426. — VII : 30 (n.), 89, 127 (n.), 485. — VIII : 497.

Duval (Amaury). — III : 292, 293.

Duval (Général François-Raymond). — III : 36, 37, 42, 51. — IV : 110.

Duvivier (Général Franciade). — II : 65.

Dwina (La). — VII : 520.

E

Ebelsberg. — VII : 353.

Ebre (L'). — VII : 254, 269, 279, 331, 434, 438, 519, 525, 527, 528.

Échelles (Les). — III 302. — V : 265. — VI : 428. — VII : 249.

Eckmuhl. — VII : 353.

Écoles centrales (Les). — IV : 441.

École d'artillerie (L'). — V : 309.

École de médecine (L'). — V : 222.

École militaire (L'). — II : 544. — V : 140.

École polytechnique (L'). — IV : 440.

Écoles spéciales (Les). — IV : 441.

Écosse (L') et les Écossais. — I : 343. — II : 121. — III : 214, 215, 244, 261. — IV : 37. — V : 454. — VI : 299. — VII : 123.

Écriture sainte (L'). — I : 12, 183, 356, 445. — VIII : 353.

Edelsheim (D'), ministre de Bade. — V : 398 (n.).

Édimbourg. — I : 343. — IV : 37. — V : 454.

Édit de Nantes (L'). — I : 68, 127, 151, 195, 197, 233, 286, 474. — II : 165, 306 (n.), 312. — III : 185. — IV : 171, 209. — V : 464. — VI : 13, 27.

Édouard (Milord). — Voir : Fitz-Gérald (Lord).

Eger. — VIII : 152.

Église anglicane (L'). — I : 176. — II : 145, 146. — VI : 33.
Église gallicane (L'). — II : 126. — V : 203. — VI : 66, 86.
Église orthodoxe (L'). — VII : 138.
Église réformée (L'). — I : 466, 467, 489. — II : 350. — IV : 325.
Église romaine (L'). — I : 14 (n.). 15, 56, 57, 68, 101 (n.), 121, 126, 127 à 129, 131 à 133, 138, 139, 147 à 149, 166, 177, 192, 194, 204, 227 à 232, 248, 250, 356, 376, 378, 388 à 390, 423, 448, 482, 517. — II : 28, 100, 114 à 128, 195, 196, 296, 302, 324, 385, 529 (n.), 548. — III : 199, 209 à 211, 283, 396, 447. — IV : 11, 16, 39, 54, 295, 445. — V : 73, 91, 142 à 148, 167, 187, 207, 281, 291, 320. — VI : 25, 26, 27, 42, 45, 65, 156, 173, 363, 385, 387, 403, 405. — VII : 25, 35, 51, 135, 189, 196, 323, 325, 405, 406, 498. — VIII : 79, 238, 410, 437, 503.
Egmont (Lord). — I : 164.
Égypte (L'). — I : 111, 309 (n.), 328, 329. — II : 55, 202. — III : 175, 526. — IV : 385. — V : 39, 48, 55, 103, 148, 192, 193, 195, 218, 228, 229, 255, 298, 299, 301, 340, 342, 343, 346, 350, 368, 369, 403, 419, 427, 434, 438, 439, 441, 444, 446, 448, 449, 451. — VI : 3, 11, 13, 20 à 22, 30, 32 à 34, 40, 41, 51, 62, 63, 68, 71, 75, 77, 90, 98, 100, 105, 107, 109, 112 à 116, 140, 141, 143, 144, 147, 148, 150, 152, 153, 157, 160, 164, 165, 172, 175, 176, 183, 193, 196, 204, 205, 217, 255, 267, 269 à 271, 273, 275 à 277, 287, 291, 297, 298, 300, 306, 314, 372, 375, 411 (n.), 413, 430, 431, 438, 441, 510. — VII : 37, 39, 135, 153, 162, 171, 194, 222, 232, 239, 240, 245, 249, 252, 260, 331, 441, 518, 525. — VIII : 321, 414, 416, 420, 506.
Égypte (L'armée d'). — V : 302, 438, 460. — VII : 28, 34, 106. — VII : 589. — VIII : 3.
Ehrard de Nuremberg. — IV : 23.
Ehrenbreitstein. — III : 108, 109, 110.
Eichstædt. — VI : 504.
Elbe (L'île d'). — V : 193, 449. — VI : 113, 196, 255, 256, 287, 344. — VIII : 44 (n.), 332, 334, 366, 382, 385, 403, 413 à 415 (n.), 419, 428.
Elbe (L'). — I : 403. — IV : 176. — V : 102, 104, 334, 416. — VI : 46, 108, 310, 329, 495. — VII : 45, 53, 100, 103, 113, 116, 118, 139, 159, 172, 186, 187, 320, 331, 424, 452, 458, 485, 516, 530, 531. — VIII : 59, 60, 68, 76, 81, 98, 108, 114 (n.), 115, 152, 164, 172, 177, 179, 180, 281, 497.
Elbée (Général Gigot d'). — III : 376, 463, 500, 538.
Elbing (L'). — VIII : 28.
Elchingen (Combat d'). — VI : 475, 481.
Eldon (John Scott, Comte d'). — VIII : 464 (n.).
Électeur (Le Grand). — Voir : Brandebourg (L'Électeur de).
Eleusis. — I : 179.
Elgin (Thomas Bruce, Comte d'). — II : 154, 162, 208, 222, 224.
Élisabeth (Madame). — II : 137 (n.), 186 (n.), 227, 266, 328. — III : 423, 471 (n.).
Élisabeth-Alexievna, Impératrice de Russie. — VI : 127, 135, 136, 138.
Élisabeth-Christine de Brunswick, Reine de Prusse. — I : 480, 481, 484.
Élisabeth d'Angleterre. — I : 45, 46. — II : 250. — III : 192 (n.), 193, 256, 485. — V : 23.
Élisabeth Farnèse. — I : 385 (n.). — VI : 53. — VII : 441.
Élisabeth Petrovna. — I : 49, 50, 73 (n.), 515 (n.). — V : 133. — VI : 123, 133, 135.
Ellenborough (Edward Law, Baron). — VI : 297.
Elliot (Hugues). — II : 147, 388. — VI : 407.
Elsenefr. — I : 106. — VII : 201.

Élysée (Palais de l'). — VI : 150. — VIII : 449, 450, 451.

Emden. — IV : 254. — VI : 483.

Émilie (La province d'). — V : 168.

Empire (L') d'Allemagne-Autriche). — I : 10 (n.), 98, 99, 121, 285, 286, 289, 300, 333, 400 à 411, 413 à 417, 431, 435, 438, 447, 448, 450, 468, 469. — II : 13, 78 (n.), 81, 82, 112 (n.), 150, 164, 181, 194, 210, 211, 220, 235, 248, 254, 255, 258, 261, 308, 333, 337, 348, 354, 356, 357, 361, 363, 371, 376, 392, 399, 416, 427, 447, 449, 474, 475, 498. — III : 16, 21, 60, 97, 101, 102, 105, 107 à 109, 112, 128 à 130, 150, 151, 156, 168, 174, 181 à 183, 204, 215, 229, 319, 369, 399, 418, 442, 443, 459, 477 (n.). — IV : 18, 19, 32, 46, 76, 79, 80, 83, 96, 134, 135, 139, 142, 144, 149, 173, 177, 179, 196, 197, 224, 227, 230, 253, 265, 278, 279, 281, 284, 285, 291, 292, 294, 299, 300, 301, 306, 330, 334, 338, 342, 344, 356, 357 (n.), 361, 363, 364, 394 à 396, 401, 402, 420, 424, 428, 443, 444, 467 (n.). — V : 27 à 30, 33, 44 (n.), 104, 126, 137, 154, 156, 158, 168, 171, 174, 191, 231, 232, 236, 238, 239, 241 à 243, 247, 249 (n.), 250 à 252, 255, 257 à 263, 266, 267, 269 à 271, 274, 275, 277, 278, 280, 281, 304, 305, 331, 361, 365, 393, 402, 415, 416. — VI : 38, 76, 80, 84 à 88, 94 à 96, 98, 145, 146, 161, 165, 232, 239, 308, 329, 330, 331, 355, 363, 373, 446, 453. — VII : 13, 19, 31, 42, 51, 87, 512. — VIII : 9, 180 (n.), 196, 351, 362, 437, 499.

Empire (L'). — I : 287, 334, 546. — II : 416, 419, 432, 542 (n.), 548 (n.). — III : 176, 258, 279, 359 (n.), 478. — IV : 159, 195, 222, 264 (n.), 387, 473. — V : 5, 102, 130, 170, 204, 452. — VI : 5, 14, 22, 24, 47, 55, 121, 174, 221, 225, 227, 288, 347, 364 à 367, 375, 378, 380, 400, 403, 406, 411, 419, 420, 426 à 429, 434, 435, 510, 515. — VII : 30, 35, 55, 125, 312, 396. — VIII : 178, 344, 371, 414, 454, 465, 468, 500.

Empire romain (L'). — V : 188. — VI : 422. — VII : 462.

Ems-Oriental (Département de l'). — VIII : 114 (n.), 115, 134.

Ems-Supérieur (Département de l'). — VIII : 114 (n.), 115, 134.

Ems (L'). — IV : 254. — V : 416. — VII : 45, 520.

Engadine (L'). — V : 415. — VI : 43.

Enghien. — III : 349.

Enghien (Louis-Antoine-Henri de Bourbon, Duc d'). — I : 81. — II : 4. — III : 193, 323, 478 (n.). — IV : 211. — VI : 345, 347 (n.), 348, 349, 351 à 353 (n.), 357, 361, 362, 384, 396, 399. — VII : 37, 84, 197, 300. — VIII : 327, 452, 458, 464.

Éon de Beaumont (Le chevalier d'). — I : 76.

Épaminondas. — V : 177.

Épernay. — VIII : 270.

Éphèse. — I : 179.

Éphraim (Le juif). — II : 52, 157, 158, 159, 231, 232 (n.). — V : 333, 338 (n.). — VII : 18.

Épicure. — V : 182.

Épire (L'). — I : 36 (n.). — VII : 135.

Erfurt. — I : 44. — II : 494. — IV : 359 (n.). — V : 271. — VI : 151, 154, 290. — VII : 250, 259, 299, 300, 304, 305, 308, 311 à 316, 319, 322, 337, 351, 358, 431, 432, 563, 578. — VIII : 108, 127, 194, 343, 375, 382.

Ermitage (L'). — VI : 369.

Ernest-Auguste, Roi de Hanovre. — VI : 297.

Ernouf (Général Jean-Augustin, Baron). — V : 392.

Ernstbrunn (Château de). — VII : 365.

Erskine (Thomas Baron, Comte de Buchan). — I : 164. — III : 229. — IV : 204. — VI : 298. — VII : 29.

Erthal (Frédéric d'). — II : 167.

Escars (Baron d'). — II : 167 (n.), 283, 291. — III : 447.

Escars (Comte d'). — I : 119 (n.). — II : 176, 177, 253.

Escaut (L'). — I : 273 (n.), 301, 340, 361, 363, 453 (n.). — II : 316, 421. — III : 167, 182, 219, 223, 225 à 229, 242, 258, 262, 275, 309, 419, 477 (n.), 537. — IV : 89, 270. — VI : 167, 184, 196, 250, 416 à 418, 509. — VII : 373, 377, 418, 420, 423, 438, 518, 520, 525. — VIII : 10, 70, 98, 100, 140, 188, 207, 249 (n.), 306.

Eschasseriaux (Joseph, Baron). — IV : 125, 126, 145 (n.), 170 (n.), 180, 183, 430.

Esclavonie (L'). — I : 439.

Esclavons (Les). — V : 159.

Escoiquiz (Chanoine don Juan). — VII : 213, 214, 263.

Escurial (L'). — II : 95.

Esebeck (d'), Ministre aux Deux-Ponts. — II : 449. — III : 290, 421, 422, 433.

Eslingen. — III : 472 (n.).

Esménard (Joseph-Alphonse). — VII : 530, 553.

Espagne (L'). — I : 14 (n.), 36 (n.), 42, 43, 46, 55, 56, 67, 69, 79, 93, 99, 108, 116, 125, 132, 144, 155, 168, 254, 258, 265, 268, 269, 271, 273, 277, 279, 280, 282, 286, 287, 289, 292, 296, 301, 311, 369 à 374, 376 à 381, 385 (n.), 386, 387, 522, 532, 534. — II : 22, 32, 42, 49, 58, 61, 69 (n.), 84, 85, 88, 92 à 95, 112, 137 (n.), 143, 152, 175, 181 à 183, 206, 223, 225, 228, 237, 238, 249, 260, 281, 292, 380 à 382, 399, 404, 418, 420, 422, 451, 502, 503, 558. — III : 16, 20, 21, 44, 133 à 135, 156, 157, 168, 183, 215, 230 à 232, 239, 240, 262, 263, 266, 298 à 300, 306, 312, 318, 331, 434, 449, 459, 485. — IV : 28 à 32, 65, 98, 99, 143 à 146, 165, 173, 175, 176, 185, 196, 203, 221, 233 à 236, 244, 265 à 270, 303, 308 à 312, 321, 322, 353, 354, 361, 362, 367 à 370, 384, 389, 390, 391, 410, 417, 433 à 435, 457, 458 (n.), 466, 467, 470. — V : 28, 35, 36, 42, 71, 75, 104, 105, 107, 119, 146, 188, 191, 192, 215, 226, 259, 305, 321, 330, 337, 339, 366, 377, 413, 417, 444. — VI : 19, 22, 28, 33, 46, 47, 53, 71, 75, 101, 103, 106, 107, 112, 113, 154, 160, 168, 171, 175 à 177, 184, 186, 190, 191, 198, 206, 211, 213, 239, 263, 292, 305, 308, 325, 326 à 328, 344, 362, 372, 373, 393, 415, 425, 427, 430, 434, 437, 447, 450, 459, 493, 514. — VII : 34, 36, 74, 78, 80, 100, 107, 117 à 119, 156, 187, 202, 211 à 216, 218 à 222, 230, 233, 234, 236, 237, 243, 244, 247, 252 à 256, 258 à 264, 266 à 269, 271 à 282, 284, 289 à 292, 294 à 296, 298 à 301, 304 à 307, 309, 312, 319 à 321, 323 à 332, 334 à 336: 338, 340, 341, 346, 347, 356, 359, 360, 361, 363, 365, 369, 377, 382, 388, 390 à 393, 395, 398, 409, 418, 425, 434, 435, 438, 446, 449, 458, 459, 466, 476, 477, 488, 490, 502, 512, 514, 518. — VII : 519, 522, 524 à 527, 529, 535, 537, 541, 542, 544, 559, 560, 561, 569, 572 à 576, 579. — VIII : 3, 4, 14 (n.), 34. 41, 42, 44, 75, 82, 83, 88, 90, 95, 104, 114, 116, 119, 143, 149, 156, 158, 168, 180, 193, 220, 226, 229, 240, 258, 281, 291, 306, 322, 348, 350, 381, 385, 388, 394, 398, 412, 448, 471, 497.

Espagnols (Les). — I : 27, 47, 56, 58, 86, 157, 193, 258, 265, 266, 271, 281, 289, 307 (n.), 340, 361, 370 à 372, 376 à 379, 382, 387, 409, 532. — II : 61, 71, 94, 110, 238, 248, 281, 421, 562. — III : 133, 134, 156, 157, 299, 300, 318, 375, 534, 538. — IV : 18, 29, 90, 120, 143, 145, 165, 203, 221, 235, 245, 309, 320, 362, 390, 429, 433, 434. — V : 92. — VI : 28, 75, 106, 107, 113, 153, 167, 286, 301, 309, 325, 326, 449, 450. — VII : 100, 117, 118, 156, 162, 216, 220 à 222, 231, 236, 254, 256, 262, 263, 267 à 270, 272, 273, 278, 279, 284,

288, 324, 327, 328, 330, 331, 338, 339, 382, 409, 420, 470, 476, 477, 478, 519, 526, 528, 540, 541, 560, 575. — VIII : 5, 226, 381, 469, 496.

Essen (Général Pierre, Comte d'). — II : 494. — VII : 593. — VIII : 14.

— (La ville d'). — IV : 299. — VII : 43, 64, 75.

Essling. — VI : 469. — VII : 355, 358, 359, 363, 365, 368, 396, 400, 412, 594. — VIII : 447.

Est (L'). — II : 141. — III : 125, 162, 301, 350, 377, 385, 538. — IV : 62, 325, 350, 354, 412, 427, 436, 442. — VI : 250, 254.

Est (L'armée de l'). — IV : 281, 396.

Esterhazy de Galantha (Nicolas). — II : 251, 253, 283, 492. — III : 446, 465, 466. — IV : 389 (n.). — VIII : 289, 292.

Esterno (Henri-Philippe-Ferdinand, Comte d'). — I : 478, 482, 487, 488, 531, 533 (n.). — II : 29 (n.), 82, 156.

Esthoniens (Les). — VII : 585.

Estrades (Godefroi, Comte d'). — I : 80.

Estramadure (L'). — VII : 219.

Estrées (Victor-Marie, Maréchal d'). — II : 403.

— (Gabrielle d'). — II : 284 (n.).

État (L') et les États. — I : 4 à 7, 9 à 20, 26 (n.), 27, 30, 33 à 40, 42, 45, 47, 49, 50, 53, 55, 57 à 60, 63 à 66, 68, 71, 76, 77, 78 (n.), 80, 81, 89, 90, 92, 94 à 98, 100, 101, 107 à 109, 111, 113, 114, 116 à 127, 129, 131 à 138, 142, 143, 145, 147 à 150, 152, 154, 156, 157, 162, 166, 168, 172, 173, 175, 178, 181, 184, 185, 187 (n.), 188, 190, 192, 193, 195 à 200, 204 à 208, 210 à 212, 214, 218, 220, 222 à 230, 232, 238, 239 à 242, 244, 246, 251, 258 à 261, 264, 267, 276, 278, 279, 282 à 285, 293, 294, 302 à 304, 310, 311, 313, 316, 318 à 320, 322 à 324, 326, 331 à 335, 338, 340, 343, 344, 348, 349, 351 à 354, 356, 364, 366, 370, 371, 377, 378, 383, 384, 387 à 392, 394, 400 à 404, 409, 412, 423, 424, 426, 427, 434, 435, 437 à 446, 449, 454, 456, 457, 460, 461, 464 à 468, 470 à 474, 477, 478, 485, 489, 491, 496 à 500, 503, 504, 506 à 512, 514, 520, 521, 525, 538, 539, 542 à 545, 547, 548, 551, 552. — II : 2, 3, 5, 8, 19, 20, 23, 25, 26 (n.), 28, 31 à 33, 35, 39 à 41, 45, 53, 60 (n.), 62, 63, 65, 76, 79, 80, 82, 83, 89, 90, 92, 95, 97, 98, 101, 103, 107, 108, 112 (n.), 114 à 117, 120 à 122, 126, 127, 130, 132, 133, 136 à 138, 145 (n.), 147, 156, 166, 169, 171 à 174, 177, 180, 183, 188 (n.), 193, 195 à 197 (n.), 201, 203, 205, 207 à 209, 212 à 215, 228, 232, 233, 240 (n.), 247, 249, 268, 269, 282, 292, 293, 298 à 300, 302, 304, 306, 307, 309, 312, 314, 319, 320, 325, 332, 357, 360, 362, 364, 366, 374, 379 à 381, 384, 386, 396, 406, 409, 411, 413 (n.), 416, 419, 420, 430, 431, 433, 436, 455, 456, 458, 459, 466, 477, 480, 484 à 486, 488, 494, 499, 507, 511, 516 à 518, 521, 524 à 526, 528, 532, 534, 535, 537, 538, 548, 551, 552 à 556, 558, 559, 563, 564. — III : 4, 6 à 11, 15, 20, 27, 28, 45, 63, 66, 68, 70, 71, 74, 75, 80, 81, 114, 119, 132, 135, 137, 144, 145, 147, 149, 163, 164, 176, 183, 186, 188, 189, 191 à 193, 199 à 201, 206, 210, 211, 213, 215, 216, 218, 225, 230, 233, 236 à 239, 245, 246, 248, 249, 252, 256, 257, 265, 266, 268, 270, 279, 283, 309 à 311, 319, 322, 323, 325, 326, 328, 335, 341, 347, 357, 371, 376, 377, 381 à 383, 386, 388, 389, 391, 392, 396, 404, 406, 408, 411 à 413, 416, 422, 427, 449, 470, 471, 473, 478, 481, 485, 498 à 500, 502, 507 à 510, 513, 514, 519, 522, 523, 529, 530, 541 à 544. — IV : 6, 8, 11, 14 à 17, 22, 24, 27 à 29, 31, 33, 39, 40, 48, 53, 56, 58 à 60, 73 à 75, 80, 98, 100, 107, 109, 113, 119, 121, 124, 125, 129, 131, 139, 151,

153, 155, 156, 167, 169 à 173, 175, 177, 179, 191, 202, 206, 209, 212, 214, 216, 220, 225, 227, 236, 238, 241, 243, 250, 252, 253, 259, 260, 263, 271, 272, 275, 287, 291, 294 à 297, 299, 309, 312, 322, 335, 339, 345 à 347, 359, 363, 364, 369, 375, 377 à 380, 387, 391, 399, 401, 421, 423, 426, 429, 435, 444, 450 à 455, 457 à 463, 466 à 469, 471, 472, 474 à 477. — V : 3, 7, 8, 11, 13 à 16, 22 à 25, 37, 44, 47 (n.), 53, 56, 69, 77, 83, 97, 103, 107, 113, 114, 132, 136, 147, 149, 151, 156, 159, 161, 169, 170, 175, 178, 180, 181, 183, 185, 188 à 191, 196, 199, 200, 202, 203, 206, 207, 211, 216, 217, 219, 224, 227, 233, 237, 247, 250, 251, 254, 256, 261, 262, 265, 266, 268, 271, 284, 285, 295, 302, 309, 310, 314, 318, 321, 329, 331, 334, 337, 338, 348, 353, 363, 366, 370, 378, 380, 388, 389, 403, 416, 420, 422, 423, 428, 430, 437, 451 à 453, 455 à 457, 459, 461, 463, 465 à 468, 472, 475, 478, 480, 487. — VI : 1 à 7, 12, 14, 16 à 18, 21, 22, 27, 30, 31, 34, 45, 49, 51, 52, 54, 56, 65, 68, 69, 86, 87, 92, 97, 104, 105, 119 à 121, 124, 134, 136, 137, 146, 154 à 156, 158, 161, 173, 195, 199, 204, 208, 212, 214, 218, 221, 225, 226 à 229, 231, 234, 238 à 240, 247 à 250, 252, 260, 263, 267, 272, 273, 287, 291, 294, 295, 299 à 301, 328, 330 à 332, 336, 346, 347, 350, 351, 355, 371, 373, 374, 385, 391, 392, 395, 401, 407, 412, 414, 415, 417, 422 à 424, 428, 429, 436, 468, 469, 490, 493, 494, 497, 498, 499, 509, 511, 518. — VII : 9, 21, 30, 31, 35, 39, 48, 53, 63, 64, 66, 76, 81, 97, 104, 108, 110, 115, 123, 126, 127, 140 à 145, 157, 163, 164, 206 à 209, 214, 220, 234, 257, 265, 269, 270, 283, 300, 302, 309 (n.), 313, 329, 334, 344, 354, 366, 370, 373, 391, 405, 411, 428, 430, 439, 448, 462, 463, 464, 466 à 469, 471, 473, 476, 484, 485, 489, 491 à 498, 504, 511, 513, 528, 585, 592. — VIII : 8, 37, 62, 64, 67, 68, 78 à 80, 87, 126, 134, 145, 159, 174, 179, 187, 189, 191, 196, 200, 212, 230 à 232, 237, 239, 240, 246, 248, 258, 281, 290, 291, 301, 303, 304, 314, 318, 319, 325, 331, 340, 341, 351, 355, 359, 369, 371 à 375, 382, 386, 390, 393 à 395, 398, 408, 410, 411, 427, 428, 438 à 440, 443, 449 à 451, 464, 478, 487, 491, 495, 501 à 503, 510.

États d'Autriche-Allemagne (Les). — I : 121, 129, 307, 310, 404, 405, 409, 423, 433, 438, 443, 445, 450, 459, 493, 536. — II : 18, 69, 97, 149, 151, 162, 172, 194 (n.), 195, 211, 223, 229, 255, 279, 337, 343, 345, 364, 410, 413 (n.), 551, 552. — III : 5 (n.), 93, 97, 108, 400, 418, 442. — IV : 19, 28 (n.), 88, 176, 183, 195, 225, 256, 280, 285, 297, 299, 306, 338, 341, 384, 396, 424, 425, 427. — V : 152, 156, 160, 229, 239, 243, 269, 277, 278. — VI : 380, 443, 461, 495, 503. — VII : 75, 77. — VIII : 53, 373.

États catholiques (Les). — I : 126, 130, 157, 268, 328, 390, 434, 448 (n.) — II : 104. — III : 174, 297, 298, 394, 395, 400. — V : 92, 126, 431. — VI : 97. — VIII : 413.

États du roi d'Angleterre en Allemagne. — VII : 14, 32.

État pontifical (L'). — V : 147, 150, 250 — VI : 213, 386. — VII : 66, 260, 261, 355. — VIII : 366.

États de Blois (Les). — VI : 338 (n.).

États du Midi (Les). — I : 407.

États du Nord (Les). — I : 407. — II : 475. — III : 113. — IV : 433. — VI : 376. — VII : 95.

États du Rhin (Les). — I : 417. — II : 112, 411. — V : 320. — VI : 97.

États généraux (Les). — I : 195, 363, 534, 535. — II : 266, 269. — III : 98, 218. — IV : 198, 239, 244, 306, 314, 317, 318, 331, 333, 408.

États généraux de Koenigsberg. — VIII : 55 (n.).

États musulmans (Les). — IV : 435.

ÉTATS PRUSSIENS (Les). — V : 244, 260. — VII : 225, 298, 334, 516. — VIII : 362.
ÉTATS-UNIS D'AMÉRIQUE (Les). — I : 139, 326, 345, 365, 371, 372, 404. — II : 21, 54, 116. — III : 20, 157, 175, 228, 261, 262, 411, 431, 524, 529, 530, 531. — IV : 173, 205, 221, 238, 371. — V : 18, 22 (n.), 225. — VI : 75, 261, 285, 286. — VII : 399, 446. — VIII : 181, 360, 407, 510.
ÉTATS VÉNITIENS (Les). — V : 191.
ÉTIENNE MARCEL. — I : 202. — III : 11.
ÉTOINIE (L'). — V : 105 (n.).
ÊTRE SUPRÊME (L'). — I : 173 (n.), 174, 422, 424 (n.). — II : 530 (n.). — III : 493. — IV : 21, 74, 104, 106, 111, 121. — VI : 248. — VII : 309, 451. — VIII : 315, 344.
ÉTRURIE (L'). — I : 391 (n). — VI : 153, 164, 198, 253, 260, 286, 287, 436. — VII : 80, 115, 219, 232.
ÉTRURIE (La Reine d'). — Voir : MARIE-LOUISE-JOSÉPHINE.
ETTENHEIM. — II : 345. — VI : 345, 346, 349. — VII : 300, 303.
EUGÈNE DE BEAUHARNAIS (Prince). — I : 418 : V : 445, 465. — VI : 366, 428, 437, 451, 452, 458, 469, 471. — VII : 17, 24, 30, 46 (n.), 53 (n.), 54, 56 (n.), 57, 79, 94 (n.), 100, 189, 191, 228, 232, 244, 251, 254, 257, 260 (n.), 261, 296 (n.), 336, 353 (n.), 354 (n.), 407, 413, 416, 427, 431, 438, 452 (n.), 456, 474, 475, 516 (n.), 517 (n.), 540. — VIII : 61 (n.), 81 (n.), 102, 122, 124, 125 (n.), 168 (n.), 219, 233, 300, 302, 305 (n.), 403, 435.
EUGÈNE DE SAVOIE-CARIGNAN (Prince). — I : 448, 451 (n.). — IV : 34. — V : 93, 403.
EUGÈNE, DUC DE WURTEMBERG (Frédéric-Charles-Paul-Louis). — VI : 126, 127.
EUPHRATE (L'). — V : 445. — VII : 242.
EUROPE (Mythologique). — VII : 440.
EUROPÉENS (Les). — I : 157, 431 (n.). 516. — II : 9, 15, 27. — III : 24, 322. — IV : 30, 74. — VI : 312, 481. — VII : 133, 192, 199 (n.), 471, 581, 583. — VIII : 384.
ÉVANGILE (L'). — I : 175, 489. — II : 117 (n.), 118. — III : 393. — IV : 160. — V : 269. — VI : 406.
ÉVREUX. — V : 116.
EXPILLY (Louis-Alexandre). — II : 126.
EWART. — II : 241 (n.).
EYLAU. — IV : 451. — VII : 137, 144, 145, 165, 167, 179, 311, 344, 355, 363, 524, 588. — VIII : 325.
EYMAR (Ange-Marie, Comte d'). — V : 363, 370.

F

FABERT (Maréchal Abraham DE). — II : 541.
FABIUS. — I : 51. — V : 145.
FABRE D'ÉGLANTINE (Philippe-François). — I : 236 (n.). — III : 34 (n.), 82, 84, 281, 381 (n.).
FAGAN (Le chargé d'affaires). — VII : 436, 446, 447, 450.
FAIN (Agathon-Jean-François, Baron). — IV : 351 (n.). — VIII : 110, 327.
FALKENSTEIN (Comte DE). — III : 177. — V : 250 (n.).
FANTIN, officier. — VII : 577.
FARNÈSE (Odoard). — V : 145.
FAUCHE-BOREL (Louis). — IV : 414.
FAUCHET (Claude). — II : 361. — V : 286.
FAUKNER, diplomate anglais. — II : 208.
FAULCONBRIDGE (Lord). — I : 167.
FAURE (Pierre-Joseph-Denis-Guillaume). — III : 151.
FAVART (Le général). — II : 543. — III : 545.
FAVI, chargé d'affaires de Toscane. — III : 402 (n.).
FAVIER (Jean-Louis). — I : 26, 304 à 309, 363, 364, 371, 372, 393, 415. — II : 59, 302, 338, 404, 409, 481, 505. — III : 23, 351, 393, 529. — IV : 179, 274, 296. — V : 182. — VI : 219.

Favras (Thomas de Mahy, Marquis de). — VII : 257.
Faypoult (Guillaume-Charles). — V : 56 (n.), 154, 292, 320, 321 (n.), 363, 364, 383 (n.), 384 à 388, 413.
Fédération (La). — II : 110, 490. — III : 103. — VI : 404.
Feller (François-Xavier de). — II : 53, 65. — III : 482.
Feraud ou Ferraud, Conventionnel. — IV : 148, 336.
Ferdinand IV (Roi de Naples). — I : 128, (n.), 386 à 388, 451 (n.), 137. — II : 502. — III : 133, 255, 298. — IV : 13, 28, 100, 202, 369, 389 (n.), 390. — V : 93, 94, 100, 112, 115, 197, 324, 348, 349, 373, 375, 415, 421, 424, 425, 431. — VI : 95, 107, 109, 144, 198, 280, 320, 327, 393, 407, 437, 453. — VII : 33, 47, 48, 71, 79, 90, 94, 115, 160, 171, 172, 185, 345, 430. — VIII : 104, 194, 230, 237, 260, 366, 367, 373, 390, 391, 411, 412, 436.
Ferdinand VII (d'Espagne). — II : 137 (n.). — III : 135. — VI : 378. — VII : 213, 218, 219, 233, 254, 257 à 259, 261 à 266, 271, 274, 279, 435, 441, 446, 519, 525, 527, 560. — VIII : 83, 220, 352.
Ferdinand (Prince des Asturies). — Voir : Ferdinand VII d'Espagne.
Ferdinand VI d'Espagne. — I : 385 (n.), 386.
Ferdinand Ier (Roi des Deux-Siciles). — Voir : Ferdinand IV, roi de Naples.
Ferdinand de Wurtemberg. — V : 355, 356.
Ferdinand (L'Infant, Duc de Parme). — I : 69, 128, 158, 451 (n.). — III : 395. — IV : 369. — V : 68, 76, 84, 202. — VI : 53, 82, 107, 113, 196 (n.).
Ferdinand III, (Grand-Duc de Toscane). — I : 391 (n.). — II : 62 (n.). — III : 24, 133, 298, 402. — IV : 362. — V : 93, 117, 126. — VI : 61, 82, 89, 393, 491, 494, 506. — VII : 126, 367, 383, 387. — VIII : 437.
Ferdinand (La Princesse). — VII : 107.
Fernambouc (Province de), Brésil. — IV : 310, 435.
Fernand-Nunez (Comte de). — II : 93 (n.).
Ferrand (Le général Marie-Louis). — III : 360, 361.
Ferrare. — V : 27, 93, 94, 109, 110, 131, 249 (n.). — VI : 82, 83, 89. — VIII : 437.
Ferrari (Le Comte). — III : 495.
Ferrières (Château de). — VII : 449.
Ferrol (Le). — VI : 326, 425, 430, 439, 449, 451, 453. — VII : 527.
Fersen (Le Comte Frédéric de). — I : 506 (n.).
Fersen (Comte Axel de). — I : 506 (n.). — II : 21, 139 à 141, 143 (n.), 158 (n.), 166, 179, 182, 184 (n.), 188, 220, 224 (n.), 227, 228, 234, 242, 247, 249, 255, 258, 259, 267 (n.), 329, 334, 335, 340, 341, 346, 353, 365, 366, 373, 402, 427, 436, 463, 491, 492, 509. — III : 3, 47, 321, 331, 352, 353, 372, 423, 469, 485, 499. — V : 268. — VI : 109. — VII : 16, 88, 128.
Fesch (Cardinal). — VI : 387, 403. — VII : 25, 31 (n.), 35 (n.), 65.
Feth-Ali-Schah. — VII : 136.
Feuillants (Les). — II : 267, 268, 270 à 272, 275. — III : 73, 196.
Fichte (Jean-Théophile). — IV : 22, 23. — VII : 209, 287, 487, 488.
Fiévée (Joseph). — VI : 243.
Figaro. — I : 76. — V : 356. — VI : 326.
Fichtières. — IV : 321, 354.
Filangieri (Gaetano). — I : 105, 115. — II : 238. — IV : 475.
Finale. — V : 59.
Finances (Les). — VI : 221.
Finckenstein (Le château de). — VII : 153, 154, 156.
— (Charles-Guillaume Finck, Comte de). — I : 471, 480. — II : 208, 377, 556. — III : 320. — IV : 148, 196, 197, 252, 254, 278. — VII : 243, 291 (n.), 295 (n.).
Finistère (Le). — VII : 525 (n.).

Finlande (La). — I : 527. — III : 306. — V : 42. — VII : 193, 202, 223, 237, 242, 248, 250, 304, 308, 318, 342, 350, 400, 401, 419, 509, 540, 543, 584. — VIII : 292.
Finnois (Les). — VII : 585.
Fiorella. — V : 410, 411.
Fitz-Gérald (Lord), Milord Édouard. — III : 489. — V : 49. — VI : 101.
Fitz-Herbert. — II : 85, 94.
Fitz-Patrik. — IV : 35.
Fitz-William (William-Wentworth, Comte de). — VI : 171.
Fiume. — III : 404. — VII : 394, 445.
Flachslanden (Baron de). — II : 251 (n.), 253, 283. — III : 480. — IV : 408.
Flahaut de la Billarderie (Général, Comte de). — VIII : 285 (n.).
Flamands (Les). — VIII : 468.
Flandre (La). — I : 32, 36 (n.), 254, 266, 272, 273, 288, 333, 361, 362, 546 (n.). — II : 58, 72, 92, 248, 290, 466, 498, 499, 502, 505, 519, 539. — III : 36, 168, 250, 338, 434, 449, 450, 452, 461, 545. — IV : 89, 136, 230, 333, 399. — V : 131. — VI : 78. — VII : 116, 459. — VIII : 181 (n.), 442, 471, 477, 495.
Flandres (Les). — I : 137, 245, 257, 264, 265, 271, 277. — II : 54, 57, 295. — III : 2, 285. — IV : 71, 313, 410. — V : 38. — VI : 167. — VIII : 178, 471, 478, 498, 509.
Flassan (Gaétan-Raxis, Comte de). — IV : 173.
Flaugergues (Pierre-François). — VIII : 459.
Fléchier (Valentin-Esprit). — I : 409.
Flessingue. — IV : 239, 270, 274, 282, 313, 318, 319, 333. — VI : 160, 167, 184. — VII : 157, 245, 272, 284, 331, 372, 373, 376, 381, 382.
Fleurus. — II : 546. — IV : 86, 87, 92. — V : 13. — VII : 329. — VIII : 76, 495, 500.
Fleury (Cardinal). — I : 160, 199.
Florence et les Florentins. — I : 390, 391 (n.), 451. — II : 18, 63, 221, 222, 381. — III : 24, 25, 298, 397, 401 à 403, 417, 424, 425, 487, 488, 528. — IV : 27, 100, 201, 303, 390. — V : 93, 94, 107, 154, 178, 197, 370, 389. — VI : 112, 393.
Florent, commissaire du Directoire. — V : 292.
Floret (de). — VII : 417, 418, 427. — VIII : 33, 37, 267.
Florian (Claris de). — VII : 256.
Florida-Blanca (Antoine-Monino, Comte de). — I : 116, 125, 128, 168, 374, 377. — II : 22, 94, 95, 237, 280, 281 (n.), 292, 380, 382, 399.
Floride (La). — V : 105. — VI : 196.
Flotte (François-René de). — III : 291, 292, 293.
— (Pierre). — I : 252.
Foncemagne (Étienne Lauréault de). — I : 320.
Fontainebleau. — I : 302. — II : 272, 325. — III : 168. — IV : 266. — V : 488. — VI : 402, 439. — VII : 215, 217, 219, 224, 227, 230, 264 (n.), 379, 396 (n.). — VIII : 79, 226, 240, 264, 321 à 324, 326 à 328, 332, 341, 414, 451.
Fontana (Mariano). — V : 289. — VI : 41.
Fontanes (Louis de). — VI : 294, 311. — VIII : 228.
Fontarabie. — IV : 98, 143, 145, 266.
Fontenay (Louis-Abel de Bonafous, abbé de). — III : 465 (n.).
Fontenay-le-Comte. — III : 407.
Fontenoy (Bataille de). — I : 293.
Fontos. — III : 302.
Force (La prison de la). — VII : 595.
Foreign-Office (Le). — V : 123. — VI : 274.
Forêt-Noire (La). — VI : 36.
Forez (Le). — II : 166. — V : 47 (n.).
Forfait (Alexandre-Laurent). — VI : 105 (n.).
Formey (Samuel). — I : 152.
Forster (Georges). — I : 103, 419, 432, 475, 476. — II : 11, 15 (n.), 18 (n.), 492 (n.). — III : 102, 103,

106, 107, 111, 176, 178, 179, 288. 290. 350, 421, 433, 483. — IV : 11, 20.

Fortair. — III : 52, 53.

Fort-Joux. — VIII : 480, 486, 488.

Fort de l'Écluse. — VIII : 480, 481, 486, 488.

Foscarelli. — V : 90.

Foscolo (Ugo). — V : 177, 321.

Fossano. — V : 65.

Fouché (Joseph), Duc d'Otrante. — II : 45. — III : 269, 517, 539. 540. — IV : 72, 106. 114. 123. 287. — V : 363, 388. 429, 436, 455. 469. 470, 475, 476. 480, 486. 488. — VI : 14, 25. 26. 37. 47. 49. 65. 125, 222. 289. 340. 347, 353. 366. 382. 395, 399 à 401. 507. 510. — VII : 27. 29, 46 (n.), 70. 71, 91. 112. 131 (n.), 137 (n.). 155. 165 (n.). 167, 188 (n.), 228, 229, 266. 274, 277, 287 (n.). 297, 331. 335. 336, 339. 341, 349. 370. 373 à 377. 379 à 381 (n.), 385, 387 (n.). 388. 389. 393, 396, 412, 431, 435, 441. 446 à 451, 455. 470. 476. 544, 547. 596. — VIII : 99, 214, 215. 220. 230, 231, 234, 235, 300. 309. 417. 427 à 434, 450, 452 à 455, 459. 461 à 463, 481, 482.

Fouquier-Tinville (Antoine). — II : 133. — IV : 63, 64. 126, 344.

Fourcroy (Antoine-François, Comte de). — IV : 126, 145 (n.), 147 (n.). 170 (n.). 232 (n.). 264 (n.), 293 (n.). 319 (n.). 323 (n.).

Fournès (Marquis de). — II : 166 (n.).

— (Madame). — VII : 441.

Fox (Charles-Jacques). — I : 163. 350, 357. — II : 27. 61. 145. 206. 207. 218, 384. 387. 390 (n.). 400. — III : 20, 140. 142. 217. 226 à 229. 242 (n.). 244. 276. 320. 458. 459. — IV : 34, 35. 38. 204. 205. — V : 425. — VI : 169, 219. 223. 241. 242. 258. 266. 298. 371. — VII : 29. 35. 45. 47. 67 à 71. 73. 75. 78 à 80. 83 à 85, 94.

Foy (Général Maximilien-Sébastien). — V : 14 (n.) — VII : 521. 526.

Fra-Diavolo. — VII : 58.

France (Ile de). — Voir : Maurice (Ile).

— (La Cour de). — Voir : France (Le Roi de).

— (Le Roi de). — I : 13, 34, 36 (n.), 56, 60, 94. 123, 124, 126, 127. 167, 187 (n.), 190, 191, 193, 198. 206 à 208, 211 à 213, 219, 222, 223. 225, 226 (n.). 228. 229, 231, 233. 244, 246, 249 à 252, 254 à 259, 262, 264 à 268, 271, 273 à 276. 283, 285, 291, 295. 312 (n.). 315 (n.), 322, 329, 367, 401 (n.), 415. 417. 508, 516, 542. — II : 3, 5, 8, 10, 29, 38, 39, 78 (n.), 80, 82, 89. 92. 96. 99, 108, 114, 118. 119. 126, 135, 137 (n.). 143. 147. 164, 166. 171, 174 à 178, 197, 199, 200. 220 à 222. 225, 228, 229, 234. 244, 247. 269. 274. 277. 278. 280, 281, 317. 339, 346, 366, 380. 456. 519, 520. 534 à 537 (n.). 559. 563. — III : 8, 10. — V : 463, 477. — VI : 247. — VII : 406. 584.

Franceschi (Général). — II : 548.

Francfort-sur-le-Mein. — I : 392 (n.), 410. 484. — II : 82 (n.). 147, 148. 492, 498, 508. — III : 109. 110, 166, 179. 207. 208. 444. — IV : 148. 197. 425. 465 (n.). — V : 266, 281. — VI : 55. 509. — VII : 53, 89. 354, 438. 573. — VIII : 120, 195. 205, 206. 213, 220. 222. 224, 225. 228. 230. 231. 234. 238. 239, 245. 251. 256 à 259. 264, 265, 283.

Franche-Comté (La). — I : 32. 258, 268. 279. 280. 283. 288. 296. 416 (n.). 443 (n.). — II : 210. 248. 519. — III : 505. — IV : 192. 212. 311, 351. — V : 47 (n.). 412. 420. 433. — VI : 254. — VII : 116. — VIII : 178. 228. 470 (n.), 471. 477. 478, 498.

Francisco (L'infant don). — VII : 266.

Franck. — III : 534 (n.).

François Ier des Deux-Siciles. — V : 415.

François Ier. — I : 56, 112. 467. — II : 120 (n.). — V : 38. — VIII : 496.

François Ier, empereur d'Allemagne. — I : 390 (n.).

François II d'Allemagne, François Ier d'Autriche. — I : 446. 457. — II : 253. 348. 373 à 376, 401. 402. 425 à 427. 462, 465. 466, 468, 469, 472. 492. 493. 498. 502. 504, 508, 509, 552, 555. — III : 89. 92, 104, 129. 130. 133, 156, 160, 215. 296, 306. 317, 324, 325, 327, 328, 333, 364. 366. 368, 403. 440 à 443, 451. 452. 461. 467 à 469, 478. 490, 491. 497, 548 (n.). — IV : 11. 13, 43, 47. 56. 57, 75, 81, 82, 84. 134. 135. 139. 162, 188. 192, 193, 302. 343, à 345, 361, 363. 384, 394, 397. 401 à 406, 416, 420, 425, 432. — V : 21. 32, 33, 35, 45 à 47 (n.). 93. 99. 112, 120. 125. 126. 144, 145. 150. 152 à 157. 162 à 165, 173. 179. 190, 217. 218. 228. 229, 232. 234 à 238. 240. 242 à 245, 247. 249 (n.), 250. 251. 260. 261. 266. 267. 269, 270. 274 à 276 (n.), 278. 281. 282. 302. 304. 305. 321. 324 à 327, 337. 346. 348, 354. 360. 361, 368, 388. 389. 393. 399. 400. 420. 430. — VI : 11, 18. 22. 36. 41. 44. 55. 56. 58 à 64, 78 à 80. 85. 88. 90. 95. 105. 157. 164. 165. 201. 331. 334, 357. 374 à 376, 380. 407. 409. 427. 453. 460, 477, 481. 482. 490. 493 à 495. 497. — VII : 3 à 7. 14. 81, 92, 100, 122 (n.). 134, 161 (n.). 205. 227, 234 (n.). 251. 288, 303, 304. 312. 315. 318. 337. 344. 365 à 368. 371. 382 à 384. 386 à 388, 391, 392. 394. 428 (n.). 438. 440. 443. 445. 510. 511. 556. 570. 572. — VIII : 9. 35. 37. 41 à 43. 45. 47, 49, 50. 52. 78. 88. 92. 93. 102. 108. 109. 112. 113. 115 (n.). 119. 121, 124. 126. 128. 131. 133. 138 à 140. 155. 156, 160. 161. 163. 164 (n.). 169. 171, 173. 176. 198. 200, 202. 203. 206. 209. 219. 237 à 239. 249 à 252. 254. 285. 296. 334. 335. 365 à 367. 417. 418. 471. 490, 492.

François d'Este (L'archiduc). — VIII : 437.

François de Neufchateau (Nicolas-Louis). — I : 222 (n.). — V : 209. 222. 253. 325 à 327.

Franconie (La). — I : 98: 404 (n.), 407 (n.), 434. — II : 235, 474. — V : 303. — VI : 75, 331. 391. 486, 488. 506. — VII : 18, 21, 46. 84, 106. — VIII : 158.

Francs (Les). — V : 224. 280. 406. — VIII : 374.

Franklin (Benjamin). — I : 106. — II : 51.

Frécine. — IV : 238.

Frédéric-Auguste de Saxe. — VII : 171. 185, 331 (n.). 341 (n.). 353 (n.). — VIII : 53, 59, 61. 68, 71. 93, 94. 104. 109. 110. 118. 174. 196, 250, 303, 359 à 361, 363, 368. 372. 373, 377. 382, 391. 396. 398, 404 à 407, 409 à 411.

Frédéric Ier Barberousse. — V : 79. — VII : 506. — VIII : 509.

Frédéric III, empereur d'Allemagne. I : 255, 256.

Frédéric II le Grand. — I : 16, 18, 22, 23. 25. 27 (n.) à 31. 37, 39, 40, 51. 65. 70, 71, 76, 78 (n.). 80, 85 à 87. 90 (n.), 94. 96, 97. 104, 109 à 117, 119, 120. 123. 131. 134. 135. 151. 153. 161, 175. 177. 181, 207. 291, 292, 294. 301, 302. 305. 308. 313. 316. 332. 333. 342. 360, 389. 403, 406, 410 à 413 (n.). 422, 440. 444, 446. 468 à 481, 484 à 493. 495 à 498. 500. 501. 513, 515 (n.). 518, 523 à 525. 527. 530, 545. — II : 13, 25. 50, 63. 68, 71. 74, 208. 235, 250. 291. 311, 335. 350, 358. 360. 361. 363. 364. 367. 371, 381. 403, 404. 406. 408. 416. 443. 464. 541. 554, 556. — III : 5. 22. 23. 46. 48. 49. 55. 62. 84. 112. 113. 135. 181. 306. 398. 461. — IV : 17. 19. 95. 137. 142. 195. 196. 226. 227. 291. 315. 357. 395. 397. 402. 476. — V : 23. 64. 66. 135. 152. 178. 180 à 182. 187 à 189. 224. 233. 234. 247. 268. 332 à 335. 338 (n.). 350, 352. 405. — VI : 10. 28. 31, 51, 73. 74. 119. 140. 212. 219, 232. 234, 239. 279. 286. 290. 369,

377, 379, 396, 455, 458, 478, 486, 499, 514. — VII : 13, 20, 69, 88, 105, 106, 108, 121, 190, 211, 266, 324, 463, 515, 557. — VIII : 54, 71, 254, 488.

Frédéric-Guillaume Ier. — III : 23. — VI : 486.

Frédéric-Guillaume II. — I : 94, 167 (n.), 181, 413, 418, 478 à 488, 490 à 496, 500, 521, 523, 531, 546 (n.). — II : 25, 26, 49, 52, 55, 67 à 72, 154, 155, 157 à 161, 163, 185, 204, 205, 208, 209, 211, 224, 229, 235, 239 à 242, 245, 249, 251, 253, 254, 256, 258 à 260, 262, 280, 289, 290, 310, 319 (n.), 329, 338, 339, 345, 349, 353 à 356, 361, 364, 366 à 371, 375 à 377, 414, 415, 421, 425, 427, 442 à 447, 461, 462, 464, 466 à 468, 471, 490, 493 à 495, 498, 502, 504, 506, 509, 510, 555, 557. — III : 17, 37, 41 à 45, 48, 51 à 54, 56, 58 à 61, 63 à 65, 77 à 82, 86, 87, 89, 91 à 93, 112, 113, 120, 128, 129, 150, 156, 180 à 182, 288, 296, 297, 306, 316, 317, 325, 332, 333, 363, 370, 394, 403, 421 (n.), 422, 443, 444, 450, 452, 455 à 458, 460, 461, 481, 486, 490 à 496. — IV : 15, 18, 19, 32, 33, 35, 43, 44, 46, 47, 56, 57, 82 à 84, 91, 92, 94 à 98, 134 à 137, 139, 141 à 144, 148, 179, 180, 182, 186, 195, 197, 203, 223, 224, 227, 249 à 251, 253 à 256, 258, 259, 277, 278, 280, 282 à 285, 290, 291, 315, 330, 341, 351 (n.), 355 (n.), 357, 388, 393 à 397, 403, 404, 416, 420, 443, 447. — V : 27 à 31, 47, 75, 104, 117, 126, 135, 137, 157, 160, 191, 227, 238, 241, 252, 303.

Frédéric-Guillaume III. — I : 500, 501. — II : 253. — III : 444. — V : 274, 276, 304, 328, 330, 331 (n.) à 333, 354, 355, 358, 359, 404, 415, 417, 434. — VI : 19, 32, 33, 74, 109, 148, 230 à 232, 234, 236, 278 à 280, 307, 316 à 318, 322, 329, 334, 358, 359 (n.), 361, 375 à 377, 379, 384, 393, 394, 396 à 402, 409, 423, 440, 443, 454, 460, 461, 464, 466, 467, 472, 473, 476, 478 (n.), 479, 483, 486, 488, 495, 496, 499, 500 (n.), 502. — VII : 8, 11, 14, 19, 21 à 23, 32 à 34, 40 à 42, 44, 48, 49, 80, 87 à 91, 96 (n.) à 99, 102, 103, 106, 107, 109, 120, 122, 126 (n.), 128, 139 à 147, 150, 160, 161, 163, 169, 170, 172, 174, 176, 177, 178, 180, 181, 208, 210, 211, 225, 239, 251, 298, 307, 311, 312, 321, 334, 336 (n.), 340, 343, 344, 349, 350, 356, 357, 358, 371, 404, 405 (n.), 407, 453, 530, 537, 550 (n.), 551, 552, 555, 569, 572, 573, 592, 593. — VIII : 4, 9, 13, 16, 17, 18, 20, 25, 26, 28, 30, 48, 52, 55 à 63, 67, 68, 73, 74, 77, 107, 109, 113 (n.), 118, 122, 124, 128, 131, 151, 154, 176, 181, 205, 213, 244, 252 (n.), 253, 254, 296, 315, 317, 331, 343, 360, 363, 364, 368, 379, 382, 384, 385, 396, 397, 402 (n.), 438, 471, 480, 490, 492.

Frédéric-Guillaume IV de Prusse. — VIII : 26, 400.

Frédéric Ier, Roi de Wurtemberg. — I : 408. — IV : 300. — VI : 231, 356, 457, 503 (n.), 512. — VII : 9, 229, 573. — VIII : 108 (n.), 142, 315, 476.

Frédéric-Charles-Joseph d'Erthal. — I : 434.

Frédérique (Princesse). — I : 480, 481, 483.

Frégeville (Général Henri, Marquis de). — V : 481.

Fréjus. — V : 459, 460.

Frere (John-Hookham). — VI : 325.

Fréron (Louis-Stanislas). — I : 235. — II : 201 (n.). — IV : 336.

Fréteau de Saint-Just. — II : 92, 93.

Friant (Le général, Comte Louis). — II : 546.

Fribourg. — VIII : 242, 248, 255, 256.

Fricktahl (Le). — V : 325.

Friedland. — VI : 39. — VII : 166 à 168, 179, 194, 197, 246, 279, 355, 364, 395, 509, 524, 541, 575. — VIII : 76, 179, 183, 262, 447, 500.

FRIOUL (Le). — I : 36 (n.). — V : 111.
FRISE (La). — I : 360. — II : 316 (n.). — IV : 389.
FROCHOT (Nicolas-Benoit, Comte). — VII : 595.
FROHBERG. — VI : 332.
FROISSART (Jehan). — I : 405.
FRONDE (La). — I : 58, 195, 196. — II : 45, 57, 169, 180, 406. — III : 12, 28 (n.). — IV : 18. — VI : 183, 218. — VII : 193 (n.). — VIII : 214, 309, 454.
FRONDEURS (Les). — I : 58, 61.
FROTTÉ (Louis, Comte DE). — V : 19, 219, 351, 419, 435, 454. — VI : 12, 34, 37. — VII : 206.
FRUCTIDOR (Journée du 18). — IV : 377. — V : 11, 201, 207, 209, 221, 223, 254, 385, 427, 428, 467 (n.), 472, 479. — VI : 8, 24, 25, 52, 216, 218, 343, 354, 435. — VII : 376, 595. — VIII : 428, 463.
FULDA. — III : 105. — V : 27. — VI : 230, 391, 417, 485. — VII : 79, 132 (n.), 424.
FURSTENBERG (François DE). — I : 115 — (Prince Guillaume DE). — I : 80.
FURSTENSTEIN (Comte DE). — VII : 359.
FUSTEL DE COULANGES. — V : 83.

G

GABARD (Le chargé d'affaires à Vienne). — II : 195 (n.).
GADOLLE. — III : 475 (n.).
GAETE. — V : 413. — VII : 546.
GAGERN (Jean-Christophe-Ernest, Baron DE). — I : 98. — IV : 24. — VIII : 383, 384, 393, 425, 471, 472, 475, 480, 484, 496.
GAILLARD (Maurice-André). — VIII : 432.
GALATZ. — II : 244.
GALBAUD (Général). — II : 543. — III : 89, 90.
GALEPPI (Le comte). — I : 132.
GALICE (La). — VII : 278.
GALICIE (La) et les GALICIENS. — I : 116, 137, 439, 441 (n.) à 444, 451, 452 (n.), 524, 531. — II : 68, 70. — III : 182, 451. — IV : 11, 78, 93. — V : 32, 360. — VI : 447, 465. — VII : 106, 119, 128, 134, 151, 347, 350, 351, 357, 358, 379, 380, 382, 384 à 386, 392, 393, 400, 419, 426, 511, 543, 556, 557, 570. — VIII : 32, 46, 146, 196, 243, 249, 271, 361, 374, 404, 409.
GALILÉE (L'astronome). — IV : 201.
GALISSONNIÈRE (Barrin, Marquis de LA). II : 86 (n.).
GALLO (Marquis Marzio Mastrilli DE). — V : 154, 155, 157, 234, 248. — VI : 112, 356, 469. — VIII : 102.
GALYTZINE (Prince). — IV : 56.
GAMBINO. — V : 68.
GAMBONI (Patriarche de Venise). — VII : 234.
GAMON (François-Joseph). — IV : 170 (n.), 355 (n.), 366 (n.), 374 (n.), 421 (n.).
GAND ET LES GANTOIS. — III : 285, 311, 342. — IV : 245. — VIII : 421, 427, 432, 481.
GANGANELLI. — Voir : CLÉMENT XIV.
GANGE (Le). — VI : 120, 188, 198. — VII : 565, 568.
GANTEAUME (Amiral Honoré-Antonin, Comte). — VI : 7, 383 (n.), 430, 432, 438, 439, 449, 451, 453. — VII : 331.
GARAT (Dominique-Joseph). — II : 201 (n.), 439. — III : 76, 272, 341. — V : 296, 467 (n.), 472. — VI : 436. — VII : 595.
GARDANE (Général, Comte Mathieu-Claude DE). — VII : 136, 154, 565.
GARDANNE (Général DE). — V : 476, 481. — VII : 136 (n.).
GARDIEN (Jean-François-Martin). — III : 410 (n.).
GARNIER DE SAINTES. — III : 473.
GARREAU. — V : 93, 107.
GASCOGNE (La) et les GASCONS. — V : 307. — VI : 218, 493. — VII : 455. — VIII : 77.
GASPARIN (Thomas-Augustin DE). — III : 114, 406, 430.
GASTON (Le Vendéen). — III : 463, 464, 466, 500, 517 (n.).

GAUDIN (Michel-Charles), Duc de Gaëte. — VII : 177, 389 (n.).
GAULE (La). — I : 245, 259, 260, 272, 275 à 279, 319, 320, 334. — III : 153, 177, 200, 205, 278, 389. — IV : 88, 213, 227, 260, 463, 469. — V : 2, 84, 175, 191, 196, 198, 206, 285, 402. — VI : 17, 19, 193, 227, 240, 268, 305, 330, 447. — VII : 565. — VIII : 447, 504.
GAULOIS (Les). — I : 255. — II : 12 (n.), 245. — III : 211. — V : 50, 145, 291. — VI : 22. — VIII : 449.
GAZETTE DE FRANCE (La). — VII : 370.
GE. — Voir : GEORGES III D'ANGLETERRE.
GELBERT (Christian-Furchtegott). — VIII : 484.
GÊNES et les GÉNOIS. — I : 14 (n.), 36 (n.), 391, 393. — II : 97, 238, 309, 450, 451, 455, 502. — III : 119, 120, 133, 157, 210, 295, 296, 301, 489, 528, 530, 531. — IV : 25, 70, 100, 200, 202, 382. — V : 35, 51, 62, 66, 68, 70, 71, 94, 106, 154, 178, 179, 194, 196 (n.), 197, 199, 201 (n.), 203, 296, 316, 389, 412, 414, 430, 433, 450. — VI : 20, 36, 42, 196, 198, 327, 391, 416, 434, 435, 442, 443, 445, 449, 454, 484, 503, 504. — VII : 36. — VIII : 178, 351, 437, 497.
GENET (Emond-C.). — II : 34, 244, 455. — III : 126, 157, 261, 262, 431, 529.
GENÈVE et les GENEVOIS. — I : 66, 141 à 143, 175, 183 à 185, 219, 235 (n.). — II : 10 (n.), 183, 228, 388, 393, 402, 509. — III : 17, 120, 122 à 127, 155, 197, 204, 228, 254, 301, 390, 431, 510, 529, 531. — IV : 182 (n.), 268, 269. — V : 266, 293. — VI : 40, 303, 416. — VII : 471. — VIII : 439.
GENGIS-KHAN. — V : 409.
GENLIS (Madame DE). — II : 34. — III : 83, 218, 361.
GENSONNÉ (Armand). — I : 30 (n.). — II : 157, 304, 357, 359, 360, 407, 434, 479, 505. — III : 249, 381 (n.), 410 (n.).
GENTIL. — II : 434 (n.).
GENTILI (Général). — V : 194, 195.
GENTZ (Frédéric DE). — II : 11 — IV : 24. — VI : 223 (n.), 332, 445. — VII : 24, 99, 286, 287, 332 (n.), 394. — VIII : 33, 91, 167, 170, 243, 247, 387, 390, 424, 425 (n.).
GEORGES (Le maire de Varennes). — III : 52.
GEORGES Ier D'ANGLETERRE. — I : 339, 343.
GEORGES II D'ANGLETERRE. — I : 343.
GEORGES. — Voir : CADOUDAL.
GEORGES III D'ANGLETERRE. — I : 343, 344, 351, 403 (n.), 521, 528. — II : 28, 56, 58, 84, 143, 229, 237, 318, 382, 383, 387, 388, 392, 437, 439, 440, 453, 474. — III : 17, 141, 213, 274, 282, 366, 434, 459, 487, 502. — IV : 34. — V : 27, 40, 41, 171, 215, 346, 425. — VI : 18, 100, 122, 201, 264, 279, 281, 282, 288, 371, 400, 407, 423. — VII : 43, 45, 47, 68, 80, 97, 147, 318, 320. — VIII : 439.
GEORGES IV D'ANGLETERRE (Prince de Galles). — I : 344, 353. — VI : 129, 246. — VIII : 94, 96, 153, 249, 366, 377, 466, 476.
GÉORGIE (La) et les GÉORGIENS. — III : 304. — V : 27. — VII : 154.
GÉPIDES (Les). — I : 469.
GÉRARD (Maréchal Maurice, Comte). — VIII : 326.
GERLE (Dom). — II : 121.
GERMANICUS. — VII : 395, 396.
GERMANIE (La), et les GERMAINS. — I : 327. — II : 13. — III : 23, 390. VII : 313, 383, 483, 489, 573. — VIII : 424.
GERMINAL AN III (Journée du 12). — VI : 52.
GERTRUYDENBERG (Conférences de). — III : 505. — VIII : 470 (n.), 498.
GERVINUS (George-Godefroy). — IV : 134, 340 à 342, 361.
GEX (Le pays de). — I : 271. — III : 168. — V : 47 (n.).

Gherardini. — IV : 389 (n.). — V : 145.
Ghetto (Le). — V : 373.
Gianni (Le sénateur toscan). — I : 118.
Gianni (François). — V : 177.
Gibbon (Édouard). — I : 152.
Gibelins (Les). — VI : 62.
Gibraltar. — I : 373. — IV : 221, 389, 392, 430. — V : 39, 192, 242, 259, 286, 299, 335. — VI : 107 (n.), 213, 275, 438. — VII : 54 (n.), 104, 194, 233, 254, 307.
Giessen. — III : 109. — IV : 254.
Gil Blas. — VII : 256.
Gillet, commissaire à l'armée de Brest. — III : 407. — IV : 169, 240, 246, 288, 293 (n.), 323 (n.), 336, 355 (n.), 366, 367.
Gilsdorf. — I : 475.
Ginguené (Pierre-Louis). — V : 296, 315, 363. — VI : 7.
Girardin (Général Xavier, Comte de). — VI : 7, 289 (n.).
Gironde (La). — III : 434.
Gironde (La), parti politique. — I : 237. — II : 300, 304, 314, 317, 319, 320, 324, 336, 358, 359, 365, 395, 397 à 403, 419, 427, 431, 435, 437, 480, 485, 487, 488, 491, 505, 511, 512 à 514, 525, 528. — III : 75, 101, 194, 343, 379, 380, 382. — IV : 20, 111, 113, 124, 214, 300, 382. — V : 9, 63, 255. — VII : 85.
Girondins (Les). — II : 515. — III : 69 (n.), 73 à 76, 149, 151, 192, 194, 196, 206, 238, 239, 267, 280, 341 à 343, 346, 373, 379 à 381, 408 à 411, 413 à 415, 429, 430, 439, 471, 473, 509, 540. — IV : 55, 64, 71, 108, 118, 122, 126, 127, 186, 276, 286, 294, 366. — V : 5, 221, 477, 482. — VI : 350. — VII : 69, 478. — VIII : 337.
Gitschin. — VIII : 131, 133, 138, 139, 144.
Giulay (Général, Comte). — VI : 495, 497, 498, 505. — VII : 15 (n.).
Givet. — IV : 135. — VIII : 264, 348, 480, 486, 488.
Glaber (Raoul). — I : 246.
Glascow. — I : 343.
Gleichen (Baron de). — IV : 80.
Glogau. — VII : 113, 298, 433, 530, 534. — VIII : 122.
Gneisenau (Maréchal Auguste Neidhardt) — II : 556. — VII : 141, 209, 292, 492, 555. — VIII : 19, 20, 28 (n.), 67, 206, 308, 471, 477, 479.
Gnesen. — II : 70.
Gnudi (L'envoyé du pape). — V : 93.
Gobel (L'archevêque J.-B. Joseph). — III : 204.
Godefroy (Denis). — I : 276.
Godoy (Don Manuel de), marquis de Alvarez, duc de la Alcudia, prince de la Paix. — I : 168, 374 à 376. — II : 381, 558, 559. — III : 135, 230 à 232, 298, 299, 318, 319, 322. — IV : 29, 30, 99, 144, 146, 202, 203, 233, 320, 361, 362, 368, 434. — V : 35 à 37, 104, 112. — VI : 75, 141, 155, 153, 154, 177, 239, 286, 325 à 327, 344, 362, 373, 393, 425, 437, 515. — VII : 100, 118, 212 à 214, 216, 218, 219, 253, 254, 256 à 259, 262 à 264, 275.
Goerger (Général). — V : 395.
Goerlitz. — VIII : 115.
Goertz (Jean-Eustache, Comte de). — IV : 302. — V : 274, 275, 281. — VII : 87, 88 (n.).
Goethe (Jean Wolfgang). — I : 97, 105, 106, 115, 156, 158, 180, 392 (n.), 402, 412, 425, 426, 429. — II : 14, 16. — III : 50, 85, 103. — IV : 21, 23, 159. — V : 176. — VI : 330. — VII : 313, 314, 413 (n.), 487, 488. — VIII : 25, 511.
Goettingue. — III : 100. — V : 269. — VI : 456, 458.
Goetzen (Le major). — VII : 291, 311, 321, 322.
Goguelat (Baron François de). — II : 286, 331, 401, 424, 425, 426.
Gohier (Louis-Jérôme). — V : 428, 436, 461, 462, 469, 471, 472, 474.
Golconde. — VII : 588.
Goltz (Comte de). — I : 115, 525. — II : 25 (n.), 26, 69, 72, 157, 371, 376, 450. — III : 92. — IV : 44,

195 à 197, 223, 228, 229, 249, 254, 256. — VII : 23 (n.), 40 (n.), 41, 43, 291, 292 (n.), 312, 318, 349, 356. — VIII : 30.
Gomaire (Le girondin). — III : 410 (n.).
Gondi (Jean-François de). — I : 150.
— (Le précepteur de Talleyrand). — VII : 302.
Gonneville. — VII : 124.
Gorani (Comte Joseph). — III : 15, 19, 40, 113, 119, 123, 141, 211. — IV : 25.
Gordon (Le secrétaire du maréchal Davout). — VIII : 449 (n.).
Gorgoli (Colonel). — VII : 422.
Goritz. — VIII : 174.
Gorsas (Antoine-Joseph). — II : 201 (n.). — III : 410 (n.).
Gossuin (Constant-César-Eugène). — III : 147, 172, 284 (n.). 285, 340, 356.
Gotha (Auguste de). — II : 474.
Gotha. — IV : 33.
Gothard (Le Saint-). — V : 412, 434. — VI : 43, 255.
Gothembourg. — I : 528.
Goths (Les). — I : 85. — III : 137.
Goupil de Préfeln. — II : 102 (n.), 197.
Goupilleau de Fontenay. — III : 117 (n.). — IV : 234, 235, 266, 320.
Gourdan (Charles-Christophe). — IV : 169.
Gourdon (Amiral Antoine-Louis, Comte de). — VI : 430.
Gourgaud (Général Baron Gaspard). — VI : 353 (n.). — VII : 547 (n.). — VIII : 133.
Gouvernet (De). — II : 189 (n.), 536 (n.).
Gouvion Saint-Cyr (Le maréchal). — II : 539, 548. — IV : 77, 148, 412. — V : 292, 321. — VI : 177, 309, 366, 446, 456, 469, 470, 514. — VII : 16. — VIII : 183.
Governor Morris. — II : 21, 336, 390 (n.), 415 (n.). — III : 480.
Gower (Lord). — II : 85, 265 (n.), 387. — III : 17, 139. — VI : 414, 465. — VII : 199, 202, 203, 204, 291.
Graham (Docteur). — V : 347.
— (Sir James-Robert-George). — VIII : 442, 496.
Graham (Le secrétaire de Bentinck). — VIII : 235, 239.
Grammont. — III : 338.
Grande Armée (La). — VII : 26, 70 (n.), 92, 94, 96, 117, 119, 123, 132, 136, 151, 157, 280, 296, 324, 331, 332, 363, 373, 375, 388, 458, 484, 521, 522, 525, 536, 542, 554, 571, 574, 575, 589, 596, 597. — VIII : 1, 445.
Grande Charte anglaise (La). — VI : 168.
Grand Empire (Le). — VII : 55, 57, 66, 111, 114, 117, 150, 155, 172, 180, 186, 222, 250, 263, 268, 296, 323, 329, 363, 378, 394, 403, 407, 419, 420, 436, 438, 451, 456, 461, 462, 470, 471, 482, 501, 504, 507, 512, 528, 545, 549, 561, 580, 584, 591. — VIII : 32, 70, 75, 76, 117, 118, 120, 177, 178, 185, 219, 226, 497, 510.
Grandpré. — III : 30, 35, 84.
Grands-Prêtres (Les). — V : 271 (n.).
Graneri (Comte). — IV : 27.
Grangeneuve (Jacques-Antoine). — III : 410 (n.).
Granville. — III : 539.
Gratz. — VIII : 50.
Graudenz. — VII : 109, 113.
Grave (Colonel de). — II : 398, 402, 428, 480.
Gravina (Amiral Charles, Duc de). — VI : 425, 432, 451.
Grawert (Général). — VIII : 14.
Grèce (La). — I : 90 (n.), 147, 328. — II : 538. — V : 83, 194, 218, 253, 368, 403. — VI : 306, 375. — VII : 39, 135, 198 (n.), 499.
Grecs (Les). — I : 249, 294 (n.), 328, 463 (n.), 519. — II : 151. — V : 83, 255, 300. — VI : 335, 336. — VII : 25, 39, 54, 395, 399, 565. — VIII : 305, 440.
Grégoire (L'abbé Henri). — II : 125. — III : 196, 198, 200 à 203, 205 à 207, 214, 215, 236, 289, 390 (n.), 426. — IV : 299.

Grégoire de Tours. — I : 253 (n.).
Grenade (La). — V : 27.
Grenier (Général Paule, Comte). — V : 214. — VII : 546.
Grenoble. — III : 519. — VII : 378.
— (L'évêque de). — VII : 267.
Grenville (Sir Thomas). — IV : 91. — VI : 79, 81, 171.
— (William-Wyndham, Lord). — II : 208, 384, 387, 388, 390 à 392, 441, 442, 452, 453. — III : 139, 140, 215, 218 à 220, 224, 226, 241 à 243, 245, 256, 260, 262, 263, 273 à 275, 406, 419, 450, 452, 462, 502 à 504. — IV : 135, 139, 205, 209, 350, 406. — V : 42, 113, 115, 118, 120, 123, 127, 128, 172, 251, 357, 419, 425. — VI : 34 à 36, 38, 49, 63, 118, 158, 170, 209, 246, 266, 297, 371. — VII : 29, 85, 94.
Grey (Lord Charles Howick, Comte). — II : 384. — III : 320. — IV : 38.
Gribeauval (Général Jean-Baptiste Vaquette de). — II : 543.
Grimaldi. — I : 116.
Grimm (Frédéric-Melchior, Baron de). — I : 76, 92 (n.), 156, 484, 517, 519, 521, 528, 535. — II : 22, 75, 218 (n.), 461, 464, 511. — IV : 55. — V : 132, 133. — VIII : 339.
Grimoard (Général Philippe-Henri, Comte de). — II : 543. — III : 9.
Grisons (Les). — III : 431. — IV : 69, 340. — V : 294, 327, 360, 368, 391, 392, 404. — VI : 36, 395, 492.
Grodno. — VI : 464. — VII : 107.
Groningue. — I : 360.
Grosbois-en-Montagne. — VIII : 143.
Grossbeeren. — VIII : 183, 185, 190.
Grotius (Hugues van Groot). — I : 11 (n.). — VI : 441.
Grouchy (Maréchal Emmanuel, Marquis de). — II : 544. — III : 463. — V : 50, 370. — VIII : 445.
Grouvelle (Philippe-Antoine). — III : 416 (n.) à 418, 527, 533, 535. — IV : 31, 32, 65, 74, 80, 133, 149, 180, 227, 234, 258, 308, 393 (n.), 396.
Gruériens (Les). — III : 17.
Gu. — Voir : Frédéric-Guillaume II.
Guadeloupe (La). — II : 542 (n.). — V : 27. — VIII : 100, 348.
Guadet (Marguerite-Élie). — II : 360, 485. — III : 380, 381 (n.), 410 (n.).
Guastalla. — III : 395. — VIII : 334.
Gudule (L'église Sainte-). — III : 162, 338.
Gueldre. — I : 360, 362. — IV : 280.
Guelfes (Les). — I : 405, 433. — VI : 62. — VIII : 98, 439.
Guerles. — I : 254.
Guernesey. — VI : 29, 33, 268.
Guerre (Le ministère de la). — V : 122, 452. — VI : 221, 321, 369. — VII : 82, 91.
Guibert (Jacques-Antoine-Hyppolite, Comte de), maréchal de camp. — II : 202 (n.), 323. — IV : 13.
Guidal (Général Maximilien-Joseph). — VII : 276, 595.
Guidobaldo (Le procureur). — IV : 28.
Guilhermy (Baron de). — II : 169 (n.). — VI : 278.
Guillaume Tell. — V : 82.
Guillaume Ier le Conquérant. — IV : 388. — V : 254, 288. — VI : 23, 99, 300.
Guillaume Ier de Wurtemberg. — VI : 457.
Guillaume III d'Angleterre (Guillaume d'Orange). — I : 47 (n.), 48, 63, 343, 361, 363, 365 à 367. — III : 167, 485. — IV : 40. — V : 23, 115, 455. — VI : 205, 220, 239, 275, 300, 412. — VIII : 455, 495, 496, 506.
Guillaume IX (Landgrave de Hesse-Cassel). — I : 94 (n.), 96, 181.
Guillaume Bras-de-Fer. — VII : 475.
Guillaume Ier de Prusse Allemagne. — VII : 181 (n.). — VIII : 400.
Guillaume (Prince Frédéric-Charles). — VII : 211, 238, 251, 292, 293, 297 à 299 (n.). — VIII : 26.
Guillebert de Metz. — I : 254.
Guilleminot (Général). — VII : 194, 201.
Guillotin (Joseph-Ignace). — II : 191.

GUIPUSCOA (Le). — I : 43. — IV : 98, 144, 146, 165, 166, 266, 309 à 311, 321, 353, 435, — VII : 254.
GUISCARD (Robert). — VII : 475.
GUISE (Le Duc DE), dit le Balafré. — I : 202, 227. — II : 286, 562. — III : 193. — VI : 9, 338 (n.).
— (François de Lorraine, Duc DE). — I : 265.
GUISSENDORFFER (L'agent suisse). — IV : 71.
GUIZOT (François-Pierre-Guillaume). — I : 156, 350. — VII : 443.
GUMBINEN. — VIII : 101.
GUSTAVE II (Adolphe de Suède). — I : 505, 506. — VII : 566.
GUSTAVE III (Roi de Suède). — I : 40 (n.), 65, 109, 115, 116, 126, 141, 158, 181, 506, 507, 519 (n.), 524, 527 à 529. — II : 21, 31, 32, 34, 74, 75, 140, 149, 154, 158 (n.), 175, 182, 185, 219 à 221, 238 (n.), 239, 242 (n.), 245 à 250 (n.), 255 (n.), 259 (n.), 260 (n.), 272 (n.), 278, 280, 291, 292, 330, 346, 378 à 380, 417, 430, 443, 445, 460, 527. — III : 305, 399. — IV : 7.
GUSTAVE IV DE SUÈDE. — V : 42, 133. — VI : 332, 379, 414, 421. — VII : 350, 454.
GUTTIN (L'agent français). — VI : 29, 30.
GUYANE FRANÇAISE (La). — IV : 310. — V : 36. — VI : 106, 154, 160, 175, 196. — VII : 246. — VIII : 348, 463.
GUYENNE (La). — I : 36 (n.).
GUYOT (Joseph-Nicolas). — III : 186.
GUYTON DE MORVEAU (Baron). — I : 206. — III : 249, 381 (n.), 382, 383, 394. — IV : 145 (n.), 147 (n.), 154, 158 (n.), 170 (n.), 223 (n.), 238 (n.).

H

HABSBOURG (Les). — Voir : MAISON D'AUTRICHE.
HADIK (Général André, Comte DE). — I : 88.
HAGUENAU. — VIII : 456, 459 à 461.
HAILES (Ministre d'Angleterre). — II : 155.
HAINAUT (Le). — I : 36 (n.), 139, 140, 254, 257, 268, 273 (n.), 546 (n.). — II : 160, 466, 498, 499, 519. — III : 277, 311, 340, 467, 505.
HAJNOCZY (Le Hongrois). — IV : 11.
HAKE (Diplomate prussien). — VIII : 58.
HALLER (Emmanuel DE). — V : 292, 364.
HALLES (Les). — VI : 295.
HAMBOURG. — III : 533. — IV : 69. — V : 70, 298, 339. — VI : 28, 30, 317, 395. — VII : 21, 93, 171, 217, 407, 452, 520. — VIII : 76, 114 (n.), 115, 123, 127, 129, 132, 136, 142, 171, 174, 176, 214, 281, 340.
HAMELN. — VI : 478, 485. — VII : 42.
HAMILTON (Lady) et lord. — I : 387. — II : 558. — V : 345 à 348, 375, 421, 422, 424, 425. — VII : 99.
HAMLET. — I : 52, 53. — V : 136.
HAMM. — III : 331, 465. — IV : 67.
HAMMOND (Le sous-secrétaire d'État). — V : 123. — VI : 188, 222, 223, 274, 332, 340, 369, 370, 445. — VII : 26.
HANAU. — IV : 254. — VIII : 195.
HANOTAUX (Gabriel). — I : 226 (n.).
HANOVRE (Le). — I : 86, 87, 339, 403, 404 (n.), 406, 411. — II : 58, 392. — III : 23. — IV : 222, 225, 235, 278, 281, 289, 334, 356, 357 (n.), 358, 396, 460, 465 (n.). — V : 27, 160, 266, 269, 298, 334, 335. — VI : 19, 30, 108, 115, 145, 146, 160, 236, 259, 279, 280, 282, 306, 310, 312, 315, 317, 320, 329, 376, 377, 380, 381, 396, 397, 401, 402, 414, 421, 422, 444, 446, 449, 453 à 456, 458, 462 à 466, 474, 478, 483, 485, 486, 499. — VII : 8, 12 à 14, 19, 21, 22, 31 à 34, 40, 42 à 44, 46, 49, 52, 68, 70 à 75, 79 à 83, 85, 87 à 90, 97, 102, 103, 106, 320, 400, 424, 485, 521. — VIII : 35, 59, 62, 98, 134, 187, 188, 191, 381, 395, 399, 407, 410, 439.
HANOVRE (L'Électeur DE). — Voir : GEORGES III D'ANGLETERRE.

— (L'armée de). — VI : 456, 458.

Hanovriens (Les). — II : 104. — III : 461, 492. — IV : 278, 284. — VI : 337, 415, 517. — VII : 372, 492, 540. — VIII : 476.

Harcourt (Maréchal Henri, Duc d'). — V : 47 (n.).

— (Henri de Lorraine, Comte d'), général. — I : 60.

— (François, Duc d'). — III : 465, 480, 500, 502, 503. — IV : 406.

Hardenberg (Comte Ernest). — VII : 277 (n.), 320, 321, 329 (n.), 400, 550, 557. — VIII : 31 (n.), 35, 36, 46, 94, 111, 138 (n.), 155 (n.).

Hardenberg (Charles-Auguste, Prince de). — I : 413, 426. — II : 556. — III : 492. — IV : 18, 19, 83, 86, 97, 134, 143, 148, 197, 253, 256, 277 à 281, 283 à 285, 289, 291, 301, 329, 330, 331, 334, 335, 339 à 341, 395, 396, 424, 433, 444. — V : 28, 30. — VI : 318, 319, 377, 394, 396 à 398, 402, 422, 448 (n.), 449, 451 (n.), 460 à 465, 472 à 476 (n.), 478, 479, 485, 488, 499, 501. — VII : 8, 15, 18, 20, 22, 25, 27, 29, 32, 34, 41 à 44, 46, 52, 88, 98 (n.), 141 à 147, 157 à 161, 170, 171, 177, 206, 208, 365, 452 à 454, 491 à 493, 531 à 533, 550, 551, 555, 573, 593. — VIII : 9, 14 à 21, 26 à 31 (n.), 38, 53, 55, 56, 58 à 61, 63, 86, 96, 98, 116, 135, 136, 156, 163, 175, 177, 189, 197, 205 à 207, 211, 213, 239, 243, 244, 252, 253, 256, 270, 273, 276, 278, 280, 289, 296, 300, 307, 359, 362 (n.) à 364, 379 à 381, 384, 392, 394, 397, 402, 404 (n.), 406, 425, 467, 472, 479, 480, 492, 496, 499.

Harmand de la Meuse (Jean-Baptiste). — IV : 430.

Harnier (Le secrétaire de légation). — IV : 147, 186, 197, 223 à 225, 229, 249, 251, 252, 256, 258.

Harris (John). — Voir : Lord Malmesbury.

Harrowby (Lord), secrétaire d'État aux Affaires étrangères. — VI : 373, 410, 496, 499, 501. — VII : 18, 19, 44.

Hartley (David). — I : 163.

Hartwell (Château de). — VIII : 377.

Hastings (Le chef normand). — V : 288.

Hatzfeld (Princesse de). — VII : 107, 182.

— (Prince François-Louis de). — VII : 107, 532. — VIII : 27 à 30, 60, 63 (n.).

Haugwitz (Chrétien-Henri-Charles, Comte de). — I : 167 (n.), 487. — II : 498, 508, 556. — III : 46, 89, 113, 128, 129, 314, 315, 320, 443, 492. — IV : 42, 47, 134, 197, 252 à 254, 278. — V : 30, 102, 160, 331, 333 à 337, 416 à 418, 434. — VI : 84, 146, 147, 251, 284, 307, 316, 319, 329, 357, 358 (n.), 377, 397, 460, 464, 475, 479, 481, 487, 488, 494 à 496, 498, 500, 501, 506, 511. — VII : 6, 8, 9 à 13, 18 à 20, 22 à 24, 31 à 34, 43, 45, 87 à 91, 98, 109, 190.

Haussmann (Nicolas). — III : 288, 406. — IV : 164, 238, 399 (n.).

Hautefort (Le Marquis d'). — I : 34 (n.).

Hauterive (Alexandre-Maurice Blanc de Lanautte, Comte d'). — V : 368. — VI : 67, 85, 190, 351, 489, 505 (n.), 506. — VII : 116, 136, 335, 406 (n.). — VIII : 42, 222 (n.), 227, 237 (n.), 302 (n.), 304.

Hauteville (Le Comte d'). — III : 133. — IV : 345.

Havane (La). — IV : 221.

Havre (Le). — VI : 342.

Hawkesbury (Lord). — VI : 101, 102, 147, 152, 158, 170, 200, 206, 207, 209, 245, 256, 259, 260, 266, 270, 276, 287 (n.), 288, 297, 314, 324, 340, 395. — VII : 159.

Hébert (Jacques-René), dit le Père Duchesne. — I : 162 (n.), 237. — II : 133. — III : 385, 409, 438, 471. — IV : 60 à 63, 71. — VI : 350.

Hébertistes (Les). — IV : 64.

Hédouville (Général Gabriel-Joseph, Comte d'). — V : 138. — VI : 285, 313, 316 (n.), 322, 359 à 361.

Hegel (Georges-Guillaume-Frédéric). —

IV : 20. — VII : 314 (n.), 489.
Hégésias. — IV : 63.
Heidelberg. — III : 471 (n.). — IV : 427.
Heine (Henri). — I : 424 (n.), 435. — VII : 485, 489.
Heilbronn. — III : 472 (n.).
Hélène et les Troyens. — VII : 108.
Helvétius. — III : 10.
Henckel de Donnersmarck (Comte). — VIII : 22, 26.
Hénin de Cuvilliers (Félix, Baron d'). — III : 120, 398. — IV : 66.
Hennin (Pierre-Michel). — II : 409.
Henri II. — I : 262, 263, 267.
Henri III. — I : 46. — III : 193. — VIII : 496.
Henri IV. — I : 27, 46, 108, 114, 189, 195, 197, 198, 207 à 210, 266 à 271, 273, 282, 327, 361, 448, 552. — II : 40, 218, 250, 284 (n.), 518, 520, 562. — III : 100, 115, 256. — IV : 24, 172, 209. — V : 19, 182, 326, 463. — VI : 229, 240, 511. — VII : 34, 126, 379 (n.), 441, 455, 468, 473. — VIII : 217, 218, 309, 333, 372, 467, 496, 506.
Henri V. — VI : 309.
Henri VI d'Angleterre. — VIII : 506.
Henri VIII d'Angleterre. — I : 194.
Henri de Prusse (Prince Frédéric-Louis). — I : 65, 115, 468, 469, 492, 493. — II : 335, 367, 443. — III : 21. — IV : 142, 148, 196, 255, 290, 444. — V : 333. — VIII : 460 (n.).
Henriette-Marie de France (Reine d'Angleterre. — I : 60. — II : 269.
Henriot (François). — III : 409, 410, 455, 456. — IV : 63, 112, 116 à 118, 382. — V : 221, 482. — VIII : 453.
Hentz (Charles). — IV : 159.
Héraclitus. — I : 265.
Hérat. — VI : 114.
Hérault de Séchelles (Marie-Jean). — II : 296, 300, 313, 318, 362, 489. — III : 14, 393, 394, 410, 415, 423, 424, 426, 430, 475 (n.), 508 (n.), 513, 515, 517 (n.), 524, 532. — IV : 21, 63, 64, 72.
Herbert (L'internonce autrichien). — III : 138.
Herculanum. — VII : 589.
Hercule. — II : 532. — IV : 231. — VII : 305.
Hercule-Renaud-d'Este (Modène, Duc de). — V : 84, 126, 240, 241, 249 (n.), 250 (n.).
Herder (Jean-Godefroi). — I : 158, 428. — II : 14. — III : 389. — IV : 20, 23. — VI : 330. — VII : 487.
Hermann (Armand-Martial-Joseph). — IV : 262.
Hermann Ier, Palatin de Saxe. — II : 473 (n.).
Hersey (Colonel). — VIII : 460.
Hertford (Lord). — VI : 342.
Hertzberg (Ewald-Frédéric, Comte de). — I : 115, 167 (n.). 471, 494, 520, 523 à 526. 529, 531. — II : 25. 52, 67, 68, 71, 72, 82, 155. 161. 163, 208, 209, 235, 367, 416. 448, 466. — III : 21, 112, 182. — IV : 96, 148.
Hervey (Lord). — III : 487 à 489. — IV : 27.
Hervilly (Général Louis-Charles, Comte d'). — III : 466.
Herzégovine (L'). — I : 451. — IV : 193 (n.), 465 (n.). — V : 228, 229. — VI : 450. — VII : 39.
Hesse (La) et les Hessois. — I : 402, 404 (n.). — II : 472, 475. — III : 4, 87, 101, 110, 179, 180, 442, 461. — IV : 426, 428. — V : 106. — VI : 85, 230, 331, 485, 506. — VII : 21, 93, 98, 285, 292, 484. — VIII : 352 (n.).
Hesse-Cassel (Guillaume IX, Landgrave de). — I : 94, 417 (n.). — II : 184, 345, 475. — III : 88, 109, 180, 459. — IV : 83, 149, 221, 300, 302, 424. — V : 355, 390. — VI : 231, 464. — VII : 33, 103, 322, 346.
— — (Maison et duché de). — I : 402 (n.), 407 (n.). — IV : 299, 342, 396, 465 (n.). — V : 97. — VI : 307. — VII : 31, 33, 52, 70, 87, 89, 91, 102, 285. — VIII : 439.
Hesse-Darmstadt (Louis X, Landgrave de). — III : 105, 109, 444, 459. — IV : 300, 302, 427. — VII : 53, 80.

— — (Louis IX, Landgrave DE). — II : 78 (n.).
— — (Maison et duché DE). — I : 402 (n.), 437. — III : 444. — IV : 299, 396. — V : 97, 266, 281. — VII : 31, 96. — VIII : 197 (n.), 439, 470.
HESSE-HOMBOURG (Frédéric, Landgrave DE). — IV : 300.
HEYMANN (Général). — II : 58, 289 339, 353, 447, 448, 508. — III : 53, 180.
HEYNE (Christian-Gottlob. — II : 11 (n.), 15 (n.).
HILDESHEIM. — I : 39 (n.). 406. — IV : 299. — V : 325. — VIII : 134.
HINDOUSTAN (L') et les HINDOUS. — I : 163. — V : 103.
HIRSINGER (Le chargé d'affaires). — II : 382, 383 (n.). 387. 388. 438 (n.).
HOBBES (Thomas). — I : 183.
HOCHE (Louis-Lazare). — II : 405. 544 (n.) à 546, 548. — III : 68. 148. 361. 536. 538 à 540. 544. — IV : 72. 102. 176. 324. 366. 368. 380. 440. 472. 473. — V : 16 à 19, 48, 50 à 52. 56. 64. 102. 103. 106. 125, 138, 146. 147. 151. 154. 158. 165. 166, 168. 170. 208. 209. 212 à 214. 220. 222 à 225. 227. 246. 288. 294. 301. 310. 349. 369. 386. 387. 456. — VI : 8. 354. — VIII : 449.
HOECHSTÆDT. — VI : 43.
HOFFMANN (Joseph). — III : 102. 178, 289. — IV : 425. 427.
HOFKRIEGSRATH (Le). — V : 405. 407. — VI : 495.
HOHENLINDEN. — I : 455. — IV : 356. — V : 22 (n.). — VI : 86. 92. 93. 183. 217. 352. 367. 509. — VII : 2, 7. 28. 168. 347. — VIII : 12. 76. 447.
HOHENLOHE (Princesse DE). — III : 112.
HOHENLOHE-INGELFINGEN (Prince Frédéric-Louis DE) — II : 160. 253. 255. 258. 259. 278. — VII : 109.
HOHENLOHE-KIRCHBERG (Prince DE). — II : 471. — III : 4. 5. 36. 89. 90. 94. 498. — IV : 84. 138. 398 (n.).
HOHENZOLLERN (Les) — I : 442. 465. 467. 468. 488. — IV : 19. — V : 27. — VII : 53. 139, 212. — VIII : 98, 197.
HOLBACH (Paul-Henri-Thiry, Baron D'). — I : 476. — IV : 61. 128.
HOLCROFT (Thomas). — III : 140.
HOLLABRUNN. — VI : 491. 492.
HOLLANDE (La). — I : 38, 43, 46. 61, 66 à 68. 94, 155, 193 (n.). 279. 301, 339, 352, 353. 360 à 363, 365 à 369. 383, 494, 520, 522 à 524. 535. — II : 49. 52, 54, 58. 60. 71, 73. 94, 137 (n.), 148. 152, 181. 238, 261 (n.), 294. 302. 313, 316 (n.), 362, 367. 409. 412. 413, 418. 421. 442. 452 à 454, 561. — III : 16. 19. 22, 82, 95, 142, 155. 163. 167, 168, 175, 181, 183, 201. 208, 215, 217 à 219. 221. 223 à 226. 228, 230. 240. 242, 251, 253, 271 à 274. 276, 277. 280. 281, 283. 287. 306, 311, 312. 320. 336. 342. 344. 345, 348, 355. 366. 425. 458. 477. 504. 531. — IV : 33. 42. 46. 47. 76. 79. 89, 99. 135. 138. 139. 149. 162. 164, 173, 176. 177, 182. 185. 196 à 198. 217. 218. 222. 226. 236 à 239. 242 à 245. 247. 252. 255. 269. 270. 272 à 275. 277. 281. 282. 285. 306. 312 à 317. 323. 331 à 334. 337. 341, 359. 372. 380. 389. 391. 412. 413. 429. 434. 465 (n.). 466. 467. 470. — V : 23. 27. 28. 31. 36 à 39. 47. 63. 84. 85. 95. 104. 114. 119. 128. 169. 173. 188. 191. 215. 221. 226. 227. 242. 251. 256. 259. 283. 286. 294. 313. 314, 320. 335. 338. 339, 357, 358. 366. 369. 391. 402. 404. 416 à 419. 431, 433 à 435. 438, 450. 451. 459. — VI : 20 à 22. 29, 38. 53. 56. 61. 76. 84. 90. 98, 107, 145. 146. 155. 160. 167. 168. 183. 185. 186. 190. 196. 201. 206, 208, 211. 213. 250. 256. 259. 263. 268. 280. 285. 287. 290. 292 à 294. 296. 308. 312. 314. 315. 317. 320. 325. 337. 353. 373. 390. 391. 414 à 418. 420. 426. 429. 430. 446 (n.), 454. 466. 471. 477. 483 à 485. 499, 501. 503. 504. 508. 509. 517. — VII : 13. 17. 18. 30. 36. 50. 61 à 63. 74. 80. 94. 98. 100. 103. 114,

117, 118, 125, 155, 162, 168, 185, 193, 194, 202, 207, 211, 253, 259, 272, 284, 296, 341, 348, 359, 365, 372, 373, 377, 380, 382, 384, 385, 389 à 391, 394, 398, 407, 408, 418 à 425, 434, 437, 438. 446, 447, 451, 457, 459, 472, 473, 512, 518, 520. 521, 523, 526, 531, 541, 544, 552. 567, 574. — VIII : 44 (n.), 69, 75, 78, 81, 88, 90, 95, 98, 104, 112, 114, 116, 117, 140, 146, 162, 172, 178 180, 188, 191, 204, 206, à 208, 212 à 214, 218, 219, 222, 225, 229, 246, 258, 260, 280, 281, 290, 291, 293, 294, 306, 319, 343, 351, 352, 407, 439, 486, 492, 495, 497, 500, 504, 505.

Hollandais (Les). — I : 68, 281, 286, 301, 340, 360 à 364, 367, 368, 370, 383, 494. — II : 10, 49, 52, 73, 110, 362, 420. — III : 167, 168, 221, 223, 273, 281, 287, 312, 336, 337, 375, 461, 498, 505. — IV : 76, 99, 163, 164, 239 à 245, 272, 273, 277, 282, 306, 314 à 318, 333, 335, 429. — V : 23, 39, 215, 313. — VI : 117, 160, 167, 186, 373, 441. — VII : 62 à 64, 241, 270, 284, 369, 372, 421, 423, 470, 473, 528, 575. — VIII : 352, 468, 471, 503.

Hollande (L'armée de). — V : 460. — VI : 456.

Holopherne. — V : 458

Holstein (Duché de). — I : 436 (n.). — II : 202 (n.). — V : 259, 335.

Hombourg. — III : 109

Homère. — II : 146. — V : 195, 468. — VII : 135.

Hondschoote. — III : 536.

Hongrie (La). — I : 60, 96, 98, 111, 116, 121, 125, 136, 137, 170 (n.), 263, 291, 404, 439, 440, 443 (n.), 447 (n.), 524. — II : 18 (n.), 20, 62, 64, 137 (n.), 150 à 152, 260, 373. — III : 16, 181, 182, 282, 304, 463, 522 (n.), 535 (n.). — IV : 10, 11, 344. — V : 154, 276 (n.). — VI : 381, 384, 452, 494. — VII : 52, 221, 306, 348, 349, 354, 381, 500, 570. — VIII : 397.

Hongrois (Les). — I : 121, 401, 442, 447, 531. — II : 64, 69, 72, 150 à 152, 274, 551. — III : 16. — IV : 10, 11, 344. — V : 99. — VII : 321, 353, 354.

Hood (L'amiral Samuel). — III : 462, 487, 488. — IV : 35, 100.

Hooge (Romain de). — I : 82.

Hoogland. — I : 527.

Hope (Le banquier). — VII : 447.

Horaces (Les trois). — V : 66.

Horn (Comte Frédéric). — II : 379.

Hortense (La Reine). — VI : 365. — — VII : 165, 420, 427, 440. — VIII : 449.

Hortensius. — V : 291.

Hotel de Ville (L'). — III : 8, 28 (n.), 31, 32, 34. — IV : 117 à 120.

Hottentots (Les). — III : 446.

Houchard (Général Jean-Nicolas). — III : 109, 407, 438, 536, 537.

Howard (Lord). — VI : 257.

Hua (Eustache-Antoine). — II : 434 (n.).

Huber. — VI : 287, 288, 289, 292, 294.

Hubert. — IV : 333.

Hudelist. — VII : 366 (n.). — VIII : 188, 210, 213, 224 (n.), 242, 256 (n.), 272, 273, 276, 280, 294 (n.), 303 (n.).

Hudson-Lowe. — VIII : 466.

Hugo (Victor-Marie). — VII : 467.

Hugues Capet. — I : 253 (n.). — VI : 17. — VIII : 426, 481.

Huguenots (Les). — III : 501. — V : 463.

Hugues (Le capucin). — II : 153.

Hulin (Général Pierre-Augustin). — VII : 107, 376, 595.

Hull. — III : 465.

Humbert (Général Jean-Robert-Marie). — IV : 161 (n.). — V : 49, 343.

Humboldt (Charles-Guillaume, Baron de). — I : 426. — II : 12. — VII : 90, 97, 238 (n.), 494. — VIII : 46, 53, 86, 94, 118, 150, 154 à 156, 170, 173, 175, 206, 258, 260, 264, 265, 271, 287, 379, 381, 384, 387, 392, 393, 425, 465, 471, 479, 496.

— (Alexandre, Baron de). — III : 103.

Huningue. — III : 532. — IV : 340, 414, 426. — V : 106. — VIII : 178, 480, 486, 490.

HUNOLSTEIN (Comte Antoine d'). — V : 398 (n.).
HUNS (Les). — I : 85, 469. — III : 36, 137. — IV : 20.
HUNYADE, le Libérateur. — II : 151.
HUTCHINSON (Christophe-Élie). — VII : 157, 159.

I

IBÉRIQUE (La péninsule). — IV : 265.
IÉNA. — IV : 356. — V : 335. — VI : 39. — VII : 101, 103, 105, 106, 114, 119, 121, 132, 153, 166, 167, 231, 246, 355, 364, 385, 465, 541. — VIII : 40, 76, 87, 108, 444, 447, 500.
— (Le pont d') à Paris. — VIII : 468.
IGELSTROEM (Le commandant russe). — III : 454, 456. — IV : 48, 51, 52.
IGLAU. — VI : 498, 500.
IHOF. — VIII : 152.
ILE DE FRANCE (L'). — I : 155. — II : 236, 336. — V : 300. — VIII : 348.
ILIADE (L'). — IV : 82. — VIII : 185.
ILLUMINÉS (Les). — I : 177, 178, 180.
ILLYRIE (L') et les ILLYRIENS. — III : 182. — VI : 97. — VII : 394, 413, 480, 556, 557, 574, 575. — VIII : 37, 41, 44, 54, 90, 112, 114, 115, 117, 120, 136, 145, 174 à 176, 180, 215, 230, 240, 263, 437, 446.
IMPÉRIAUX (Les). — IV : 86. — V : 21, 47 (n.), 100, 177, 411.
INDES (Les). — I : 43, 86, 258, 289, 291, 340, 347, 348, 351, 528. — II : 205, 207, 221, 297, 383, 422, 545. — III : 119 (n.), 175, 244 (n.), 245, 261, 271, 418, 421. — IV : 334, 385. — V : 39, 48, 103, 115, 119, 128, 148, 192, 193, 218 (n.), 260, 298, 301, 309, 340, 368, 369, 419, 444, 446. — VI : 30, 33, 34, 98, 104 à 106, 114, 116, 160, 167, 175, 184, 185, 188 à 190, 196 à 198, 203, 204, 207, 210, 211, 217, 243, 246, 255, 257, 261, 264, 268, 269, 275, 279, 298, 372, 410, 412, 429, 430 à 432, 438, 439, 440, 459, 510. — VII : 86, 154, 155, 227, 238, 240, 242, 245, 246, 248, 249, 273, 301, 307, 331, 398, 431, 500, 525, 565, 576, 588, 590. — VIII : 96, 150, 258, 292, 348.
INDUS (L'). — V : 444. — VI : 114, 120. — VII : 136.
INFANTADO (Duc de l'). — VII : 214, 221.
INFIDÈLES (Les). — I : 519. — III : 139.
INGENHEIM (Comtesse d'). — Voir : MADEMOISELLE DE VOSS.
INGOLSTADT. — VI : 506.
INN (L'). — V : 240, 244, 250 (n.), 305, 325, 390. — VI : 43, 357, 455, 457, 460, 477. — VII : 75, 297, 349, 385, 392, 393. — VIII : 112, 115, 124.
INNOCENT XI. — I : 75 (n.).
INNSBRUCK. — VI : 492.
INNVIERTEL (L'). — VII : 384.
INQUISITION (L'). — I : 128, 376, 377. — II : 529. — III : 300. — IV : 201. — VII : 189 (n.), 221.
INSTITUT (L'). — I : 492. — IV : 441. — V : 10, 193, 342. — VI : 16, 228. — VII : 395. — VIII : 218, 461.
INSTITUT D'ÉGYPTE (L'). — V : 440.
INVALIDES (L'hôtel des). — VII : 106. — VIII : 308, 448.
IONIENNES (Les îles). — V : 193, 228, 240, 249 (n.), 354, 361. — VI : 30, 160, 413, 441. — VII : 185.
IPHIGÉNIE. — VI : 240. — VII : 439, 501.
IRLANDE (L'). — I : 63, 347, 351, 533. — II : 20, 226, 383, 391. — III : 19, 213 à 215, 227, 244, 463. — IV : 38, 39, 222, 384, 452. — V : 40, 47 à 50, 103, 106, 113, 123 à 125, 138, 192, 209, 259, 295 (n.), 301, 339, 340, 342, 343, 350, 351, 386, 422, 423. — VI : 34, 117, 158, 248, 309, 382, 383, 439. — VII : 245, 246, 525.
IRLANDAIS (Les). — I : 343, 388. — III : 186, 214, 215, 261, 375. — IV : 39, 40. — V : 25, 28, 40. — VI : 34, 299. — VII : 501, 583.

Irlandais unis (La société des). — V : 40, 49.
Iroquois (Les). — I : 11.
Irun. — VII : 263.
Isabey (Jean-Baptiste). — VI : 318.
Isaïe (Le prophète). — II : 121.
Isenbourg (Le prince d') et la princesse. — VII : 53. — VIII : 387 (n.).
Islam (L'). — V : 406, 445. — VII : 500.
Ismaïl. — II : 161. — III : 481. — IV : 140, 187. — V : 405, 411, 446. — VII : 164.
Isnard (Maximin). — II : 302, 314, 317, 358, 361, 362. — III : 189 (n.), 236, 380, 381, 412 (n.). — IV : 262.
Isonzo (L'). — V : 228. — VI : 91. — VII : 100, 119, 298. — VIII : 124.
Ispahan. — VII : 136, 568.
Israël (Royaume d'). — VII : 196 (n.).
Issus. — V : 444. — VI : 513.
Istrie (L'). — I : 451. — IV : 193, 465. — V : 156, 227, 228, 232, 243, 249 (n.), 261. — VI : 97. — VII : 12, 15, 36, 78, 80, 354, 384, 394. — VIII : 124, 174, 176, 497.
Italie (L'). — I : 13, 18 (n.), 43, 54, 62, 79, 97, 105, 112, 116, 128, 132, 155, 160 (n.), 177, 178, 192, 262, 269, 271, 272, 281, 282, 300, 311, 312, 327, 329, 340, 382 à 384, 392 à 398, 448, 450 à 542. — II : 7, 14, 17, 62, 134, 164, 196, 208, 209, 221, 236, 251, 404, 418, 451. — III : 16, 17, 24, 119, 120, 132, 133, 137, 157, 158, 215, 237, 297, 298, 329, 401 à 404, 424, 425, 433, 487, 497, 522 (n.), 531. — IV : 25, 26, 28, 70, 71, 100, 173, 200 à 202, 234, 236, 268, 269, 332, 340, 345, 353, 359 (n.), 364, 369, 384, 385, 388 à 390, 434, 436, 458 (n.), 465 à 467. — V : 22, 23, 31, 33 à 35, 38, 42, 44, 45, 48, 51, 52, 56, 57, 60, 62, 64, 66 à 70, 72 à 77, 79, 82 à 86 (n.), 87 à 91, 94 à 97, 99, 100, 104 à 114, 119, 122, 125 à 128, 130 à 133, 140, 142 à 148, 150, 151, 156, 157, 159, 161 à 165 (n.), 168, 174, 175, 177, 178, 182, 183, 188 à 191, 195 à 201, 205 à 207, 217, 218, 220, 223, 227 à 232, 237, 239 à 245, 250 à 254, 257, 258, 260 à 262, 264, 265, 267, 270, 271 (n.), 276, 277, 283, 287, 289, 291, 294, 297, 304, 305, 308, 316, 317, 320, 321, 323 à 327, 337, 338, 341 à 344, 347, 348, 354, 355, 357, 360, 361, 364, 365, 369 à 372, 374, 375, 377, 378, 380, 382, 384, 385, 387 à 392, 402, 404 à 407, 409, 414, 418 à 420, 424, 429 à 433, 436, 438, 441, 442, 446, 448, 451, 452, 473. — VI : 3, 9, 11, 19, à 22, 28, 30, 36, 40 à 45, 49 à 53, 56, 61, 63, 66, 68, 72, 75 à 78, 80, 85, 87, 90, 96 à 98, 117, 144, 146, 147, 150, 152, 156, 158, 159, 161, 164 à 166, 168, 175, 177 à 181, 184, 185, 190, 192, 193, 195, 196, 204, 209, 210, 213, 217, 237, 239, 253, 254, 260, 263, 267, 274, 283, 287, 296, 302, 306, 308, 309, 314, 315, 320, 327, 328, 336, 337, 373, 375, 393, 407, 412, 413, 415 à 418, 421, 422, 424, 426 à 429, 433 à 437, 441, 443, 445, 449, 450, 454, 458, 469 à 471, 476, 477, 480, 491, 495, 497, 498, 503, 504, 508, 509, 514 à 516. — VII : 3, 4, 7, 12, 14 à 17, 22, 25, 30 à 32, 34 à 37, 39, 48, 50, 51, 53, 57, 59, 60, 66, 74, 80, 86, 98, 100, 111, 114, 118 (n.), 119, 124, 137, 151, 157, 160, 182, 207, 217, 221, 230 à 232, 234, 243, 250 à 252, 261, 272, 280, 281, 296, 306 (n.), 332, 333, 337, 346, 353, 355, 359, 360, 370, 379, 383, 384, 386, 389, 394, 395, 405, 407, 413, 436, 438, 450, 473 à 476, 483, 489, 502, 506, 510, 511, 520, 536, 541, 546 à 548, 567, 570, 574, 579. — VIII : 35, 37, 45, 61, 66, 69, 75, 81, 82, 93, 95, 103, 104, 106, 112, 114 à 117, 119 à 121, 124, 125, 140, 146, 158, 162, 172, 178 à 180, 185, 188, 192, 193, 208, 214, 219, 220, 222, 230, 231, 233, 235, 236 à 240, 242, 258, 278, 280,

281, 291, 293, 294, 303, 306, 314, 334, 351, 362, 364, 366 à 368, 372, 373, 379, 381, 411 à 414, 436, 448, 464, 471, 486, 495, 497, 500, 503 à 505, 509, 510.

Italie (L'armée d'). — III : 407. — IV : 90, 234, 268, 332, 382, 386, 436 (n.). — V : 50, 51, 55, 58, 63, 69, 71, 73, 106, 111, 112, 125, 138, 210, 212, 214, 230, 243, 255 à 257, 290, 291, 430, 465, 467. — VI : 515. — VII : 100, 108.

— (Guerre d'). — V : 430. — VI : 205. — VII : 164, 280.

Italiens (Les). — I : 105, 151, 262, 307 (n.), 327, 382 à 385, 396 à 398, 402, 447, 530. — II : 72, 110. — III : 24, 212. — IV : 25, 26, 201, 383, 434. — V : 19, 23, 64, 79, 82, 84, 89, 97, 109, 111, 152, 175 à 177, 195, 196, 206, 245, 255, 264, 271, 316, 317, 364, 374, 380, 382, 407, 409, 455. — VI : 41, 180, 181, 191, 194, 195, 427, 435 à 437. — VII : 39, 125, 220 à 222, 234, 346, 470, 473, 475, 486, 506, 528, 546, 575. — VIII : 103, 230, 233, 391, 448, 468.

Italique (La légion romaine l'). — VIII : 442.

Itzenplitz (Général d'). — I : 485.

Ivan le Terrible. — VII : 188.

Ivan V de Russie. — I : 51.

Ivan VI de Russie. — I : 44, 49, 50. — VI : 123.

Izquierdo de Ribera y Lezaun. — VI : 437, 450. — VII : 212, 220, 244.

J

Jacob (Chargé d'affaires à Venise) — III : 433. — IV : 202.

Jacobi (Jean-Georges). — I : 103, 531. — II : 231 (n.), 240, 252 (n.), 254, 349, 424 (n.), 426 (n.), 465 (n.), 475 (n.). — III : 103. — VII : 161 (n.), 211. — VIII : 96, 98 (n.).

Jacobins (Les). — II : 265 (n.), 297, 300, 301, 314 (n.), 316 à 318, 320, 363, 513, 529 (n.) — III : 3, 73 à 75, 83, 98, 148, 149, 163, 213, 241, 251, 331, 352, 354, 355, 407, 411, 479, 481, 488, 512, 541, 542, 543. — IV : 2, 5, 10, 25, 36, 38, 39, 52, 96, 97, 109, 110, 113, 115, 116, 122, 123, 126, 185, 209, 212, 325, 337, 344, 348, 351, 395, 437, 470, 473. — V : 42, 64, 83, 114, 121, 135, 137, 146, 159, 170, 206, 212, 221, 232, 316, 355, 390, 392, 426, 427, 429, 436, 456, 460, 464, 466, 478, 479, 488. — VI : 12, 13, 49, 93, 120. — VII : 439, 572. — VIII : 320.

Jacobins d'Italie (Les). — V : 84, 87, 316.

Jacobins hongrois (La société des). — IV : 11.

Jacobites (Les). — III : 213.

Jacquemard (Abbé). — II : 102 (n.).

Jacquemont (Membre du Tribunat). — VI : 7.

Jacques II d'Angleterre. — I : 47 (n.), 343. — III : 189, 322, 500. — VI : 275, 408. — VII : 326. — VIII : 422.

Jaffa. — V : 445, 458. — VII : 61.

Jagellons (Les). — VI : 376.

Jakson (Sir Georges). — VI : 398. — VII : 201. — VIII : 167 (n.).

Jalès (Camp de). — II : 166, 175.

Jamaïque (La). — I : 373. — VI : 432, 439. — VII : 331.

Janvier (Saint). — V : 378, 380, 381, 413. — VII : 271.

Jarjayes (Général Régnier de). — II : 176.

Jarry (de). — II : 340, 341, 355, 387.

Jary. — IV : 324 (n.).

Jassy ou Jiassy. — III : 136. — IV : 250. — VII : 122, 350.

Jaubert (Envoyé en mission en Perse). — VII : 154, 565.

Jaucourt (Arnail-François, Marquis de). — II : 304, 433, 434 (n.). — IV : 408. — VIII : 319, 409 (n.), 411 (n.), 418, 420.

Jeambon Saint-André (André). — II : 535. — III : 192, 343, 383 (n.), 412 (n.), 430, 475, 508 (n.), 513, 515. — IV : 151. — VII : 468 (n.), 481.

JEAN VI de Portugal. — VII : 212 (n.), 218, 219, 231.

JEAN-CASIMIR de Pologne. — I : 44 (n.).

JEAN (L'archiduc). — VI : 78. — VII : 251.

JEAN-CASIMIR V de Pologne. — I : 44 (n.).

JEANNE D'ARC. — I : 253. — III : 117. — VIII : 506.

JEANNE DE NAVARRE. — I : 274.

JEANNE LA FOLLE. — I : 258.

JEANNIN (Pierre), dit le Président. — I : 167, 266.

JEFFERSON (Thomas). — VI : 286.

JÉHU (Les Compagnons de). — VIII : 336, 465.

JEMMAPES. — I : 455. — III : 161, 169, 217, 259, 266, 349, 351, 353, 361, 388, 545. — IV : 451. — VIII : 58, 76.

JENKISSON (Lord Liverpool). — III : 229. — IV : 461 (n.). — VIII : 274, 289, 366, 407, 458, 464, 465, 469, 474, 476.

JERSEY (Ile de). — III : 501. — VI : 29, 33, 254, 264, 267.

JÉRUSALEM. — I : 36 (n.). — II : 533. — III : 352. — VII : 589.

JÉSUITES (Les). — I : 49, 67 à 71 (n.), 131, 157, 232, 295, 372, 378, 458, 474, 543. — II : 34, 53, 65, 119, 125, 195, 260, 381, 529 (n.). — III : 322, 326.

JÉSUS-CHRIST. — I : 448. — III : 119.

JEU DE PAUME (Le serment du). — IV : 295, 350. — V : 486.

JOACHIM (L'électeur de Brandebourg). — I : 468.

JOHN BULL. — Voir : ANGLAIS (Les).

JOHN FALSTAFF (Sir). — VI : 270.

JOHNSON (L'agent secret). — VII : 291.

JOLY DE FLEURY (Jean-François). — I : 213.

JOMINI (Général Henri, Baron). — II : 553. — III : 461. — VII : 378 (n.), 515. — VIII : 182.

JOSEPH BONAPARTE (Le roi). — I : 380. — IV : 384, 385. — V : 61, 290, 302, 381, 385, 443, 461. — VI : 15, 38, 49, 77, 82 à 84 (n.), 89 à 96, 105 (n.), 182 à 184, 187, 190 à 193, 195 à 199, 201, 220, 221, 274, 278, 283, 287 à 289, 292 à 294, 321, 323, 342, 343, 350, 364 à 366, 372, 403, 407, 417, 427, 428, 468, 477, 509 à 511. — VII : 8, 15 à 17, 30, 34, 46 (n.), 50, 56 (n.) à 61, 65, 70, 71, 78 à 81, 84 (n.), 94 (n.) à 96, 99 (n.), 100, 101 (n.), 108 (n.), 114 (n.), 117, 137 (n.), 138 (n.), 139, 156, 185, 193, 212, 215, 222 (n.), 233, 244 à 246 (n.), 259, 262 (n.), 263, 267 à 270, 272, 278 à 280, 282, 283, 297, 298, 315, 317, 326, 328, 329, 338 à 340, 346, 361, 369, 377, 378, 382 (n.), 390, 391, 394, 408, 409, 411, 412, 425, 434, 435, 441, 451, 476, 477 (n.), 478, 518, 519, 525 à 530, 545, 560, 561, 588. — VIII : 11, 41, 82, 83, 95, 112 (n.), 149, 217, 219, 220, 229, 241, 268, 269, 282 (n.), 283, 302 (n.) à 305, 314, 428, 497.

JOSEPH BONAPARTE (Madame). — VII : 440.

JOSEPH (François Leclerc du Tremblay, dit le Père). — II : 45, 417.

JOSEPH Ier (d'Allemagne). — I : 288. — V : 47 (n.).

JOSEPH II (d'Allemagne). — I : 31 (n.), 61 (n.), 67, 88, 96, 115, 116, 119, 120, 122 à 125, 128, 130 à 133, 135 à 141, 153, 300 à 302, 313, 314, 328, 389, 392 (n.), 414, 423, 440 (n.), 441, 444 (n.), 445 (n.), 446, 449 à 454, 456, 457, 459, 460 (n.), 520, 521, 524 à 529, 531. — II : 18 à 20, 23, 49 à 51, 53, 55, 57, 61 à 64, 70, 124, 150, 153, 175 (n.), 482, 551, 552. — III : 167, 227, 283, 369, 482. — IV : 10 à 12, 45, 193, 363, 397. — V : 202. — VII : 179, 221, 327, 472.

JOSEPH (L'archiduc). — IV : 75.

JOSEPH-EMMERICH (Évêque-électeur de Mayence). — I : 115.

JOSÉPHINE (L'impératrice). — I : 418. — V : 52, 53, 56, 76, 80, 141, 176, 204, 442, 461, 462, 467, 470. — VI : 51, 176, 193, 227, 280, 316, 328, 403, 404, 489. — VII : 8 (n.), 17, 107 (n.), 121, 153 (n.), 166 (n.),

177 (n.), 182 à 184, 228, 413, 415, 427, 428, 440, 442. — VIII : 453.
Josué. — III : 101. — VI : 203.
Joubert de la Salette (Général). — II : 544 (n.), 548, 549 (n.), 557. — IV : 238. — V : 78, 213, 220, 294, 314, 365, 369 à 371, 388, 390, 405, 429, 430, 438. — VI : 305.
Jourdain (Le). — V : 459.
Jourdan (Maréchal, Comte Jean-Baptiste). — II : 546. — III : 538, 539. — IV : 77, 86, 88, 89, 139, 355, 380, 420, 426, 440, 442. — V : 48, 76, 99, 106, 112, 121, 391, 392, 415, 436, 465, 467 (n.), 469, 471, 474. — VI : 142, 354, 366, 458, 516. — VII : 329, 361, 378, 390, 561. — VIII : 149 (n.), 449.
Juan (Le golfe). — V : 449.
Juan d'Autriche (Don). — III : 548.
Judith. — V : 458.
Jugurtha (Le roi). — III : 294.
Juifs (Les). — I : 70 (n.), 476, 508. — II : 52, 157. — III : 293. — IV : 81. — VII : 256, 271, 577.
Juillet 1830 (La révolution de). — VII : 467. — VIII : 431.
— (La monarchie de). — V : 467. — VI : 6. — VII : 193.
Juillet 1789 (Le 14). — II : 4, 11 (n.), 25. — VIII : 447.
Juin 1792 (Journée du 20). — II : 485, 507, 524. — III : 196. — IV : 383. — VIII : 451.
Julien (Madame). — II : 400 (n.).
Juliers (Duché de). — I : 36 (n.), 167, 254, 268, 432. — II : 160, 290, 368, 498. — III : 394. — VI : 485.
Jullien de Paris (Marc). — III : 141.
Jung-Bunzlau. — VIII : 152.
Junot, duc d'Abrantès (Général). — II : 548. — V : 155, 446, 458. — VI : 425, 430, 432, 513, 514. — VII : 67, 217, 218, 222 (n.), 230 à 232, 254, 271, 272, 280, 299, 369. — VIII : 386 (n.).
Jupiter. — V : 177. — VI : 267. — VII : 440.
Jura (Le). — III : 17. — IV : 67. — VIII : 471.
Jussuf-Pacha. — I : 526 (n.).
Juvénal. — VI : 171.

K

Kaïnardji. — III : 304.
Kaiserslautern. — IV : 84, 89, 138. — VIII : 348.
Kalisch. — II : 70. — III : 316. — VIII : 64, 71, 73, 137.
Kalkreuth (Général Adolphe-Frédéric, Comte). — III : 21, 84, 89 à 91, 93, 492. — IV : 148. — VI : 464. — VII : 102.
Kamélie (Comte de). — IV : 15.
Kaminiek. — IV : 67.
Kamtchatka (Le). — VI : 493.
Kandahar. — VI : 114. — VII : 154.
Kant (Emmanuel). — I : 105, 183, 424. — II : 11. — III : 389. — IV : 21, 22. — VI : 330. — VII : 487.
Kara-Georges. — VII : 135.
Kasan. — VII : 591.
Katt. — VII : 354.
Katzbach. — VIII : 183, 185.
Kaunitz (Wenceslas-Antoine, Prince de). — I : 31, 39, 61 (n.), 67, 86, 129, 135, 152, 295 (n.), 345, 349, 445 (n.), 446, 449, 450, 456, 457, 528. — II : 23, 24, 70, 76, 82 à 148, 160, 161, 163, 178, 226, 231 à 235, 240, 252, 263, 277, 278, 345, 347 à 349, 357, 372, 375, 397, 412, 426, 465, 468, 469, 475. — III : 44, 130, 316, 326 à 328, 355. — IV : 92, 191. — V : 233, 234. — VI : 447. — VII : 240. — VIII : 243, 272, 498, 499 (n.).
Kehl. — V : 308.
Keith (Sir Robert). — II : 552 (n.). — VI : 34.
Keller (Le Comte). — III : 366.
Kellermann (Duc de Valmy). — II : 542. — III : 6, 27, 29 à 31, 36, 38, 47 à 49, 51, 53, 55 à 58, 81, 82, 84, 85, 87, 91, 94, 95, 110, 150, 155, 176, 179, 198, 211, 253, 254, 298, 407, 438. — IV : 70, 390 (n.). — V : 71, 74, 77, 97, 100, 365,

467 (n.). — VI : 7, 366. — VII : 377. — VIII : 107.
KENT (Le comté de). — VI : 382.
KENTUCKY (Le). — III : 262.
KERNER (Georges). — II : 352 (n.). — III : 97. — IV : 300.
KERSAINT (Gui-Pierre de Coetnempren, Comte DE). — III : 244, 248, 249. — VI : 46. — VII : 459.
KERVÉLÉGAN (François Legoarre DE). — III : 410 (n.).
KHIVA. — VI : 114.
KHOLMOGORY. — VI : 127.
KIEL. — III : 316. — VI : 109.
KILMAINE (Général Charles-Joseph). — V : 78, 155.
KLAGENFURT. — V : 152.
KLÉBER (Général Jean-Baptiste). — II : 542. — III : 538, 539. — IV : 77, 148. — V : 220, 301, 442, 445, 446, 449, 458. — VI : 40.
KLEIST (Général Frédéric, Comte DE). — VI : 464. — VII : 144 à 146. — VIII : 28, 127, 129.
KLINGLIN (L'émigré). — III : 89, 90.
KLODOVA. — VIII : 61.
KLOPSTOCK (Frédéric-Gotlieb). — II : 12, 16, 473. — III : 15. — IV : 20.
KNEBEL (Charles-Louis DE). — VII : 314 (n.).
KNESEBECK (Général Charles-Frédéric, Baron DE). — VII : 371, 382, 554, 569. — VIII : 19, 20 (n.), 26, 27, 47, 48, 55, 58, 59, 61 à 64, 116, 175 (n.), 206.
KNOBELSDORFF (DE). — III : 138, 366. — IV : 393. — VI : 394, 397, 398, 401. — VII : 92, 95, 96, 210.
KOCH (Guillaume DE). — I : 158. — II : 304, 310, 311 (n.), 323, 360, 363, 434. — III : 183.
KOENIGSBERG. — I : 167 (n.). — VII : 161, 227, 311, 319, 358, 404. — VIII : 22, 63, 74.
KOLBERG. — VII : 113, 531, 554.
KOLLER (Général, Baron). — VIII : 335, 414 (n.).
KOLLONTAY (Hugues). — IV : 55.
KOLYTCHEF (DE), Ministre plénipotentiaire russe. — VI : 94, 96, 108 à 110, 112, 113, 116, 117, 140, 142, 144, 150 (n.), 151, 163, 223 (n.).
KOPPE (L'assesseur). — VII : 298.
KOSCIUSZKO (Thadée). — II : 495. — III : 15, 305. — IV : 49 à 52, 54, 55, 67, 68, 83, 94, 137, 141, 187, 247, 445. — V : 137. — VI : 161. — VII : 112.
KOSPOTH (Général). — V : 394 à 396.
KOSSAKOWSKI (Général Simon). — IV : 53.
KOTCHOUBEY (Prince Victor-Pavlovitch). — V : 358 (n.). — VI : 185, 251, 302, 305, 322, 359. — VII : 168 (n.), 201.
KOURAKINE (Prince Alexandre). — V : 352. — VI : 126, — VII : 173, 205, 286, 295, 296, 307, 319, 341, 416, 512, 517, 542, 563.
KOUTAÏSK (Massacre de). — V : 356.
KOUTAÏSOF (Le barbier de Paul Ier). — VI : 125, 126.
KOUTOUSOF (Michel-Larivonovitch-Golenitchef), Prince de Smolensk. — III : 526. — IV : 446. — V : 408. — VI : 389, 444, 490, 491, 495, 505. — VII : 586, 588, 596. — VIII : 5, 50, 54, 64, 68 à 71, 84, 85, 198, 367.
KRASNOÏÉ. — VII : 597.
KRAY (Général Paul, Baron DE). — V : 404. — VI : 37.
KREMLIN (Le). — VII : 591, 597. — VIII : 325.
KREUZNACH. — III : 443. — IV : 97.
KROCH (L'adjudant général de Bender). — IV : 361.
KRUDENER (Constantin, Baron DE). — VI : 32, 33, 73, 129.
KRUSEMARCK (Général). — VII : 97, 161, 404, 531, 550, 554, 580. — VIII : 20 (n.), 27, 56, 62.
KULM. — VIII : 183.
KUTNO. — VIII : 4.

L

LA BAROLLIÈRE (Général Pilotte, Baron DE). — III : 57, 89, 90. — V : 49.
LA BARRE (Jean-François-Lefebvre, Chevalier DE). — I : 114 (n.).

Labédoyère (Général François Huchet, Comte de). — VIII : 461.

La Besnardière (J.-B. de Gouey, Comte de). — VIII : 42, 240, 262 (n.), à 264, 292, 347, 372, 382, 459, 483 (n.), 484.

Laborde (Comte Alexandre-Joseph de). — VII : 417, 418, 427, 595.

Labouchère (Pierre-César). — VII : 446 à 448, 450.

La Bourdonnaye (Général Anne-Auguste, Comte de). — II : 541. — III : 159, 171, 172, 247.

Labrador (Pedro-Gomez Kavelo, Marquis de). — VII : 276. — VIII : 384, 387.

La Bruyère. — I : 21, 47, 73.

Lacédémoniens (Les). — I : 294 (n.).

Lacépède (Étienne de Laville, Comte de). — VI : 7, 450. 516 (n.). — VII : 114 (n.), 212.

La Chalotais (René de Caradeuc de). — I : 206.

Laclos (Général Choderlos de). — I : 237. — II : 57. 201 (n.), 338, 522. — III : 342.

Lacombe-Saint-Michel. — I : 45 (n.). — III : 114, 249, 385, 407. — IV : 164, 169, 198, 232, 264 (n.), 293 (n.), 319 (n.), 323 (n.).

Lacoste (Jean-Baptiste). — II : 119 (n.), 402. — III : 24 (n.), 540. — IV : 238.

Lacretelle jeune (Jean-Charles-Dominique). — IV : 381.

Lacroix (Jean-François de). — I : 236 (n.).

Lacuée de Cessac. — II : 543. — III : 9, 231 (n.), 545. — V : 467 (n.). — VII : 522 (n.).

Lacy (L'envoyé russe). — VI : 446.

— (Le maréchal). — II : 252, 259, 498, 500. — III : 333. — IV : 13.

Lafayette (Général Gilbert de Motier, Marquis de). — I : 65. — II : 49, 54, 56, 105, 135, 157, 187, 294, 295, 334, 342 (n.), 359, 401, 457, 484, 485, 489, 491, 537, 540. — III : 7, 25, 26, 55, 148, 340, 351. — IV : 35, 50, 137, 247, 286, 317, 414, 445. — V : 98. — VI : 51, 300. — VIII : 11, 154, 304, 450, 452 à 455.

Lafitte-Clavé (Général). — II : 543. — III : 423, 545.

La Flotte (Chargé d'affaires). — III : 25, 298, 402 (n.), 488, 489 (n.).

La Fontaine (Jean de). — VIII : 484.

Laforest (Comte de). — VI : 310, 357, 358, 379, 394 (n.), 398 (n.), 448 (n.), 449, 451 (n.), 462, 464, 465, 473, 474, 478, 487, 496, 506 (n.). — VII : 7, 14, 15, 18, 19, 23 à 25, 43, 46, 75, 81, 82, 87, 88, 90, 92, 93, 95 à 98, 519 (n.), 526 à 528, 560, 561 (n.). — VIII : 220, 455.

Lagarde (Général Jacques-Marie, Baron). — V : 478.

Lagrange (Général Joseph, Comte). — VI : 383.

— (Joseph-Louis). — III : 518. — V : 287. — VI : 6.

La Harpe (Général Frédéric-César de). — I : 158. — VI : 149, 251. — VII : 175. — VIII : 253, 254, 274, 278, 280, 320, 455.

La Haye. — I : 360, 367. — II : 52, 55, 152, 153, 176, 189, 393, 409 (n.), 452, 469. — III : 218, 224, 253, 366, 505, 532. — IV : 47, 227, 238, 241 à 244, 274, 310, 314, 319, 331 à 333. — V : 226, 295. — VI : 154, 253, 290. — VII : 62, 285, 408, 419, 423, 431. — VIII : 180, 470 (n.), 497.

Lahorie (Général Fanneau de). — VII : 595.

Lainé (Joachim-Joseph, Vicomte). — VIII : 227, 228.

Lajolais (Général François). — VI : 342.

Lakanal (Joseph). — III : 518. — IV : 441.

Lallement (Le ministre de France à Venise). — IV : 202, 234, 268, 320, 346. — V : 34, 159.

Lally-Tollendal (Gérard, comte). — II : 4.

Laloy jeune (Pierre-Antoine Leroi, dit). — IV : 125, 126, 145 (n.), 170 (n.).

La Luzerne (Anne-César de). — I : 532, 533. — II : 3 (n.), 26, 27, 30, 44 (n.), 55 (n.), 56, 58 (n.), 60, 66 (n.), 85, 91, 205 (n.), 207 (n.), 208 (n.).

La Marck (Comte de). — II : 36, 43 (n.), 45 à 47 (n.), 130, 134 (n.), 177 (n.), 178 (n.), 272, 294, 340, 341, 450. — III : 469, 480.

Lamarque (François). — III : 357. — VII : 282.

Lamballe (Louise de Savoie-Carignan, Princesse de). — IV : 336. — V : 423.

Lambert (Henri-Joseph, Marquis de). — IV : 290. — VI : 492.

Lambesc. — V : 219.

Lambrecht (Charles-Mathieu, Comte de). — VII : 595.

Lameth (Les trois). — II : 135, 157, 198 (n.), 322, 397, 402, 434 (n.). — IV : 208, 212.

La Mettrie (Offray de). — I : 476.

Lamoignon (Chrétien-François de). — I : 187 (n.), 188 (n.). — IV : 110.

Lampedusa (L'île de). — VI : 287, 293, 312, 320.

Landau. — III : 98, 350. — VIII : 348, 475, 477, 480, 481, 484, 486, 488.

Landrecies. — IV : 76, 77.

Langeron (Comte de). — II : 505, 543 (n.). — III : 354 (n.), 445, 446, 547. — IV : 190. — VI : 304. — VIII : 124, 130 (n.), 181 (n.).

Langres. — VI : 509. — VIII : 213, 245, 249, 250, 254, 255, 266, 285, 346, 402 (n.), 480.

Languedoc (Le). — II : 99, 102. — IV : 81. — V : 58.

Lanjuinais (Jean-Denis, Comte). — II : 46. — III : 238, 343, 410 (n.). — IV : 262, 441. — V : 467 (n.). — VIII : 452.

Lannes, Duc de Montebello (Le maréchal). — I : 170. — II : 544 (n.), 547. — V : 176, 442, 445, 465, 471. — VI : 42, 175, 366. — VII : 125, 221, 324, 353 (n.), 358, 368, 439.

Laon. — VIII : 288, 297, 303.

Lansdowne (Lord Henry-Petty-Fitz-Maurice, Marquis de). — II : 26, 27, 387, 388. — III : 241, 275. — IV : 38, 205.

Laplace (Pierre-Simon, Marquis de). — II : 544. — V : 287. — VI : 6, 67.

Laporte (Membre du Comité de l'an III). — IV : 261, 264 (n.), 293 (n.), 323 (n.).

Laporte (Hippolyte, Marquis de). — II : 407. — IV : 169.

Lapoukine (Mlle). — V : 356, 357.

Lapoukine. — V : 358.

La Révellière-Lépeaux. — III : 170. — IV : 169, 262, 327 (n.), 421, 441. — V : 9, 10, 24, 25, 52, 55, 97 à 99, 104, 161, 163, 170, 208 à 210, 221, 228, 253, 255, 256, 263, 264, 270, 286, 292, 314, 317, 321, 371, 390, 427, 428, 451, 474. — VI : 23.

Lariboisière (Général Baston, Comte de). — VII : 531 (n.), 554.

Larivière (Henri de). — III : 410 (n.). — IV : 169, 170 (n.), 262, 355 (n.), 366 (n.), 374 (n.), 421 (n.).

La Rochefoucauld (Duc de), Prince de Marcillac. — I : 236.

— (Dominique de), Comte de Saint-Elpis. — II : 198 (n.).

— (Alexandre, Comte de). — VI : 445. — VII : 390, 407 (n.), 408.

La Rochejaquelein (Henri du Vergier, Comte de). — II : 174. — III : 376, 500, 539.

La Rochelle. — I : 58. — V : 138.

La Rochelle (L'armée de la). — III : 407.

La Romana (Général Pedro Caro y Sureda, Marquis de). — VII : 118 (n.), 293. — VIII : 14, 15.

Laromiguière (Pierre). — VI : 7.

Lasalle (Le général). — II : 548, 549 (n.).

Las Cases (Comte de). — VI : 353 (n.). — VIII : 130 (n.).

Lascy (Maréchal Maurice, Comte de). — I : 525.

La Sonde. — II : 60 (n.).

Lasource (Marie-David-Albin). — II : 431. — III : 146, 154, 278, 380, 381 (n.), 410 (n.), 412 (n.).
Latins (Les). — I : 151. — VII : 565. — VIII : 186.
Latouche (L'amiral). — III : 254, 255, 291, 295, 296, 319. — V : 100.
Latour. — VI : 223, 432.
La Tour (Général de). — V : 64 à 66.
La Tour-d'Auvergne (Corret de). — II : 536, 542.
La Tour du Pin Gouvernet (Frédéric-Séraphin, Marquis de). — VIII : 382.
Latour-Maubourg (Général César Fay, Comte de). — II : 267. — VII : 377.
La Trémoille (Charles-Marie-Joseph, Prince de), Duc de Tarente. — III : 500. — V : 219.
La Trémoille (Philippe de), Prince de Talmont. — III : 500.
Laubardemont (Jacques Martin, Baron de). — III : 517.
Lauderdale (James Maitland, Comte de). — II : 384. — III : 275. — IV : 36. — VII : 84 à 86, 93 (n.).
Lauenbourg (Le duché de). — VII : 452, 520. — VIII : 44(n.), 409 (n.).
Lauer (Général Franz, Baron de). — VI : 78.
Laurent, gardien de Louis XVII, au Temple. — IV : 124.
Lauriston (Maréchal Law, Marquis de). — VI : 166, 383, 430 à 432, 451. — VII : 522, 535, 536, 542, 566, 571.
Lausanne. — IV : 69. — VI : 40, 149.
Lauter (La). — VI : 336, 390. — VIII : 10.
Lauzun. — Voir : Biron.
Laval (Comte de). — II : 286 (n.). — (Mme de). — VIII : 221.
Lavalette (Antoine-Marie Chamans, Comte de). — VI : 41. — VII : 336. — VIII : 221, 222, 240, 428.
Lavater (Jean-Gaspard). — I : 180. — IV : 21.
La Vauguyon (François de Quélen, Duc de), Général. — II : 94.
Lavoisier (Antoine-Laurent). — I : 180. — IV : 64, 154.
Laybach. — II : 177. — VIII : 125.
Lazcovics. — IV : 11.
Lazzari (L'abbé). — IV : 436 (n.).
Lebas (Philippe-François-Joseph). — IV : 121, 159.
Lebrun-Tondu. — I : 169, 206, 207, 209 (n.), 241 (n.). — II : 295, 296, 312, 362, 409, 514. — III : 8, 13, 15 à 18, 20 à 23, 25, 56, 65, 77, 79 à 82, 87, 88, 95 (n.), 112, 113, 118, 119, 121, 127, 135 (n.), 136, 138, 140, 141 (n.), 152 (n.), 155 à 158, 164 à 167, 171, 172, 175 (n.), 180, 181, 183 (n.), 190, 204, 205, 208 à 210, 212, 215, 219, 221, 223 à 226, 230 à 232, 239 à 242, 246, 247, 250 (n.), 251, 256, 258, 260, 263, 272 à 274, 277,281, 282, 291 à 301, 303 à 307, 309 (n.), 339, 341, 355, 356, 371 (n.), 390, 392, 394, 397 à 403, 405, 406, 410, 415 à 417, 419 à 423, 425, 426, 430, 431, 475 (n.). — IV : 180. — V : 467 (n.). — VI : 6, 24, 195, 310, 366, 458 (n.). — VII : 114 (n.), 430, 452 (n.).
Lebzeltern (de), envoyé autrichien. — VII : 569, 570. — VIII : 50, 52, 66, 67, 71 à 73, 85.
Leclerc (Général Victor-Emmanuel). — V : 176, 465, 483. — VI : 153, 154, 161, 175, 199, 217, 253.
Leclerc (La veuve). — Voir : Bonaparte (Pauline).
Lecointre (Laurent). — II : 309. — IV : 106, 287.
Le Corrège. — V : 84, 88.
Lecourbe (Le général). — II : 546. — V : 415, 438, 459. — VI : 20, 43, 218, 343, 366. — VII : 595.
Le Couteulx-Canteleu. — V : 467, 476. — VI : 363.
Leeds (Duc de). — II : 30, 59, 208.
Lefebvre, de Nantes (Julien). — IV : 430, 468 (n.).
— Duc de Danzig (Le maréchal). — II : 546. — IV : 86. — V : 214, 437, 465, 470 à 472, 476. — VI : 366. — VII : 107, 324, 354 (n.), 369. — VIII : 325, 327.
Légations (Les). — I : 390, 448 (n.). —

V : 44, 91 à 93, 100, 109, 125, 145, 149, 154, 157, 161, 164, 174, 217, 232, 239 à 241, 244, 249 (n.), 250, 258, 267, 276, 279, 282, 304, 305, 325, 327, 404, 420, 431 à 433. — VI : 36, 45, 61, 66, 75, 77, 79, 80, 85, 87, 92, 147, 158, 172, 237, 250, 386, 409. — VII : 547. — VIII : 271, 293, 365, 367, 373, 391, 437, 497.

LEGENDRE (Louis). — IV : 63.

LÉGION D'HONNEUR (L'ordre de la). — VI : 226, 406, 506.

LEGNAGO. — VI : 504.

LEGRAND (Général, Comte). — V : 214

LEHARDI (Pierre). — III : 410 (n.).

LEHRBACH (Comte DE). — III : 451, 494, 495. — IV : 43, 46. — V : 269, 274, 280. — VI : 78.

LEIBNIZ. — I : 104, 328. — V : 299.

LEICESTER (Robert Dudley, Duc DE). — II : 324. — V : 49.

LEININGEN (Prince). — II : 78 (n.).

LEIPZIG. — III : 305, 399, 528, 533. — IV : 49, 54. — VI : 202. — VII : 28, 352. — VIII : 152, 184, 190, 193, 194, 265, 325, 408, 409, 415, 450.

LELONG (Le Père). — I : 36 (n.), 320, 330.

LEMAIRE (Courrier du Congrès de Rastadt). — V : 396.

LÉMAN (Le Lac). — III : 198. — VII : 156.

LEMNOS. — II : 202.

LEMONTEY (Pierre-Édouard). — II : 304.

LENOIR (Jean-Charles-Pierre). — V : 116, 209.

LÉOBEN (Préliminaires de). — V : 65, 152, 155, 179, 188, 192, 231, 234, 276. — VII : 15 (n.), 365. — VIII : 162.

LÉON X. — II : 120 (n.). — VI : 54, 72.

LÉONIDAS. — II : 473.

LÉOPOLD Ier (d'Allemagne). — I : 38, 60, 79, 128, 167.

LÉOPOLD II, Empereur d'Autriche (Grand-Duc de Toscane). — I : 31 (n.), 61 (n.), 94, 115, 118, 128, 129, 132, 135 (n.), 153, 390, 391, 447 (n.), 450, 451 (n.), 453, 454, 457, 460, 521, 526 (n.). — II : 18, 23, 62 à 64, 66, 67, 69 à 71, 73, 74, 142, 143, 147 à 155, 158, 160 à 164, 167, 175 à 178 (n.), 182, 183, 188 (n.), 194, 195, 201 (n.), 204, 208 à 211, 220 à 229, 231, 232, 234 à 237, 239, 240 (n.), 242 à 245, 249, 251, 252 à 263, 271 à 274 (n.), 276 (n.) à 281, 289, 290, 295, 313, 319 (n.), 322, 328 à 333, 337, 339, 342 à 345, 347 à 349, 356, 357, 360 à 366, 368, 369, 371 à 373, 375, 399, 465, 504, 551, 552. — III : 41, 43. — IV : 10 à 12, 460. — VII : 60. — VIII : 243.

LÉOPOLD (L'archiduc). — IV : 78.

— (L'ordre de). — VII : 439.

LEPELLETIER DE SAINT-FARGEAU. — IV : 438.

LE QUESNOY. — III : 461, 538. — IV : 135.

LEQUINIO (Joseph-Marie). — III : 360.

LESAGE (Denis-Toussaint). — III : 356, 362, 410 (n.). — IV : 169, 288, 293 (n.), 323, 327 (n.), 366, 367, 374 (n.), 421 (n.), 430.

LESCURE (Louis-Marie, Marquis DE). — II : 174. — III : 376, 463, 500.

LESCUYER (Le prévôt de l'armée). — III : 360, 361.

LESSART (Antoine de Valdec DE). — II : 321, 322, 327 (n.), 333, 335, 337, 339, 341, 355, 357, 360, 363, 364, 387, 390 à 393, 397, 398, 400, 401, 409, 411, 425, 428.

LESSEPS (Jean-Baptiste-Barthélemy, Baron DE). — VII : 121, 122 (n.).

LESSING (Gotthold-Ephraïm). — I : 105, 425, 429 (n.), 458. — III : 389. — IV : 23.

LESTEVENON. — IV : 333.

LETELLIER (Michel). — IV : 171.

LETOURNEUR (Étienne-François-Honoré). — IV : 169, 374, 386, 421 (n.), 441. — V : 9, 10, 50, 164, 165 (n.), 170, 214, 216 (n.), 226.

LETROSNE (Guillaume-François). — I : 107.

LEVANT (Les îles du). — V : 279.

— (Le). — I : 340, 528. — III : 244 (n.), 302, 303, 398, 404, 525. — V : 193, 253, 265, 298, 299. — VI : 312, 413, 441. — VII : 26, 39, 242, 301, 419.

Levasseur, de la Sarthe (René). — III : 536.

Le Veneur (Le général). — III : 361, 536.

Le Verrier (Urbain-Joseph). — V : 329.

Léviathan (Le). — V : 38. — VI : 204. — VII : 507.

Leyen (Le Prince de). — VII : 53.

Lhopital (Michel de). — I : 167, 196.

Liancourt (de). — II : 340.

Libérateur de l'Italie (Le corsaire français, Le). — V : 159.

Liberté (La). — II : 319.

Lichtenau (Comtesse de). — Voir : Mme Rietz.

Lichtenstein (Le Prince Jean de). — VII : 53, 365 à 367, 383, 388, 391. — VIII : 317.

Lido (Le). — V : 159.

Lidon, de la Corrèze. — III : 410 (n.).

Liége. — I : 36 (n.), 80, 254, 333, 417 (n.), 432, 440. — II : 18, 19, 52, 154, 189 (n.), 210, 294 à 297, 313, 316, 362, 411, 424. — III : 163, 203, 209, 277, 278, 285, 286, 337, 338, 343, 350 (n.), 482, 498. — IV : 88, 89, 138, 151, 340, 428. — V : 20, 21, 127, 215, 236. — VI : 97.

Liégeois (Les). — I : 531. — II : 23, 312, 313. — III : 223, 285, 350 (n.). — IV : 245, 429. — V : 23.

Liegnitz. — VIII : 127.

Lieven (Christophe-Andreiewitch, Prince de). — VII : 555, 591 à 593. — VIII : 13, 14, 26, 55, 98, 162 (n.), 213 (n.), 274, 275, 464.

— (Dorothée de Benkendorff, Princesse de). — VI : 135, 137. — VIII : 242 (n.).

Ligne (Le Prince Charles-Joseph de). — I : 70, 452 (n.). — III : 39, 334. — VII : 440.

Ligny. — VIII : 443, 445.

Ligue des neutres (La). — VI : 88, 120, 139, 140, 148, 165, 411. — VII : 172, 459.

— (La) et les Ligueurs. — I : 193, 202, 233 (n.). — II : 152, 529, 562. — III : 12. — IV : 12. — V : 47 (n.), 463. — VIII : 214.

Liliensborn (Capitaine). — II : 379.

Lille. — II : 312, 457. — III : 4, 43, 87, 338, 356, 357, 360 à 362. — IV : 135, 151. — V : 172, 215, 216, 226, 251. — VI : 187, 259. — VII : 47. — VIII : 458, 477.

Lillebonne (Mme de). — V : 47 (n.).

Lilliput. — III : 204.

Lima (L'ambassadeur portugais de). — VII : 217.

Limbourg (Le). — IV : 428, 429. — V : 20.

Limmnighe (Comte de). — IV : 12.

Limoges. — II : 546. — V : 454.

Limoelan (Le chouan). — VI : 89.

Limon (Geoffroi, Marquis de). — II : 509.

Lindau. — VII : 15.

Linden (Baron de). — VII : 359.

Lindenau. — I : 487.

Linderer. — VI : 126.

Lindet (Robert). — III : 382, 383 (n.), 430, 508 (n.), 513, 515. — IV : 126, 127 (n.), 151, 169.

Lindorf. — II : 339.

Linguet (Simon-Henri). — I : 92 (n.), 338 (n.). — II : 201 (n.).

Linz. — III : 326. — VIII : 93 (n.).

Lionne (Hugues de), Marquis de Fresnes et de Berny. — I : 167, 276 (n.). — II : 295, 417.

Lippe (La principauté de). — VII : 53 (n.). — VIII : 68, 114 (n.), 115.

— (Rivière de la). — IV : 254. — VII : 89.

Lisbonne. — I : 168. — II : 381. — III : 244. — IV : 21. — VI : 175, 425. — VII : 188, 216, 231, 232, 245, 272, 280, 391. — VIII : 82.

Lisola (Baron de). — I : 80.

Lithuanie (La) et les Lithuaniens. — III : 482. — VI : 467. — VII : 128, 401, 432, 577, 580. — VIII : 373, 374.

Liverpool (Lord). — Voir : Jenkisson.

Livonie (La) et les Livoniens. — II : 202 (n.). — VII : 585.
Livourne. — I : 390. — II : 18. — III : 24, 157, 487, 488. — IV : 232. — V : 51, 71, 90, 93. — VI : 147, 196, 198, 309, 341. — VII : 232, 253.
Lizabévitch. — VII : 201 (n.).
Loano. — V : 74.
Lobanof (Prince). — VII : 169 à 171, 174.
Locke (John). — [illegible] 162, 165, 183.
Lodi. — I : 455. — V : 76, 95, 178. — VI : 52, 364. — VIII : 76, 453, 495.
Loevenstein (Prince). — II : 78 (n.).
Loewenstern (Le Russe). — VIII : 288.
Loewenthjelm (Comte). — VII : 567.
Loire (Le fleuve de la). — III : 538. — VIII : 270, 305, 449, 467.
Loire-Inférieure (La). — III : 349.
Lombard (Jean-Guillaume). — III : 51 à 53. — V : 417, 418. — VI : 311 (n.), 316, 318, 319, 323, 357 (n.), 397, 398, 401, 475, 476. — VII : 18, 34, 46, 97, 141.
— (Pierre). — VI : 235.
Lombardie (La) et les Lombards. — I : 116, 249, 254, 327. — II : 450. — III : 118. — IV : 221, 235 à 237, 269, 345, 384, 390. — V : 35, 46, 67, 68, 75, 76, 78, 92, 109, 110, 128, 131, 150, 154, 156, 157, 161, 163, 168, 196, 241, 249 (n.), 258, 267, 325, 357, 412, 432. — VI : 41, 50, 76, 91, 158, 204, 250, 315, 391, 427, 471, 484. — VII : 25, 222, 511, 540, 541. — VIII : 140, 351, 437.
Londres. — I : 46, 62, 318 (n.), 338, 339, 347, 350 (n.), 356, 528, 533, 538. — II : 3 (n.), 26, 29 (n.), 30, 44 (n.), 52, 56 à 59, 67, 76, 88, 91, 95, 149, 154, 182, 183, 205, 221, 236, 237, 292, 301, 309, 335 à 337, 383, 384, 386, 387, 390, 393, 418, 419, 422, 438 à 440, 452 à 454, 487. — III : 15, 18, 19, 78, 82, 103, 113, 121, 127, 132, 139 à 141, 156, 214, 217, 221, 224, 225, 240, 242, 256, 258, 272, 274, 276, 277, 298, 319, 321 (n.), 322, 330, 345, 405, 419, 420, 441, 443, 450, 451, 453, 456, 459, 462, 464, 465, 468, 473, 489, 502, 503. — IV : 34, 37, 69, 81, 86, 92, 99, 135, 136, 204, 208, 227, 241, 270, 320, 340, 362, 428, 442. — V : 36, 40, 44, 48, 100, 115, 128, 138, 139, 171, 226, 251, 254, 259, 265, 288, 307, 331, 347, 351, 358, 369, 419, 434. — VI : 30, 31, 34, 46, 53, 58, 62, 63, 99, 102, 117, 122, 127, 139 à 141, 147, 148, 152, 156, 159, 164 à 167, 181, 183, 187 à 189, 191, 200, 201, 219, 222, 223, 243, 246, 250, 251, 257, 263, 266, 267, 270, 272, 273, 278, 285, 287, 288, 292, 294 à 296, 300, 303, 310, 311, 313, 323, 332, 341, 355, 378, 381, 382, 388, 400, 410, 417, 424, 439, 446 (n.), 448, 480. — VII : 16, 26, 29, 67 à 69, 74, 77, 78, 83, 84, 161, 162, 193, 195, 200, 202, 204, 211, 218, 224, 241, 247, 277, 286, 287, 314, 320, 321, 345, 347, 399, 436, 442, 446 à 449, 568, 591. — VIII : 52, 67, 95, 96, 98, 104, 105, 143, 153, 177 (n.), 181 (n.), 188, 213, 247, 253, 274, 364, 366, 369, 375, 399, 408, 422, 458, 469, 474, 476.
Longueville (Mme de Bourbon-Condé, Duchesse de). — VI : 183.
Longwy. — III : 27, 29, 39, 87, 91, 92, 96.
Lons-le-Saunier. — IV : 67. — V : 47 (n.).
Lorette. — V : 70.
— (Notre-Dame de). — III : 211. — V : 33, 93.
Lorient. — VII : 245.
Lorraine (Maison de). — I : 160, 255, 257, 273 à 275, 390 (n.). — V : 47 (n.). — VI : 476.
Lorraine (La). — I : 36 (n.), 43, 83 (n.), 85, 245, 254 à 256, 265, 267, 268, 271, 273, 275 à 279, 283, 284, 289, 295, 295, 308 (n.), 321, 333, 416 (n.), 443 (n.), 455, 546 (n.). — II : 82, 103, 149, 185, 210, 241, 252, 254, 363, 368, 420, 498, 505.

519. — III : 168, 434, 449, 450, 452, 460, 461, 490, 505. — IV : 410, 420, 461. — V : 44, 46, 131, 278. — VII : 511. — VIII : 121, 146, 249 (n.), 400, 476 à 479, 498, 499, 509.

Lorraine (Duc de). — Voir : Charles IV de Lorraine.

Lorrains (Les). — I : 43, 289, 296. — II : 103, 131. — VIII : 365, 471.

Lotharingies (Les). — Voir : Lorraine.

Lot (Le département du). — II : 546.

Louis (Ordre de Saint-). — IV : 414.
— (Abbé). — II : 272.

Louis Ier de Parme. — VI : 82.

Louis Ier le Débonnaire. — VII : 189.

Louis IX (Saint). — I : 211, 229 (n.). — III : 268. — VI : 386. — VII : 410. — VIII : 506.

Louis XI. — I : 112, 198, 255, 257. — VII : 308.

Louis XII. — I : 196, 207. — VII : 58.

Louis XIII. — I : 60, 61, 83 (n.), 160, (n.), 189, 193 (n.), 210, 273, 277, 327, 361. — II : 40. — III : 193 (n.), 497 (n.).

Louis XIV. — I : 14, 18, 24 (n.), 36 à 38, 42, 43, 47, 48, 59, 60, 62, 68, 72, 75, 80, 84, 112, 123, 127, 150, 151, 167, 174, 183, 197, 198, 207, 223, 227, 230 à 232, 236 (n.), 268, 283 à 288, 290, 310, 312, 331, 337, 361 (n.) à 363, 367, 377, 400, 409, 415, 416 (n.), 421, 471, 474, 494, 516, 540, 543, 552. — II : 3, 26, 29 (n.), 33, 40, 77 à 80 (n.), 96, 108, 118, 136, 149 (n.), 190, 192, 195, 196, 203, 234, 250, 283, 305 à 307, 309, 311, 312, 318, 363, 381, 420, 474, 486, 520, 543 (n.). — III : 42, 75, 100, 125, 185, 186, 189, 211, 229, 284, 292, 322, 332, 375, 500, 505, 506, 520, 522, 523. — IV : 39, 159, 192, 245, 255, 266, 267, 316, 368, 388, 452, 459 à 461. — V : 19, 44, 171, 179, 182, 188, 190, 299, 350, 403, 457. — VI : 4, 19, 31, 86, 97, 161, 167, 203, 206, 220, 242, 247, 256, 275, 300, 331, 350, 367, 374, 384, 385, 412, 428, 429, 511, 517. — VII : 37, 45, 58, 123, 212, 220, 223, 262, 263, 267, 268, 286, 325, 326, 410, 438, 469, 473, 505, 549. — VIII : 77, 78, 178, 180 (n.), 202, 214, 260, 342, 359, 393, 422, 486, 489, 495 à 498, 507.

Louis de France (Grand Dauphin). — I : 287. — V : 44.

Louis, duc de Bourgogne, Dauphin de France. — I : 296, 522 (n.). — V : 44.

Louis XV. — I : 28, 29, 51, 64, 69, 72, 75, 78, 132, 199, 200, 202, 203, 205, 208, 241, 291, 292, 295, 296, 298, 302, 305 à 308, 321, 328, 331, 332, 347, 373, 411, 441, 457, 474, 515. — II : 195, 203, 235, 338, 363, 404, 405, 543 (n.). — III : 5, 22, 91, 112, 214, 306, 327, 365, 396. — IV : 15, 39, 179, 182, 245, 397. — V : 32, 180, 356. — VI : 219, 250, 279, 290, 404 (n.). — VII : 123, 285, 369, 539. — VIII : 77, 371.

Louis XVI. — I : 45, 46, 48 (n.), 72, 74, 106, 114, 132, 145, 169, 187 (n.), 206, 208 à 211, 213, 295 à 300, 302, 304, 331, 365, 377, 394, 417, 418, 449, 488, 521, 522 (n.), 534, 535. — II : 3, 4, 22, 24 (n.) à 26, 31, 35 à 37 (n.), 39 à 41, 46, 48, 50, 53, 56, 58, 59, 66, 85, 89, 91, 93, 94, 97, 99, 100, 104, 113 à 115, 123 à 125, 128 à 138, 140 à 142, 148, 170, 176 à 184, 186 à 189, 194 à 196 (n.), 211, 219 à 221, 223, 227 à 229 (n.), 235, 238, 239, 241, 243, 244, 246 à 249, 252, 254 à 256, 259 à 266, 268 à 271, 273 à 278, 281, 282, 286, 287, 290, 293, 298, 305, 311, 314, 315, 317, 321 à 323, 325 à 332, 335, 337, 340, 343, 346, 347, 349, 351, 352, 356 à 358, 360, 363, 365, 366, 368, 370, 371, 375, 397 à 404, 406, 407, 415, 422 à 426, 428 à 431, 436, 437, 440, 442, 447, 448, 458, 475 à 480, 483 à 492 (n.), 499, 500, 503, 506 à 508, 510, 512 à 514, 520, 522, 524, 526, 535, 543, 546, 558. — III : 4, 7, 14,

18, 19, 25, 41, 43 à 45, 47, 53 à 55, 58, 60, 63, 68, 78, 80, 81, 93, 94, 128, 130, 134, 136, 137, 139, 143 à 145, 149, 156, 157, 180, 187 à 190, 192, 193, 195 à 197, 211, 230, 231, 237 à 240, 242, 253, 263 à 265, 267 à 271, 274, 296, 298 (n.), 299, 312, 313, 318, 327, 329, 341, 346, 393, 409, 428, 465, 472, 502, 548. — IV : 4, 14, 15, 39, 52, 59, 112, 116, 118, 136, 146, 233, 288, 320 à 322, 325, 326, 335, 353, 354, 362, 363, 373, 408, 416, 449. — V : 31, 117, 213, 331, 428. — VI : 226, 252, 261, 304, 368, 404 (n.), 408. — VII : 62, 96, 141, 144, 208 (n.), 257, 286, 433, 443, 552. — VIII : 58, 200, 243, 273, 319, 337, 372, 416, 443, 450, 452, 467, 493, 498.

Louis XVII. — I : 50. — II : 246, 247, 401. — III : 44, 45, 148, 190, 354, 365, 369, 441. — IV : 35, 74, 141, 144, 146, 271, 348, 349, 354, 370, 371, 404, 405, 416. — VIII : 341.

Louis XVIII, Comte de Provence. — I : 210, 296, 297, 335. — II : 131, 218 (n.), 227, 228, 246 à 248, 250, 251, 253 à 256, 260, 262, 271, 282, 283, 286, 291, 305, 306, 330, 331, 345, 357, 504, 505 à 508. — III : 1, 41, 44, 45, 137, 138, 331, 332, 337, 355, 441, 466, 467, 500, 503. — IV : 124, 170 (n.), 189, 271, 287, 318 (n.), 348, 370, 372, 405 à 407, 410, 414, 416 à 418. — V : 19, 34, 45, 57, 90, 95, 354, 420, 435, 437, 471. — VI : 14, 48, 65, 73, 109, 275, 278, 338 (n.), 340, 360, 362, 366 (n.), 389, 408, 409. — VII : 215, 216, 257, 335 (n.), 469. — VIII : 11, 235, 273, 277, 301, 311, 313, 317, 320, 332 à 334, 338, 340 à 345, 347 à 349, 351, 352, 355, 357, 361, 365, 369, 370, 372, 376 à 379, 385, 387 (n.) à 391, 399, 401 à 403, 408, 410 à 412, 418 à 423, 426, 427, 431 à 433, 443, 455, 458, 459, 461, 463, 465, 467 à 469, 472, 473, 481 à 488, 492, 493, 497.

Louis-Philippe Ier. — III : 49, 57, 58, 352, 354. — V : 57, 455. — VI : 221, 238 (n.), 262, 332, 372, 447. — VII : 193 (n.), 215. — VIII : 11, 279, 366, 417, 426, à 429, 431, 435, 455, 457, 460, 488.

Louis Ier, Roi d'Étrurie. — VI : 106, 113, 190, 253, 320.

Louis (Baron Joseph-Dominique). — VII : 316, 317, 483. — VIII : 214, 321.

Louis-Eugène de Wurtemberg (Duc). — IV : 300.

Louis-Ferdinand de Prusse (Prince). — III : 483. — V : 455. — VI : 357, 460. — VII : 18, 88, 99.

Louis-Napoléon. — Voir : Napoléon III.

Louise de Bourbon, Duchesse du Maine. — VI : 350.

Louis de Bavière (Prince). — I : 417.

Louise de Mecklembourg, Reine de Prusse. — II : 493. — III : 444. — V : 331 (n.). — VI : 232, 235, 375, 486. — VII : 20, 88, 99, 107, 128, 157, 161, 175, 180 (n.) à 185 (n.), 239, 310, 343.

Louisiane (La). — I : 291, 373. — II : 94. — III : 20, 262. — IV : 311, 312, 321, 353. — V : 105. — VI : 53, 75, 105, 113, 160, 175, 176, 196, 210, 243, 246, 253, 255, 262, 285, 286.

Louis-le-Grand (Collège). — II : 296.

Louvain. — III : 277, 285, 339, 342.

Louvet de Couvrai (Jean-Baptiste). — III : 71, 146, 410 (n.). — IV : 169, 262, 327 (n.), 366, 367, 374, 421 (n.), 430. — V : 119 (n.).

Louvois. — I : 48, 79, 80, 83, 84, 167, 227, 284, 285, 287, 316, 319, 362, 494, 552. — II : 149 (n.), 201 (n.). — III : 472. — IV : 148, 171, 183, 226. — VIII : 507.

Louvre (Le palais du). — III : 343. — VI : 403.

— (Le Musée du). — III : 518.

Louvres. — VIII : 459.

Lovelace. — I : 18 (n.).

Loyola (Ignace de). — II : 529.

Lozère (La). — III : 407.

Lubias. — IV : 141.

Lubeck. — VI : 30. — VII : 21, 32,

93, 110, 171, 452, 520. — VIII : 136, 171, 174, 176.

Luc (Comte de). — I : 36 (n.), 345 (n.), 448 (n.).

Lucchesini (Jérôme, Marquis de). — I : 530. — II : 68, 69, 72, 155, 222 (n.), 461, 462, 556. — III : 46, 59 à 63, 79, 84, 89, 91, 94, 95, 113, 181, 491, 492, 494 à 496. — IV : 43, 46, 56, 57, 83, 84, 95, 96, 98, 134 à 138, 318 (n.). — VI : 74, 84, 89, 110, 145 à 147, 172, 174, 177, 201, 216, 222, 227, 229, 231, 232, 280, 288 à 291, 293, 310, 311 (n.), 319, 328, 329 (n.), 341, 346, 351, 355, 379 à 381 (n.), 394, 398, 399, 401, 402, 422, 434, 440, 449, 462 (n.), 464 (n.), 488, 507 (n.), 509, 510. — VII : 8 (n.), 15, 23 (n.), 26 (n.), 34, 45, 52, 54, 64 (n.), 72, 80 (n.) à 83, 87, 88, 91 à 93, 95, 96 (n.), 103, 107, 109, 113. — VIII : 229 (n.).

Lucey (Major). — VII : 305 (n.).

Lucques. — I : 392 à 448 (n.), 530 (n.). — II : 461. — IV : 183 (n.) — VI : 163, 164, 177, 434, 436, 484. — VIII : 437.

— (Princesse de). — Voir : Élisa Bonaparte.

Lucrèce. — V : 182.

Ludolph (M. de). — IV : 397.

Ludovic le More (Duc de Milan). — I : 261.

Luckner (Général). — II : 342 (n.), 488, 540. — III : 27, 30, 98.

Lunéville. — VI : 62, 71, 77, 79, 81, 83, 86, 94, 110, 508. — VIII : 112, 244, 245.

Lusace (La). — I : 444. — VIII : 271.

Lusitanie (La). — VII : 219, 232.

Lutzen. — VIII : 108, 110.

Luther (Martin). — I : 102, 482. — II : 111.

Lux (Adam). — III : 102, 350. — IV : 20.

Luxburg (Le Baron de). — III : 422, 444. — IV : 149.

Luxembourg (Le duché de). — I : 36 (n.), 254, 264, 273 (n.), 279, 284, 302, 310, 312, 321, 333, 440. — II : 51, 91, 103, 228. — III : 88, 94, 95, 119, 128, 163, 250, 314, 461. — IV : 76, 143, 246, 339, 340, 354, 355, 360, 361, 387, 428 à 430, 465 (n.). — V : 2, 20, 21, 30, 127, 215, 236, 308. — VI : 96, 412, 509. — VIII : 340, 391, 392, 406, 407, 439.

— (Maréchal, Duc de). — I : 83, 494. — III : 548. — IV : 86.

— (La ville de). — VIII : 348, 439.

— (Le palais du). — V : 9, 16, 95, 150, 221, 253, 271, 461, 462, 471, 474. — VI : 10. — VIII : 463.

— (La prison du). — IV : 118.

Luzzi (Ministre du roi de Naples). — VI : 470.

Lycurgue. — II : 151. — III : 119, 507.

Lyon. — I : 175. — II : 175, 548. — III : 373, 407, 463 (n.), 539, 540. — IV : 212. — V : 47 (n.). — VI : 37, 179, 181, 187, 188, 191, 193, 195, 262.

Lyonnais (Le). — II : 166. — V : 47 (n.).

Lys (La). — IV : 135.

Lytton-Bulwer. — VIII : 402 (n.).

M

Mabilais (Conférences de la). — V : 19.

Macédoine (La). — I : 328, 329, 463. — V : 148, 218. — VII : 39, 171, 232.

Machault (Jean-Baptiste de). — I : 206.

Mably (L'abbé Gabriel Bonnot de). — I : 108 (n.), 204, 209, 295, 308, 460 (n.), 509. — II : 93 (n.). — IV : 475.

Macartney (Lord Georges, Comte de). — IV : 407, 408, 409, 410, 561.

Macaulay (Thomas Babington, Lord). — I : 163, 165, 341, 343, 351. — II : 144. — III : 217. — IV : 37, 40.

Macdonald, Duc de Tarente (Maréchal).

— II : 544. — III : 38. — IV : 78. — V : 322, 364, 365, 373, 385, 386, 388, 391, 407, 408, 411 à 414, 465, 467 (n.), 471. — VI : 13, 87, 366. — VIII : 14, 15, 18, 21 à 24, 27, 123, 183 à 185, 193, 195, 286, 326 à 329, 344 (n.).

Machecoul. — III : 376.

Machiavel (Nicolas). — I : 17, 18, 20, 25, 42. — II : 45, 62. — III : 191, 292. — IV : 463, 475. — VII : 581.

Mackau (Baron de). — II : 409 (n.), 418 (n.). — III : 118, 119, 158, 208, 209, 254, 291 à 293, 296 à 298, 401, 402, 433.

Mack de Leiberich (Général). — I : 525. — II : 555. — III : 354 à 356, 360, 362 à 366, 370, 371. — IV : 13, 76 à 78. — V : 346, 348, 349, 372 à 375. — VI : 421, 445, 471, 475, 476, 479, 490, 492, 505. — VII : 356.

Mackintosch (Sir James). — II : 146.

Madagascar. — VI : 106, 210.

Madalinski (Général Antoine). — IV : 51.

Madrid. — I : 128, 288, 289, 376, 522 (n.), 532 (n.). — II : 22, 61, 85, 94, 238, 280, 329, 382, 503, 558. — III : 133, 134, 157, 218, 299, 322, 459. — IV : 28, 29, 32, 99, 144, 203, 266, 309, 311, 322, 369. — V : 36, 103, 144, 258. — VI : 53, 153, 154, 290, 378, 393, 425, 447, 450. — VII : 58, 118, 213, 216, 219, 244, 254, 257 à 261, 263 à 265, 267, 275 (n.), 278, 279, 327 à 330, 338, 339, 361, 369, 391, 395, 409, 434, 435, 528, 529, 537, 588, 590. — VIII : 83, 158, 268, 352, 462, 497.

— (Le décret de). — VII : 327 (n.).

Maestricht. — I : 362. — III : 219, 331, 337. — IV : 89, 244, 313, 333. — VI : 509 (n.). — VIII : 280.

Magallon (Charles), consul de France au Caire. — V : 103, 298.

Magdebourg. — VI : 307. — VII : 103, 106, 110, 128, 183, 354. — VIII : 340.

Magdeleine (Ile de la). — III : 295.

Maghella (Le Génois). — VII : 476, 546, 547.

Magyars (Les). — I : 531. — II : 150, 151. — III : 324.

Mahomet et les Mahométans. — I : 163. — II : 529. — III : 202, 229. — V : 195, 442. — VI : 267. — VII : 587.

Mahon (L'escadre de). — VII : 272.

Mahrattes (Les). — I : 163. — VI : 432. — VII : 154.

Mai 1793 (Journée du 31). — III : 409.

Maidland (Lord). — II : 384.

Mailhe (Jean-Baptiste). — I : 236 (n.). — II : 363, 431, 433. — III : 125, 195. — IV : 370.

Maillard (Stanislas-Marie). — I : 202.

Maine (Le). — VI : 49.

— (Louis-Auguste de Bourbon, Duc du). — VIII : 202 (n.).

Maison d'Autriche. — I : 14 (n.), 26, 34, 36 (n.), 56, 57, 59, 96, 98, 121, 138, 258, 262, 263, 267, 268, 273, 276, 280 à 282, 285, 289, 290, 293 à 295, 302, 307, 308, 310, 313, 329, 361, 393, 401, 404, 413 (n.), 415, 416, 439, 442, 447, 448, 457, 465, 526. — II : 58, 78, 132, 134, 152, 195, 241, 243, 252, 295, 414, 426, 437, 452, 554. — III : 22 à 24, 52, 81, 160, 161, 163, 164, 180, 182, 303, 304, 329, 369, 394, 404, 422, 425, 478, 489, 491, 499. — IV : 33, 83, 92, 142, 156, 192, 225, 235, 269, 361, 402, 430, 461. — V : 23, 48, 72, 93, 117, 126, 131, 228, 229, 232, 255, 256, 266, 298, 432. — VI : 80, 258, 306, 381, 468, 497, 504. — VII : 3, 6, 152, 383, 384, 428, 453, 476. — VIII : 42, 85, 197, 200, 471.

Maintenon (Mme de). — VIII : 202 (n.).

Maison (Le général, Marquis). — II : 450, 548.

Maisonneuve attaché d'ambassade à Stuttgart. — II : 409 (n.), 416. — III : 182 (n.).

Maistre (Joseph de). — I : 54, 150,

174, 202, 448 (n.), 512. — II : 146, 530 (n.), 537, 565. — III : 479. — VI : 162, 220 (n.), 304, 306, 313 (n.), 335, 360 (n.), 406 (n.), 440, 508. — VII : 36, 105 (n.), 130, 168 (n.), 262, 309 (n.), 498 (n.), 503.

Malachowski (Général Casimir). — IV : 53. — VII : 137.

Malesherbes (De Lamoignon de). — I : 115. — IV : 64.

Malet (Général Claude-François de). — VI : 47. — VII : 276, 277, 562, 594, 595. — VIII : 40.

Malherbe (François de). — I : 272.

Malibran (L'ami de Barras). — V : 256.

Malines. — III : 277.

Mallarmé (François-Auguste). — III : 412 (n.).

Malmaison (La). — VI : 67, 82, 245, 338, 346, 350, 351, 458. — VII : 427. — VIII : 322, 453.

Mallet du Pan. — I : 11 (n.), 96, 93, 142, 219 (n.). — II : 344, 476, 479, 508, 509, 557. — III : 3, 210, 331, 498, 499, 548 (n.). — IV : 4, 5, 41, 194, 208, 209, 212, 253, 279, 346 à 348, 350, 436 (n.). — V : 38, 57, 119 (n.), 122, 124 (n.), 171, 197, 198, 286, 287, 406. — VII : 332. — VIII : 2, 3.

Malmesbury (Lord). — I : 476, 484. — II : 504 (n.). — III : 504 (n.). — IV : 42, 43, 45 à 47, 86, 139, 142, 143, 279. — V : 114 à 120, 123, 124, 127 à 130, 138, 172, 214 à 216, 226, 251. — VI : 187, 208, 267, 276, 277, 296, 373. — VII : 47, 321.

Malouet (Pierre-Victor, Baron). — I : 241 (n.). — II : 86, 102, 198 (n.), 199, 476. — III : 318. — IV : 34. — VI : 289, 292.

Malsbourg (Ernest-Otto, Baron de). — VII : 91.

Malte. — I : 36 (n.). — III : 404. — V : 39, 193, 228, 229, 231, 253, 265, 298, 299, 301, 339 à 341, 355, 361, 403, 419, 432, 451. — VI : 28, 33, 34, 54, 63, 71, 74, 77, 87, 90, 98, 109, 160, 165, 170, 184, 190, 191, 195, 196, 198, 199, 201, 202, 213, 231, 243, 257, 260, 261, 266, 267, 270 à 272, 275 à 277, 280 à 285, 287, 288, 290 à 294, 296 à 298, 300, 302, 309, 312 à 314, 321, 407, 412, 413, 417, 440 à 442, 446. — VII : 40, 68, 70, 71, 79, 80, 194, 398. — VIII : 81, 348. — (Ordre de). — V : 357, 393, 415. — VI : 72, 112, 116, 184, 190, 195, 198, 202, 287, 297, 440. — VII : 70, 293. — VIII : 382.

Mameluks (Les). — V : 440.

Manche (La). — V : 259. — VI : 28, 141, 157, 373, 382, 424, 430, 438, 439, 449, 453. — VII : 472.

Mandeville (Bernard de). — I : 163.

Mandrillon (Joseph). — III : 113, 181, 534 (n.).

Mandrin (Louis). — III : 375. — V : 57.

Manège (Le Club du). — V : 437.

Manfredini (Frederigo). — I : 116. — II : 381. — III : 24, 25, 402, 403, 487. — IV : 28, 100, 232, 297, 390.

Mangourit (Michel-Bernard). — V : 293.

Manheim. — III : 109, 422, 472 (n.). — IV : 90, 143, 148, 426, 443. — V : 450.

Manifeste de Brunswick (Le), 25 juillet 1792. — I : 82. — II : 274 (n.), 491, 503 à 515, 527, 532. — III : 3, 21, 64, 87, 189 (n.), 275, 362. — V : 423. — VI : 311. — VII : 103. — VIII : 461.

Manilles (Les Iles). — VII : 137.

Maniotes (Les). — V : 194.

Manlius Capitolinus (Marcus). — IV : 73.

Mans (Le). — III : 539.

Manstein (Colonel). — II : 242 (n.), 253, 556. — III : 46, 53 à 56, 58, 59, 61 à 65, 77, 78, 80, 491. — IV : 82, 84.

Mantouan (Le). — V : 162.

Mantoue. — II : 223, 226, 288. — III : 432. — V : 99, 101, 145, 147, 159, 165 (n.), 217, 239, 242, 244,

249 (n.), 290. — VI : 61, 78, 91, 484. — VII : 234. — VIII : 66, 281, 367.
MANUEL (Louis-Pierre). — II : 267 (n.), 362. — III : 32.
MARAIS (Le). — III : 73. — IV : 111, 123.
MARAT (Jean-Paul). — I : 237. — II : 201 (n.). — III : 28 (n.), 32, 34 (n.), 281, 358, 408, 410, 458, 517. — IV : 422. — V : 213. — VI : 352.
MARC-AURÈLE. — V : 97. — VII : 425, 564.
MARBOT (Le Général Antoine). — V : 436, 437.
MARCEAU (Général des Graviers). — I : 88, 170. — II : 405, 544 (n.), 545, 548. — III : 68, 463, 539. — IV : 77, 86, 160. — V : 456.
MARCELLUS. — III : 51.
MARCHE (La). — VIII : 437.
MARCHE DE BRANDEBOURG (La). — I : 465, 466, 485.
MARCHENA (Joseph). — III : 300 (n.).
MARCHES ALLEMANDES (Les). — VIII : 478.
MARCHES IMPÉRIALES ET RÉPUBLICAINES (Les). — V : 168.
MARCK (Comté de la). — VII : 89.
MARCOLINI (Le Palais). — VIII : 144.
MAREC (Pierre). — IV : 170 (n.), 223 (n.), 232 (n.), 238 (n.), 264 (n.), 293 (n.), 319 (n.), 323, 337, 355 (n.), 366 (n.), 374 (n.), 421 (n.).
MARENGO. — I : 455. — IV : 356. — V : 22 (n.), 224, 447. — VI : 43, 44, 50, 51, 54, 55, 63, 74, 96, 180, 183, 205, 227, 245, 354, 475, 509. — VII : 2, 7, 28, 73, 104, 132, 155, 166, 167, 231, 246, 336, 347, 365. — VIII : 76, 262, 447, 462, 500.
MARESCALCHI (Ferdinand). — VI : 180, 195.
MARET (Duc de Bassano). — I : 80. — II : 296, 362, 414, 481, 482. — III : 218 à 221, 224, 229, 230, 257, 258, 262, 273, 274, 405, 406, 417, 424, 425, 431, 432, 524. — IV : 236 (n.), 303. — V : 214, 226, 397, 467 (n.). — VI : 60, 180, 395. — VII : 121, 368, 387 (n.), 388, 431, 439, 441, 449, 450, 535, 536, 538 (n.), 546, 550, 552 à 554, 560, 561, 566 (n.), 580, 596 (n.). — VIII : 3, 4, 17, 18, 20, 33, 42 à 44, 47, 49, 80, 81, 125, 127, 139, 141 (n.), 143, 144 (n.), 148, 149, 158 à 160, 163 (n.) à 167 (n.), 169, 173, 174, 176, 210, 220, 223, 259 à 262, 267 à 270, 282, 283, 294, 327.
MARIA-LUDOVICA D'ESTE, Impératrice d'Autriche. — VIII : 45 (n.).
MARIA-FEODOROWNA, Impératrice de Russie. — V : 352. — VI : 135, 137, 138. — VII : 180 (n.), 199, 229 (n.), 345.
MARIE Ire (Reine de Portugal). — IV : 369 (n.). — V : 115. — VII : 212 (n.), 407.
MARIE-AMÉLIE D'AUTRICHE. — I : 451 (n.).
MARIE-ANTOINETTE. — I : 4, 45, 61 (n.), 94, 153, 297, 299, 304, 386, 417. — II : 23, 25, 26, 32, 35, 36, 57, 58, 69, 91, 113, 130 à 136, 138 à 141, 143, 148, 157, 158, 170, 174, 176 à 185, 187, 188, 190, 220, 222 à 224 (n.), 227, 228, 243, 244, 247, 260, 261, 266, 267, 270 à 274, 276, 280, 282 (n.), 285, 321, 324, 327 à 331, 334, 335, 345 à 347, 360, 365, 372, 383, 387, 397, 398, 401, 424, 427, 436, 447, 475, 477, 478, 486, 490, 491, 505, 509, 558. — III : 76, 327, 329, 352, 363, 369, 423, 428, 432, 465, 468, 469 (n.), 499, 548. — IV : 59, 64, 298, 336, 416. — V : 269, 331, 423. — VI : 235, 479. — VII : 88, 96, 99, 108, 427, 430, 431, 439, 443. — VIII : 104, 200.
MARIE-BÉATRIX D'ESTE. — I : 451 (n.).
MARIE-CHRISTINE (Reine d'Espagne). — I : 118. — II : 23 (n.).
MARIE-CHRISTINE-JOSÈPHE DE LORRAINE, Archiduchesse d'Autriche. — II : 170, 233 (n.), 228 (n.), 229 (n.), 234 (n.), 242 (n.), 260. — III : 168.
MARIE DE BOURGOGNE. — I : 257, 258.
MARIE DE MÉDICIS. — VII : 441.
MARIE-LOUISE (L'Impératrice). — I :

4, 45. — VII : 182, 417, 430, 433, 438, 441, 477, 524, 556. — VIII : 35, 43, 80, 91, 160, 200, 219, 241, 301, 305, 314, 334, 365, 367, 382, 418, 431, 435, 437, 453.
Marie-Louise de Parme (Reine d'Espagne et d'Étrurie). — I : 374 à 376. — II : 381, 451, 558, 559. — III : 135, 318, 319. — IV : 99. — V : 35, 105 (n.). — VI : 53, 75, 378. — VII : 212, 213, 263, 266.
Marie-Louise d'Este (L'Archiduchesse). — VII : 249.
Marie-Louise-Joséphine, Reine d'Étrurie. — VII : 212, 232, 253, 254, 264, 266. — VIII : 365, 437.
Marie Stuart. — I : 45 à 48 (n.). — III : 192 (n.), 193.
Marie-Thérèse. — I : 37, 72.
Marie-Thérèse d'Autriche. — I : 4, 23, 25 à 27 (n.), 29, 31, 39, 40, 51, 72, 92, 96, 110, 115, 124, 125, 129, 130, 135, 136, 138, 153, 291, 292, 294, 295, 299 (n.), 305, 386, 388, 390 (n.), 410 à 412, 440 (n.), 441, 444, 446, 449, 453, 456, 458, 460 (n.), 496, 518. — II : 62, 130 à 132, 153, 185, 222, 271 (n.), 274, 374, 551, 556. — III : 5, 327, 334, 353, 469, 478. — IV : 12, 315, 361. — V : 232. — VI : 140, 250, 492. — VII : 9, 240, 440.
Marie-Thérèse-Charlotte, Duchesse d'Angoulême. — IV : 362, 369, 397, 416. — V : 31, 45.
Marienbourg. — VIII : 348, 480, 481, 486, 488.
Marine (Le Ministère de la). — V : 122, 193. — VI : 221.
Marius (Caïus). — III : 75. — V : 98.
Markoff (Le Comte Arcadi-Ivanovitch). — III : 316, 449, 450, 452. — IV : 6, 8, 44, 45, 47, 93, 94, 189, 190, 290, 398 (n.), 418, 419, 446. — V : 45. — VI : 151, 152, 161 à 164, 172, 185, 200, 222, 227, 229, 231, 252, 268, 270, 271 (n.), 273, 276 à 278 (n.), 281, 283, 291 à 294, 304, 305, 311 à 316, 320, 323, 346, 380. — VII : 26, 37, 48, 249 (n.), 306.
Marlborough (Jean-Churchill, Duc de). — I : 352. — III : 322.
Marly. — I : 287.
Marmont, Duc de Raguse (Le maréchal). — II : 544, 549. — IV : 102. — V : 59, 66, 81, 176, 212, 248, 297, 448, 449, 465, 471. — VI : 258, 324, 382, 426, 427, 456, 458. — VII : 77, 100 (n.), 122, 136, 148, 151, 481, 540, 560, 561, 588. — VIII : 125, 130, 270, 281, 320 (n.), 321 à 323, 328, 331, 428.
Marne (La). — III : 31, 81.
Maroc (Le) et les Marocains. — I : 328. — II : 238. — VI : 323. — VII : 272.
Mars (Le dieu). — VI : 406. — VII : 559.
Marseillaise (La). — III : 102, 115. — IV : 20. — V : 53. — VII : 107.
Marseille. — II : 513. — V : 148, 377. — VI : 428, 507. — VII : 594.
Martens (Guillaume-Frédéric de). — V : 269. — VIII : 10 (n.).
Martiniana (L'archevêque-cardinal). — VI : 45, 65, 85.
Martini (Ministre de Marie-Thérèse). — I : 115, 456 (n.).
Martinique (La). — IV : 90. — V : 27. — VI : 33, 383, 430, 432.
Martinovics (Ignace-Joseph). — IV : 11.
Masaniello (Tomaso-Aniello). — V : 376.
Mascheroni (Lorenzo). — V : 177.
Massa-Carrara (Duché de). — V : 249 (n.). — VII : 50.
Masséna, Duc de Rivoli, Prince d'Essling (Le maréchal). — II : 546, 557. — IV : 90. — V : 59, 78, 90, 100, 152, 213, 292, 391, 392, 405, 408, 412, 415, 438, 442, 450, 459, 471. — VI : 13, 20, 40, 42, 43, 114, 254, 339, 343, 366, 458, 469, 470, 471, 507, 514. — VII : 148, 151, 157, 353, 425, 518, 521, 525, 559, 560.
Massenbach (Le Baron Chrétien de). — III : 36, 37, 42, 50, 57 à 59. — IV : 255. — VIII : 23, 24.

MATAROSA (Délégué à Londres). — VII : 277.
MATHIAS (Commissaire au Traité de La Haye). — IV : 333.
MATHIEU (Pierre). — I : 271. — III : 381, 415.
— DE MONTMORENCY. — VII : 595.
MATHIEU DE MIRAMPAL (Oise). — IV : 241.
MATTEI (Cardinal Alexandre). — V : 147, 149.
MATHEWS (Agent anglais). — III : 405, 406, 419, 433, 434.
MAUBEUGE. — III : 367, 537. — IV : 135.
MAUBREUIL (Comte de Guerri DE), Marquis d'Orsvault. — VIII : 321, 322, 335, 336, 415 (n.), 432, 465.
MAULDE. — III : 26, 29, 224, 253, 272, 356, 361, 364.
— (DE), diplomate français. — II : 409 (n.), 428, 436, 447.
MAUPEOU (René-Charles DE). — I : 206, 209 (n.). — VI : 6.
MAURES (Les). — I : 379. — VII : 256, 271, 488.
MAUREPAS (Jean-Phelippeaux, Comte DE). — I : 200, 213.
MAURICE (L'île). — VI : 210, 217, 269, 283. — VII : 137, 154.
— DE SAXE. — I : 156. — VII : 369.
MAURY (Le cardinal Jean Siffrein, évêque de Montefiascone). — II : 102 (n.), 103 (n.), 198 (n.), 199 (n.), 293. — III : 294. — VI : 65.
MAUVILLON (Jacques). — I : 317 (n.), 427. — III : 22.
MAXIMILIEN-FRANÇOIS-XAVIER-JOSEPH DE LORRAINE. — I : 128, 159, 402 (n.), 403 (n.), 406 (n.), 417, 432 (n.). — II : 78 (n.), 210, 211, 228 à 230, 417. — III : 368. — IV : 42.
MAXIMILIEN D'AUTRICHE. — I : 257, 258.
MAXIMILIEN III JOSEPH (Électeur de Bavière). — I : 178, 411.
MAXIMILIEN-JOSEPH DE DEUX-PONTS (Charles VII de Bavière). — I : 160, 290, 410, 417 (n.). — III : 442. — V : 389. — VI : 328, 331, 356, 453, 455, 457 (n.), 459, 460, 472, 474 (n.), 481. — VII : 9, 14, 17, 21, 34 (n.), 99 (n.), 313, 573. — VIII : 9, 122.
MAYENCE et les MAYENÇAIS. — I : 115, 158, 178, 254, 402, 411, 432, 434, 435. — II : 11, 166, 316 (n.), 409 (n.), 492 (n.), 493, 497, 500, 503, 511. — III : 43, 96, 97, 103 à 107, 109 à 111, 169 (n.), 176, 177, 179, 257, 288, 289, 290, 308, 349, 350, 373, 388, 394, 421, 443, 460, 461, 463 (n.), 472, 483, 484, 538. — IV : 20, 89, 97, 143, 148, 196, 214, 224, 254, 330, 331, 338. — V : 21, 160, 163 à 165, 169, 190, 236, 237, 239, 242 à 244, 247, 249 (n.), 250 (n.), 260, 266, 268 à 270, 273, 274, 279, 280, 286, 308, 336, 433. — VI : 157, 382, 383, 387, 446 (n.), 456, 486, 509. — VII : 52, 289, 481, 522, 539. — VIII : 74, 160, 195, 206, 242, 281, 340, 352 (n.), 362, 391, 392, 439.
MAYENCE (L'Électeur de). — Voir : DALBERG (Prince DE).
MAYDIEU (Le chanoine Jean). — VI : 6, (n.), 362 (n.).
MAYER DE HELDENSFELD. — V : 394, 395, 400.
MAZARIN (Le cardinal). — I : 18, 37, 47, 58, 60, 61, 157, 270, 279, 282, 320 (n.), 543. — II : 31, 295, 385. — III : 18. — IV : 18, 96, 183, 220, 226, 255. — V : 28. — VI : 161, 230, 347. — VII : 31. — VIII : 178, 215, 372.
MAZARREDO Y SALAZAR (L'amiral Joseph-Marie). — VI : 23, 28 (n.).
MÉCÈNE (Caius Cilnius Mæcenas). — I : 492.
MÉCHIN (Alexandre-Edme, Baron). — V : 384.
MECKLEMBOURG (Le duché de). — I : 125, 402. — II : 493. — IV : 299. — V : 263. — VI : 391. — VII : 172, 516, 529. — VIII : 68.
MECKLEMBOURG-SCHWERIN (Duc et duché de). — IV : 299. — VII : 53 (n.), 87.
MECKLEMBOURG-STRELITZ (Duc et duché de). — IV : 299. — VI : 30. — VII : 53 (n.), 87.

Médée. — VI : 235. — VII : 99, 100.
Médicis (Les). — I : 112. — V : 94.
Méditerranée (La). — I : 245, 249, 273, 275, 319, 322, 328, 340, 370, 519. — II : 205, 206, 422, 455. — III : 118, 294, 404, 424, 459, 487, 527. — IV : 29, 267, 389, 392, 466, 467. — V : 34, 38, 39, 46, 51, 71, 102, 148, 192, 194, 218, 228, 240, 265, 277, 283, 299, 301, 309, 318, 340, 342, 343, 350, 403, 419, 433, 439, 441, 451. — VI : 20, 21, 30, 73, 75, 77, 88, 90, 97, 98, 104, 105, 107, 109, 112, 115, 140, 141, 150, 152, 160, 161, 175, 177, 198, 202, 204, 205, 211, 213, 223, 232, 250, 252, 255, 275, 280, 312, 313, 373, 412, 413, 429 à 431, 440, 442, 508. — VII : 38, 40, 54, 60, 70, 79, 96, 113, 194, 223, 232, 237, 245, 246, 259, 272, 331, 384, 395, 398, 399, 419, 506, 518, 525, 541, 567. — VIII : 95, 178, 192, 412.
Mehadia. — I : 526 (n.).
Méhée de la Touche (Jean-Hippolyte). — VI : 274, 341.
Méhémet-Ali. — V : 441, 445. — VII : 135, 162.
Mein (Le). — IV : 301, 334, 426. — VI : 470. — VII : 21. — VIII : 19.
Meiningen. — VI : 485. — VIII : 205.
Méjean (L'officier). — V : 413.
Mélac. — III : 471 (n.), 472 (n.).
Melanchthon (Philippe). — I : 482.
Mélas (Baron de), général autrichien. — V : 410. — VI : 36, 37, 40, 42 à 44.
Melun. — VIII : 264.
Memel. — I : 85. — VI : 231, 232, 235, 464. — VII : 138, 139, 143, 157, 158, 181, 209, 211. — VIII : 24.
Melzi-d'Éril (François), Duc de Lodi. — V : 178, 196. — VI : 180, 192 à 195, 279, 280, 283.
Méneval (Claude-François, Baron). — VIII : 305.
Mengaud (Antoine). — V : 293.
Menou (Jacques-François, Baron de). — II : 88, 93, 101 (n.), 102 (n.), 189 (n.), 197 à 200, 214, 293, 541. — III : 438. — IV : 337, 438. — V : 440, 442. — VI : 105 (n.), 148.
Menz (Secrétaire de légation autrichien). — VIII : 232 (n.).
Méphistophélès. — VI : 232.
Mercier de la Rivière. — I : 107. — III : 427.
Merck (Jean-Henri). — II : 10.
Mercy (Claude-Florimond de). — V : 403.
Mercy-Argenteau (Comte François de). — I : 51, 94, 153, 295 (n.), 299 (n.), 457. — II : 22, 45, 66, 82, 91, 132, 136, 143, 152, 176, 178, 182 à 185, 222, 236, 237, 243, 264 (n.), 270, 272, 273, 330, 341, 344, 356, 365, 424, 436, 489, 491, 509. — III : 3, 130, 131, 142, 320, 330, 333, 353, 367, 372, 423, 441, 450, 451, 462, 468, 469, 478 à 480, 490, 501, 548 (n.). — IV : 43, 58, 76, 80, 81, 85, 92, 135. — VIII : 54.
Mercy-Argenteau (Ambassadeur en 1813). — VIII : 54.
Mériage. — VII : 153.
Merle. — III : 128.
Merlin de Douai (Philippe-Antoine). — I : 169, 274. — II : 95 à 98, 198, 535. — III : 186, 286, 340, 356, 407, 521. — IV : 106, 126, 145, 147 (n.), 158 (n.), 168, 170 (n.) à 172, 175, 179, 184 à 186, 200, 214, 223, 232 (n.), 233, 236, 242, 257 à 259, 262, 264, 266 à 271, 274, 277, 282, 283, 292, 293 (n.), 304, 307, 312, 314, 315, 319 (n.), 320, 323 (n.), 327 à 332, 337, 339, 341, 342, 355, 366, 367, 374, 401, 421, 422, 427, 428, 440, 468 (n.), 470. — V : 23, 117, 222, 226, 253, 390, 427, 428, 467 (n.), 474. — VI : 14, 21. — VII : 468 (n.). — VIII : 451.
Merlin de Thionville (Jacques). — I : 252. — II : 192, 300, 433, 435, 437, 535. — III : 246, 288, 308, 349, 406, 517. — IV : 142, 147, 148, 175, 214, 263, 286, 330, 331, 338, 340, 355, 360, 361, 399 (n.), 422, 457.

Merry (Le ministre anglais). — VI : 200, 257.
Merveldt (Général). — V : 154, 155, 395. — VI : 463. — VII : 152, 199. — VIII : 191, 192, 193, 199, 205, 290.
Meseritz. — VII : 121.
Mesmer (Frédéric-Antoine). — I : 180.
Messaline. — VI : 171.
Messie (Le). — IV : 61.
Messine. — I : 60 (n.).
Messins (Les). — I : 256, 257.
Metternich (Prince Clément de). — I : 4, 158, 335, 350 (n.), 448 (n.), 458, 462, 478. — II : 271 (n.), 493, 556, 563 (n.). — III : 298 (n.) 424, 499. — IV : 87. — V : 232, 272, 273, 432. — VI : 59, 236, 334, 377, 396, 397, 421, 422, 461, 463, 464, 473 (n.), 475, 479 à 483, 486, 507. — VII : 18, 19, 27, 28, 49, 86, 190, 198 (n.), 205, 215 (n.), 217, 218, 224, 227 à 229, 230, 240, 273, 274, 276, 288 à 290, 293 à 295, 297, 300, 303, 304, 315, 316, 320, 331 à 334, 336, 340 (n.) à 342, 347, 348, 365 à 367, 371, 382, 383, 387, 388, 392, 394, 400, 407 (n.), 417, 427 à 429, 431, 440 à 442, 444, 445, 452, 454, 456 (n.), 511, 513, 543, 546 à 549, 552, 556 à 558, 569, 570, 573, 593. — VIII : 9, 13, 16, 30, 31, 33, 35 à 38, 41 à 50, 52 à 55, 72, 73, 77, 78, 80, 84 à 92, 94, 102, 106, 107, 110 à 114, 118, 121 à 123, 126, 128, 129, 131, 132 (n.) à 141, 144 à 150, 154 à 158, 160 à 173, 175 à 177, 179, 184, 188, 189, 194, 196 à 200, 203 à 211, 213, 216, 220 à 225, 228, 230 à 235, 238, 239, 242 à 245, 247 à 257, 265 à 267, 272 à 280, 283 (n.), 286 à 290, 292 à 296, 298 à 301, 303, 306, 307, 334, 335, 347, 359, 364, 368, 371 (n.), 376, 379 à 382, 385 à 387, 389 à 392, 394, 395, 397, 398, 404 à 407, 411 à 413, 418, 419, 421, 423 (n.), 428, 431, 441, 467, 475, 476, 478, 479, 492
— (Mme Clément de). — VII : 427.
Metternich (Mathias). — III : 120.
Metternich-Winneburg (François de). — II : 295 (n.), 353, 374, 427. — III : 366, 367, 372. — IV : 87. — V : 269, 273, 274, 277.
Mettra (Le journaliste). — III : 113, 181.
Metz. — I : 36 (n.), 254, 256, 263, 265, 416 (n.). — II : 41, 129, 141, 198, 228, 539. — III : 29, 30, 39, 98, 421, 422, 444, 450. — IV : 149. — VII : 383. — VIII : 477, 478, 496.
— (L'armée de). — III : 5, 27.
Meudon. — V : 44.
Meunier (Général Hugues-Joseph, Baron). — II : 543.
Meurs. — I : 432. — IV : 280.
Meuse (La). — I : 251, 256, 322, 367. — II : 316. 342 (n.), 472. — III : 30, 31, 64, 171, 182, 229, 337, 477 (n.). — IV : 44, 89, 151, 162, 177, 179, 221, 242, 244, 246, 339, 341, 399, 401, 430, 467, 468. — V : 165, 416, 417. — VI : 412, 485, 509. — VII : 418, 420, 421, 423, 438, 518, 520. — VIII : 10, 212, 280, 306, 351, 352, 472.
Mexique (Le). — VI : 75, 106, 175, 196, 285, 432. — VII : 256, 257.
Meyer (Délégué hollandais à Paris). — IV : 270, 271, 313.
Meyerinck (Le major). — IV : 134, 138, 139, 142, 147. 149, 184, 186, 197, 203.
Mézières. — IV : 44, 135.
Michaud (Général Claude-François). — IV : 77, 148.
Michel (L'agent de Tchernichef). — VII : 563.
— (Le grand-duc). — VI : 135.
— (Le palais), de Saint-Pétersbourg. — VI : 125, 129, 130, 138, 359.
Michel-Ange. — V : 84, 85, 88.
Michel de Lando. — V : 376.
— (Saint). — VII : 184.
Michelet (Jules). — I : 197, 443. — V : 54. — VIII : 316 (n.).
Michelson (Général Ivanovitch). — VII : 122, 136.
Micheroux (Ministre napolitain à Venise). — IV : 202, 268.

MIDI (Le). — II : 166. — III : 28 (n.), 133, 373, 385. — IV : 165, 234, 324. — V : 58, 120, 334, 454, 464. — VI : 49. — VII : 527, 594. — VIII : 99 (n.), 336.

MIER (Comte), Ministre d'Autriche à Naples. — VIII : 101 (n.), 102 (n.), 106, 156, 157 (n.), 177 (n.), 194 (n.), 195 (n.), 230 (n.), 232, 233, 235, 237.

MIGNET (François-Auguste). — I : 241 (n.), 284.

MILAN (Le décret de). — VII : 235, 237, 246.

MILAN et les MILANAIS. — I : 36 (n.), 43, 383. — II : 424. — III : 119, 133, 497. — V : 27, 34, 51, 61, 63, 68, 77 à 79, 81, 84 à 89, 100, 140, 165, 175, 196, 200, 201 (n.), 257, 296, 297, 315, 316, 319, 322, 369, 370, 389, 404, 408, 415. — VI : 20, 41, 44, 46, 56, 77, 418, 434, 435, 446. — VII : 115, 125, 232 à 234, 528. — VIII : 82, 122, 179, 271, 314, 352, 367, 447, 453, 497.

MILANAIS (Le). — I : 43, 80, 277, 289, 311, 393, 440, 443 (n.), 448. — III : 418. — II : 118, 498, 531. — IV : 75, 201, 236, 269, 358, 436. — V : 44, 55, 71, 72, 74, 75, 80 à 82, 89, 107, 120, 125, 142, 151, 154, 162, 197, 232, 256: — VII : 445, 511. — VIII : 120.

MILES (L'agent anglais). — III : 18, 140, 143, 220, 230, 257, 262, 405.

MILOCH-OBRENOVITCH (Prince). — VII : 135.

MILORADOVITCH (Général Michel, Comte). — VIII : 123 (n.).

MILORD MARÉCHAL. — I : 156.

MILTIADE. — V : 177.

MILTON (John). — II : 207.

MINCIO (Le). — V : 145, 244, 281. — VI : 43, 61, 89, 91, 484. — VIII : 35, 112, 115.

MINTO (Gilbert Elliot Ier, Comte DE). — V : 431. — VI : 79, 166. — VII : 500.

MIOLLIS (Général). — VII : 244, 260, 261.

MIOT DE MÉLITO. — I : 214 (n.). — III : 430. — IV : 172, 303, 389 (n.). — V : 34, 99, 154, 178, 207, 257. — VI : 220, 274, 278, 288, 509. — VII : 30, 58, 451.

MIQUELON (Ile). — IV : 34.

MIRABEAU (Riquetti, Comte DE). — I : 76, 92, 95, 107, 111, 114, 115, 125, 134, 143, 208, 237, 294 (n.), 316, 318, 406, 413, 414, 426, 427, 459, 463, 467, 473, 474, 477, 478, 480, 481, 485, 488, 490, 492 à 494, 497, 500, 551. — II : 1, 48 (n.), 24, 26 (n.), 36, 37, 39 à 42, 44 à 48, 86 à 90, 93, 94, 97, 104, 105, 114, 127, 129, 130, 138, 139, 142, 146, 147, 172, 185, 186, 189 (n.), 192, 266, 267, 270, 289, 297, 334, 336, 351, 388, 400, 402, 439, 444, 451, 483, 491, 512, 518, 522. — III : 9, 22, 75, 76, 195, 196, 388 (n.), 402, 428. — IV : 64, 262, 294, 298, 451, 454, 471, 475. — V : 53, 179, 182, 329, 338, 430. — VI : 33, 226. — VII : 141, 188 (n.), 208 (n.), 329.

MIRABEAU-TONNEAU. — I : 490.

MIRACLES (La Cour des). — II : 99.

MIRANDA (Général Francisco). — III : 20, 157, 163, 175, 251, 260, 273, 287 (n.), 337, 342.

MISSIESSY (Amiral Thomas Burgues, Comte DE). — VI : 430, 431, 438.

MISSISSIPI (Le). — III : 262. — VI : 196, 253.

MITTAU (Le palais de). — V : 354. — VI : 109, 409. — VIII : 14, 15, 320.

MODÈNE. — I : 392, 451. — II : 502. — III : 120. — V : 33, 76, 109, 110, 125, 154, 156, 236, 240, 241, 249 (n.), 432. — VI : 80, 82, 484. — VIII : 367, 436, 437.

— (Duc DE). — Voir : HERCULE-RENAUD D'ESTE.

MODESTE (La frégate la). — III : 489.

MOELLENDORF (Général Richard-Henri, Comte DE). — I : 115, 493. — II : 381. — III : 21, 112, 454, 492 — IV : 17, 56, 76, 77, 79, 82 à 84, 86, 89, 96 à 98, 133, 134, 138, 139,

142, 146, 148, 197, 203, 258. — VI : 319, 464, 481. — VIII : 22 (n.), 448.
Moeser (Juste). — I : 119, 426.
Mohammed-Ali. — VII : 500.
Moira (Lord). — IV : 34.
Moïse. — III : 119.
Moldavie (La) et les Moldaves. — I : 36 (n.), 524, 527. — II : 316 (n.). — IV : 250, 358 (n.), 360. — V : 368. — VI : 391, 490. — VII : 38, 103, 119, 122, 123, 128, 148, 150, 151, 171, 204, 225, 238, 249, 309, 318, 384, 499, 510, 540, 556, 557, 570.
Molé (Louis-Mathieu, Comte). — V : 467 (n.). — VI : 352. — VIII : 218 (n.), 221, 240, 416.
Molière. — I : 18 (n.).
Mollevaut (Étienne). — III : 410 (n.).
Mollien (Nicolas-François, Comte). — I : 169, 206, 241 (n.). — VII : 177. — VIII : 222, 417.
Molodetchna. — VIII : 3 (n.).
Mombello (Le château de). — V : 175, 176, 178, 186, 196, 207.
Momoro (Antoine-François). — IV : 63.
Monaco. — III : 309, 310.
— (Mme de). — II : 285, 292.
Monarchie (La). — III : 413. — IV : 250.
Moncey, duc de Conegliano (Le maréchal). — II : 547. — IV : 362, 368, 384. — VI : 366. — VII : 236, 244, 324, 377. — VIII : 325, 327, 344 (n.).
Mondovi. — V : 61, 62.
Monge (Gaspard), Comte de Péluse. — II : 514. — III : 8, 13, 157, 243, 254, 272, 291, 518. — V : 250, 253, 255, 256, 292. — VI : 6.
Monino. — Voir : Florida-Blanca.
Monk (Le général Georges), Duc d'Albemarle. — III : 335, 500. — IV : 412, 477. — V : 12, 19, 46, 57, 454. — VI : 8, 9, 49, 367. — VIII : 11, 154, 321.
Monnaie (La). — VII : 211.
Monroe (James), Président des États-Unis. — V : 22 (n.).
Mons. — I : 312. — II : 507. — III : 159, 161 à 163, 277, 284, 363. — VIII : 348.
Monsieur. — Voir : Louis XVIII.
Mont-Terrible (Le Département du). — III : 350.
Mont-Thabor (Le). — V : 446, 459.
Montagnards (Les). — III : 69 (n.), 73, 191 à 195, 238, 264 (n.), 266, 268, 269, 271, 280, 308, 341, 373, 377, 378, 383, 408, 410, 411, 413, 415, 439, 470, 507, 508. — IV : 105, 106, 109, 113, 116, 122, 216, 218, 231, 257, 262, 276, 281, 287, 335, 337, 350, 422, 438. — V : 5, 257, 477.
Montagne (La). — III : 75, 195, 207, 239, 378 à 380, 415. — IV : 71, 72, 103, 117, 120, 122, 123, 169, 216, 276, 286.
Montalembert (Marc-René, Marquis de). — III : 545.
Montalivet (Comte Jean-Pierre Bachasson de). — VII : 426, 465 (n.).
Montandré. — III : 28 (n.).
Montbéliard. — II : 18. — III : 395. — IV : 340. — V : 27. — VIII : 348.
Mont Blanc (Le). — V : 72.
Montclar (Baron de). — I : 79. — II : 197. — III : 472 (n.).
Montebello (Duchesse de). — VIII : 305.
Monténégro (Le) et les Monténégriens. — I : 451. — IV : 193 (n.). — V : 228. — VII : 39, 54, 135, 570.
Montereau. — VIII : 283.
Montesquieu (Charles de Secondat, Baron de la Brède et de). — I : 11, 15, 20, 27, 32, 35, 93, 100, 101, 103, 104, 119, 124, 189, 216, 237, 309, 313, 321, 337, 348, 359, 370, 371, 442, 507. — II : 192. — III : 426, 507, 509, 523. — IV : 158, 295, 475. — V : 57, 201, 288. — VI : 120. — VII : 497. — VIII : 186, 218, 260.
Montesquiou (L'abbé de). — II : 86 (n.), 189 (n.), 409 (n.). — VIII : 319.
— duc de Fezensac (Le général de).

— II : 541. — III : 87, 114 à 117, 124 à 127, 145, 197. — VIII : 3, 333.
Montessuy (de). — VIII : 321.
Montézuma (Les). — IV : 322. — VII : 279.
Montferrat (Le duché de). — I : 327.
Montgelas (Joseph Garnerin, Comte de). — I : 115. — V : 389. — VI : 84. — VII : 52, 486.
Monti (Le poète Vincent). — V : 177.
Montjoye (L'adjudant-général). — III : 353, 354.
Montluc (Blaise de). — VII : 478.
Montmartre. — II : 487. — III : 112. — VI : 503. — VII : 543. — VIII : 44, 180, 303, 308.
Montmédy. — II : 178, 536. — III : 30.
Montmirail. — VIII : 270, 276, 282.
Montmorency (Henri II, Duc de). — III : 193.
Montmorin (Comte de). — I : 79 (n.), 377, 387, 522, 523, 533, 534. — II : 3, 30 (n.), 31, 37 (n.), 55, 57, à 59, 66, 80 (n.), 82 à 85, 93 à 95, 119, 120, 122, 123, 125, 130, 156 (n.) à 159, 177 (n.), 178 (n.), 188, 189, 194 (n.) à 196 (n.), 232 (n.), 310, 321, 358, 397, 436, 437, 476, 479, 527.
Montpellier. — III : 233. — IV : 203, 323. — V : 272.
Montpensier (Antoine-Philippe d'Orléans, Duc de). — III : 57, 58, 352.
Montreuil (Jean de). — II : 270 (n.).
Montrond (de). — V : 475, 482. — VI : 222. — VII : 67, 76, 450. — VIII : 214, 431, 432.
Monza (Le trésor de). — VI : 434.
Moore (Général John). — VII : 330, 331.
Morand (Général Comte). — II : 548.
Morande (Charles-Thévenot de). — II : 301 (n.).
Moravie (La) et les Moraves. — I : 36 (n.), 85, 116, 136, 440, 526. — II : 72. — III : 22, 182. — VI : 490, 493, 503, 513, 517. — VII : 5, 36, 348, 353, 364.
Morawa (La). — VI : 494.
Morbihan (Le). — III : 349.
Moreau (Le général Jean-Victor). — II : 548. — III : 148. — IV : 77, 78, 318, 333, 472, 473. — V : 19, 22 (n.), 48, 56, 76, 95, 99, 106, 112, 121, 148, 154, 158, 168, 183, 222, 232, 390, 405, 407, 408, 412, 414, 429, 430, 435, 450, 459, 465, 471, 474. — VI : 13, 20, 37, 42, 43, 49, 51, 52, 79, 81, 83, 85 à 87, 89, 217 à 219, 315, 339, 340, 342, 343, 345, 346, 348, 349, 352, 354, 366, 367, 413, 447, 507 à 509, 516. — VII : 2, 148, 540, 582, 595. — VIII : 12, 100, 153, 154, 181 à 183, 189, 288.
— (Jean-Michel). — VI : 404 (n.).
Morée (La). — I : 36 (n.), 329. — VII : 171, 225, 239, 249.
Moréri (Louis). — I : 200.
Morgaten. — V : 312.
Morning Chronicle (Le). — VI : 439.
Mortain. — II : 126.
Mortefontaine. — VI : 182, 283, 294. — VII : 58, 339, 346, 347, 518, 528. — VIII : 219.
Mortemart (Général de). VII : 577.
— (Mme de). — VII : 430.
Mortier (Maréchal), Duc de Trévise. — II : 544 (n.), 548. — VI : 310, 366, 490.
Mortimer-Ternaux. — III : 34 (n.).
Morton-Eden (L'ambassadeur). — II : 369 (n.). — III : 441. — V : 120.
Moscou et les Moscovites. — I : 514, 516, 527. — II : 16, 557. — III : 37, 447. — V : 186, 258, 377, 444. — VI : 39, 125, 277, 361, 385, 492. — VII : 37, 196, 198, 506, 522, 523, 561, 564, 565, 575 à 577, 579, 585, 587 à 591, 593, 596, 597. — VIII : 4, 6, 31, 76, 86, 156, 167, 185, 204, 218, 325, 326, 328, 447.
Moscovie (La). — VI : 30, 256. — VIII : 489.
Moselle (La). — III : 250. — IV : 246, 465 (n.). — V : 280, 281, 416, 417. — VI : 412, 416 à 418, 509. — VIII : 10, 212, 352, 404, 439, 472.

— (L'armée de la). — III : 289, 373, 461, 538. — IV : 77, 147, 330.
Moser (Frédéric-Charles de). — I : 125.
Moskowa (La). — IV : 451. — V : 147, 185. — VII : 368, 565, 590. — VIII : 179, 500.
— (Prince de la). — Voir : Ney.
Mouche (Chevalier de la). — II : 32 (n.).
Moulin (Général Jean-Auguste). — V : 428, 436, 462, 469, 471, 472, 474.
Moulte (Le banquier). — III : 119.
Mounier (Jean-Joseph). — II : 4, 284 (n.), 328 (n.). — IV : 208, 209. — V : 467 (n.).
Mouradjea-d'Ohsson. — III : 435, 526.
Mourgue (Scipion). — II : 480. — III : 19, 406, 534 (n.).
Moustier (Général François-Élie, Marquis de). — II : 79 (n.), 156 à 160, 239 (n.), 240 (n.), 280, 321, 327, 339. — III : 41.
Mouton-Duvernet (Général). — VI : 514. — VII : 236, 244.
Moutte (Le banquier). — III : 293.
Moyen age (Le). — I : 538.
Mozart. — V : 79. — VII : 440.
Müffling (Général Frédéric-Charles, Baron de). — VIII : 460.
Mulgrave (Phipps, Vicomte de), Comte de Normanby). — VI : 410.
Mulhouse. — III : 395. — V : 294. — VIII : 348.
Müller (Jean de). — II : 10, 11 (n.), 15 (n.), 18 (n.). — III : 103, 107, 176. — VI : 332. — VII : 97. — VIII : 8.
Munich. — III : 417, 442. — V : 389, 393. — VI : 341, 457, 460, 477, 478. — VII : 17, 24, 89. — VIII : 53.
Münster-Ledenbourg (Comte de). — VII : 277, 291, 320. — VIII : 35, 46 (n.), 53 (n.), 94, 96, 138 (n.), 163, 189, 207, 249, 254 (n.), 256, 273, 274, 290, 471.
Munster. — I : 39 (n.), 115, 406. — VII : 89. — VIII : 363 (n.), 368.
Murat (Le maréchal), Roi de Naples, Grand-duc de Berg et de Clèves. — I : 170, 448 (n.). — II : 544 (n.), 546. — III : 298 (n.). — IV : 337. — V : 66, 93, 94, 176, 381, 385, 458, 465, 471, 475, 483. — VI : 107, 112, 140, 215, 352, 366, 369, 457, 477, 490, 511. — VII : 34, 45, 50, 51, 53, 56 (n.), 57, 64, 65, 75, 80, 82, 124, 132, 133, 216, 222 (n.), 229, 244, 254, 256 à 259, 262 à 264, 266, 267, 269, 277, 282, 283, 297, 298, 315, 336, 339, 347, 357, 378, 394, 430, 447 (n.), 454, 455, 470, 474 à 476, 485, 517 (n.), 519, 540, 544 à 548. — VIII : 28, 29, 41, 95, 100 à 106, 143, 156, 177, 184, 194, 230 à 239, 268, 352, 365 à 368, 372, 386, 387, 390, 391, 398, 411 à 414, 435, 436, 489, 490, 497.
Muratori (Louis-Antoine). — I : 383.
Murray (Le Colonel). — III : 367 (n.).
Muséum national (Le). — V : 72, 73.
— d'histoire naturelle (Le). — III : 518.
Musset (Alfred de). — V : 409.
Mustapha-Pacha. — IV : 250. — VII : 153, 195.
Musulmans (Les). — III : 277. — VII : 25, 395.
Muzquiz (de), Ministre d'Espagne. — IV : 31, 32, 234.

N

Naarden. — IV : 239.
Nabuchodonosor. — VII : 440. — VIII : 506.
Naillac (de). — II : 338 (n.), 409 (n.), 449, 480, 507. — III : 119, 120.
Namur. — I : 273 (n.). — II : 153, 457. — III : 277, 285, 343. — IV : 89. — VIII : 264, 348.
Nancy. — I : 83 (n.). — II : 141. — III : 290. — VIII : 301.
Nangis (Guillaume de). — I : 250.
Nansouty (Général Antoine-Champion, Comte de). — VII : 107.
Nantes. — III : 539. — IV : 123. —

VI : 507 (n.). — VII : 289, 290, 340.

Napione de Cocconato (Comte). — I : 395, 397. — V : 68.

Naples et les Napolitains. — I : 36 (n.), 43, 45, 60 (n.), 67, 69, 78 (n.), 79 (n.), 115, 128, 132, 167, 258, 261, 262, 277, 289, 296, 384, 385 (n.), 387, 388, 390, 448. — II : 238, 409 (n.), 418, 502, 558. — III : 118, 133, 137, 158, 208, 209, 212, 254, 255, 292, 293, 295, 296, 298, 301, 395, 397, 401, 417, 424, 425, 432, 459, 478 (n.). — IV : 25, 28, 98, 202, 268, 435, 458 (n.). — V : 46, 71, 90, 94, 96, 97, 100, 106, 111, 112, 142, 154, 188, 194, 197, 265, 283, 289, 291, 296, 301, 305, 323 à 325, 330, 342, 343, 345 à 348, 355, 357 à 362, 364, 368, 369, 372 à 381, 383 à 386, 389, 391, 407, 408, 412 à 415, 420 à 425, 432, 456, 474. — VI : 13, 20, 42, 66, 71, 97, 103, 106, 107, 112, 116, 140, 143, 144, 147, 151 à 153, 160, 164, 168, 174, 180 (n.), 184, 185, 191, 211, 213, 239, 252, 257, 283, 308, 312, 315, 320, 326, 327, 336, 356, 361, 373, 378, 392, 393, 408, 415, 446, 447, 454 à 456, 469 à 471, 484, 514, 515. — VII : 14, 16, 17, 22, 30, 31, 34, 36, 50, 51, 58 à 61, 65, 71, 79, 100, 117 à 119, 140, 157, 168, 185, 233, 237, 245, 261, 267, 269, 271, 279, 282, 283, 337, 339, 348, 378, 444, 446, 473, à 475, 519, 540, 541, 544, 547. — VIII : 41, 42, 75, 95, 101 à 104, 106, 140, 156, 177 (n.), 178, 179, 194, 195, 229 à 231, 233, 234, 236, à 239, 260, 349 (n.), 351, 366, 373, 390 à 392, 397, 401, 411, 412, 435, 436, 447, 495, 497, 507.

Napoléon Ier. — I : 4, 13, 44, 126, 169, 170, 246, 268, 282, 293, 335, 348, 367, 376, 377, 379, 380, 408, 418, 496. — II : 261 (n.). — III : 270, 295, 298 (n.), 325, 375. — IV : 169, 171, 176, 183 (n.), 225 (n.), 227 (n.), 266, 356, 357 (n.), 359 (n.), 363, 405 (n.), 457, 464, 469, 473 à 475. — V : 15, 17, 19, 22 (n.), 47, 48, 51 à 53, 55 à 71, 73, 181 (n.), 187, 273, 294, 330, 331, 335, 336, 338 340 (n.), 341, 386, 390, 402, 403, 428, 442, 447. — VI : 17 (n.), 22, 39, 47, 63, 121, 202, 217, 234, 235, 324, 339, 340 (n.), 364 à 368, 371 à 373, 375 à 388, 393 à 403, 405 à 409, 413, 415, 416, 418 à 427, 430, 432, 434 à 437, 440, 441, 444 à 451, 453 à 456, 458 à 464, 466, 468 à 484, 487 à 515, 517 à 519 (1).

Napoléon III. — V : 31 (n.). — VI : 319 (n.). — VII : 165, 181 (n.), 485. — VIII : 505, 509.

Narbonne-Lara (Comte Louis de). — I : 158. — II : 322 à 328, 333 à 336, 339, 341, 342, 358, 359, 365, 393, 397 à 399, 401, 409, 449, 536. — III : 506. — V : 33, 182. — VII : 564, 571, 574, 577. — VIII : 4, 16, 20, 27 à 29, 80, 86 à 93, 108, 109, 113 à 115, 118, 121, 128 (n.), 149, 150, 155 (n.), 158 à 160, 163, 165 (n.), 166, 169, 175.

Narewe (La). — IV : 188.

Narichkine (Mme). — VI : 387.

Narva. — VII : 169.

Nassau (Duché de). — I : 402, 435. — III : 105. — IV : 465 (n.). — VII : 53, 143, 424. — VIII : 197 (n.), 425.

— (L'archevêque Adolphe de). — III : 111.

— (Guillaume, Duc d'Orange). — VIII : 439.

Nassau-Saarbruck (Le). — III : 169 (n.). — VII : 53.

Nassau-Siégen (Prince de). — I : 532. — II : 74, 78 (n.), 254, 327 (n.), 464. — III : 54, 93, 366. — IV : 56, 94. — V : 325. — VIII : 343.

Natzmer (Major de). — VIII : 28, 55.

Naudin. — II : 261 (n.).

(1) Pour les tomes VII et VIII nous n'avons pas relevé le mot Napoléon qui se retrouve à presque toutes les pages.

Naumbourg. — VII : 98.
Nausicaa (Princesse). — V : 195.
Navarre (La). — I : 36 (n.). — II : 103, 183, 238. — IV : 203, 416. — VI : 326. — VII : 254, 263, 266.
Navarro. — IV : 143.
Nazareth. — V : 446, 458.
Necker (Jacques). — I : 115, 175, 213, 303. — II : 21, 55. — IV : 475. — VII : 286. 582.
Néerlandais (Le). — VIII : 442.
Neerwinden. — III : 348, 349. — VIII : 451.
Négrepont. — VII : 171.
Neipperg (Le général). — VI : 56, 57, 59, 60, 62, 63. — VII : 442. — VIII : 219 (n.), 234, 235, 238, 239, 335.
Neisse. — VII : 531.
Nélidof (Mlle de). — V : 352, 355 à 357.
Nelson (Horatio, Duc de Bronte, amiral anglais). — V : 342, 345 à 348, 350, 374, 381. 403, 406, 421 à 425, 432, 448. — VI : 42, 116, 148, 157, 169, 208, 275, 372, 431, 438 à 440, 453, 493.
Nerciat (Andrea de). — III : 113.
Neptune. — VI : 261.
Neri-Corsini. — I : 116. — IV : 100. — V : 117.
Néron. — III : 252, 333. — VI : 370.
Nesselrode (Charles-Robert, Comte de). — VII : 227, 512, 514 (n.), 544. — VIII : 7, 9 à 11, 62, 67, 68 (n.), 73, 85 (n.), 86, 115, 116, 118, 120, 121 (n.), 123, 126, 127, 131, 135, 136, 138 à 140, 142 (n.), 150, 199 (n.), 206, 207, 209 à 211, 213, 222, 228, 239, 249 (n.), 253, 256, 264, 266, 280, 298, 302 (n.), 314, 316, 317, 324 (n.), 343, 359, 360, 364, 369 (n.), 378 à 382, 384, 387 (n.), 421 (n.), 428 (n.), 431, 483, 492.
Nette (La). — V : 249 (n.).
Neuf de Naples (Le fort). — V : 423.
Neufchateau. — VIII : 348.
Neufchatel. — II : 317. — III : 17. — VII : 14, 21, 32, 34, 51. — VIII : 439.
— (Prince de). — Voir : Berthier.
Neuilly. — VIII : 461.
Neumarck. — VIII : 157.
Neustadt. — I : 133.
Neuville (Hyde de). — V : 351. — VI : 9. 10, 89.
Neuwied. — III : 181.
— (Princesse de). — III : 113.
Neuwinger. — III : 109.
Néva (La). — VII : 568.
Nevers. — IV : 234, 320.
Nevett. — IV : 148.
Newski (Alexandre). — V : 136.
New-York. — IV : 469.
Ney (Le maréchal), Duc d'Elchingen, Prince de la Moskowa. — II : 544 (n.), 547. — V : 214. — VI : 254, 366, 475, 492, 512. — VII : 110, 112, 124, 145, 324, 361, 378, 390, 425, 597. — VIII : 2, 56, 57, 184, 325 à 329, 332, 344 (n.), 415, 416 (n.), 428, 461, 465, 489, 490.
Nice. — I : 36 (n.), 43, 277, 279, 322. — II : 418, 450. — III : 116 à 118, 133, 168, 169 (n.), 201, 257, 278, 294, 295, 308, 388, 391, 395, 434, 459. — IV : 221, 235, 236, 269, 436. 455, 466. — V : 20, 21, 35, 50, 58, 74, 129, 215. — VI : 36, 42, 78, 152.
Nicée (Le Concile de). — VII : 565.
Nicolaï (Christophe-Frédéric). — I : 102. — II : 12 (n.).
Nicolas Ier Paulowitz de Russie. — V : 352. — VI : 138, 411 (n.). — VIII : 400.
Nicole (Pierre). — I : 174.
Niémen (Le). — IV : 188. — VII : 40, 137, 146, 152, 159, 167, 176, 177, 181, 186 à 188, 537, 549, 564, 565, 569, 571, 575, 576. — VIII : 3, 22, 39, 87, 89.
Nieuport. — VIII : 348.
Nil (Le). — I : 328. — V : 440, 444. — VI : 297. — VII : 525.
Nimègue. — I : 362. — III : 337. — IV : 164.
Nimes. — VIII : 336.
Niort. — II : 407.
Niou. — III : 377.
Noailles (Marquis de). — I : 301 (n.),

530 (n.), 535. — II : 24 (n.), 59 (n.), 66 (n.), 82, 84 (n.), 195 (n.), 112 (n.), 231, 243, 279, 337, 340, 344, 347, 348, 356, 364, 372, 412, 415, 425, 426, 428 à 430, 450.
— (Alexis, Comte DE). — VII : 595. — VIII : 11, 359 (n.), 382.
— (Maréchal Maurice, Duc DE). — I : 199.
NOEL (Jean-François-Michel). — II : 409. — III : 18 à 20, 81, 132, 139 à 141, 143, 156 (n.), 165 (n.), 214, 217 à 219, 230, 241, 404, 417, 424, 433, 528. — IV : 389 (n.), 391, 467 (n.). — V : 37, 227. — VI : 107 (n.). — VII : 104 (n.).
NOGARET (La famille des). — I : 252. — III : 517. — VII : 355.
NOGENT-SUR-SEINE. — VIII : 267, 304.
NOIRE (Mer). — I : 340, 504. 514, 524. — II : 205, 420. — III : 304, 398, 526. — VI : 105, 359, 490. — VII : 38, 54, 252, 506, 538. 564.
NOIRMOUTIER (L'île de). — III : 501.
NOOT (Henri VAN DER). — I : 138, 141. — II : 49, 51 à 54, 59, 64 à 66.
NOOTKA (Baie de). — II : 61, 84.
NORD (Le Cap). — V : 335.
— (Mer du). — I : 249. — IV : 270, 358, 389. — V : 102, 103, 334, 366, 391, 416. — VI : 483. — VII : 32. — VIII : 76, 178, 192.
— (L'armée du). — II : 457, 484. — III : 5, 25, 38, 79 (n.), 154, 160, 340, 365, 387, 406, 420, 421, 423, 433, 461, 536 à 538. — IV : 77, 88, 89, 150, 157 (n.), 158 (n.), 179, 238, 243, 245, 281, 332. — VII : 377.
— (Le). — III : 250, 377, 407, 423, 537 à 539. — IV : 76, 137, 165, 180, 308, 444. — V : 85, 100, 120, 133, 178, 334. — VI : 316, 322, 411, 477. — VII : 19, 105, 163, 422, 517, 527, 565, 567, 576, 580.
— (Département du). — II : 313. — III : 87. — VII : 520.
— (Les Cours du). — II : 420, 520. — III : 327, 397, 398, 418, 487, 528, 533. — IV : 181, 288, 360, 447. — VI : 234.
NORFOLK (Le Duc de). — VI : 297.
NORMANDIE (La). — I : 36 (n.), 248. — II : 40, 194 (n.), 248, 291. — III : 373, 448, — IV : 365. — V : 419, 454. — VI : 37, 49, 262, 263 (n.). — VII : 131, 151, 418. — VIII : 181 (n.).
NORMANDS (Les). — I : 443 (n.). — VI : 34, 493. — VII : 475 (n.)
NORTH (Frédéric), Comte de Guildford. — II : 44 (n.),
NORTHUMBERLAND (Le vaisseau). — VIII : 466.
NORVÈGE (La). — I : 528. — VII : 509, 566, 567, 584, 592. — VIII : 100, 152, 302, 352, 409.
NORVINS (Jacques Marquet, Baron de Montbreton, DE). — VI : 222.
NOTRE-DAME DE PARIS (Église). — VI : 51, 214, 350, 402, 406 à 408. — VII : 594. — VIII : 308, 345. 453.
NOUVELLE-HÉLOÏSE (La). — Voir : ROUSSEAU (Jean-Jacques).
NOVARRE. — V : 370.
NOVGOROD. — V : 133.
NOVI. — V : 430. — VI : 471, 504.
NOVOSSILTSOF (Nicolas). — VI : 302, 303, 388, 390, 392, 410 à 414, 416, 440 à 442, 447, 500 à 504. — VII : 174, 196, 197. — VIII : 10, 99, 243 (n.).
NOYON. — II : 296.
NUGENT (Général). — VII : 367. 382. — VIII : 161 à 163.
NUMA (Pompilius). — III : 119.
NUREMBERG. — I : 36 (n.). — IV : 69, 302. — VII : 84, 97.
NYON. — III : 124.

O

OBSERVATOIRE (L'). — II : 296.
OCARITZ (Joseph, Chevalier D'). — III : 232, 239, 263, 266. — IV : 234, 308, 320, 322.
OCCIDENT (L'empire d'). — V : 198. — VI : 45, 240, 258, 305, 309, 322, 364, 378, 384, 410, 436. — VII : 9, 24, 35, 50, 172, 435, 437, 457, 499. — VIII : 185.

OCCIDENT (L'). — I : 50, 276, 277, 469, 470, 511, 516 (n.). — III : 245 (n.). — IV : 8, 20, 446, 464. — V : 360. — VI : 445. — VII : 49, 129, 135, 175, 179, 308, 565. — VIII : 6, 186.

OCÉAN ATLANTIQUE (L'). — I : 98, 245, 271, 272, 275, 319, 322, 338. — II : 422. — III : 279. — IV : 231, 267, 357 (n.), 463 (n.), 467. — V : 102, 125, 254. — VI : 309, 437, 452, 455, 493, 508, 517. — VII : 13, 399, 420, 423, 478, 541. — VIII : 348, 446.

O'CONNOR (Arthur). — V : 49.

OCHS (Le bourgmestre de Bâle). — IV : 133, 134.

OCTAVE (Auguste), premier empereur romain. — I : 468, 469.

OCTOBRE (Les journées des 5 et 6). — II : 56, 520. — VIII : 467.

ODÉON (L'). — V : 222.

ODER (L'). — VII : 113, 118, 159, 186, 187, 225, 458, 466, 490, 509, 516, 536, 537, 553, 557. — VIII : 19, 26, 28, 48, 53, 59, 78, 122, 124, 137, 281, 374.

ODESSA. — VIII : 487.

ODYSSÉE (L'). — V : 195.

ŒDENBURG (La cathédrale d'). — IV : 11.

ŒDIPE. — V : 185. — VI : 518. — VII : 316.

ŒUF (Le fort de l'), à Naples. — V : 414, 423.

OGLIO (L'). — V : 81, 156, 157, 279, 325, 327. — VI : 78, 83. — VIII : 112.

OLDENBOURG (Le duché d'). — VII : 53 (n.), 453, 520, 535, 543. — VIII : 44 (n.).

OLÉRON (Ile d'). — V : 50.

OLMÜTZ. — III : 7. — VI : 491, 493 à 495, 497. — VII : 439.

OLSOUFIEFF. — VIII : 282.

OLYMPE (L'). — V : 80, 177, 353. — VII : 265.

OMPTEDA. — VII : 550. — VIII : 28 (n.).

ONEILLE. — III : 117. — V : 74.

OPÉRA (L'). — I : 203. — III : 149. — VI : 89, 351. — VIII : 320, 333.

OPORTO. — VII : 253, 360.

OPPERMANN (L'officier). — VI : 446.

ORANGE (Maison d'). — II : 413 (n.). — V : 27. — VI : 230. — VIII : 281, 425.

ORANGE. — I : 36 (n.). — II : 100, 102.

— (Jean-Guillaume-Frison, Prince D'), Stathouder de Frise et Groningue. — I : 361.

— (Guillaume-Georges-Frédéric, Prince D'). — I : 126. — III : 366, 548.

— (Le Prince D'). — VI : 199, 202. — VII : 103, 160. — VIII : 217, 280, 291, 294, 306, 459 (n.).

ORANGERIE DE SAINT-CLOUD (L'). — V : 476, 483, 485 à 487.

ORATOIRE (L'). — III : 343. — VIII : 427.

ORDRE DU 7 JANVIER 1807 (L'). — VII : 162.

ORENBOURG. — VI : 114.

ORESTE. — I : 52.

ORIANI (Barnabé, Comte). — V : 82.

ORIENT (L'). — I : 179, 250, 273, 277, 306, 327, 329, 333, 394, 450, 454, 469, 470, 503, 529, 532, 536. — II : 23, 35, 61, 62, 66, 70, 147, 148, 154, 156 (n.), 163 (n.), 164, 202, 204, 207, 216, 218, 221, 222, 224, 226, 244, 310 (n.), 420, 455, 533. — III : 136, 137, 198, 218, 301, 303, 304, 329, 398, 404, 435. — IV : 47, 50, 141, 224, 250, 358, 363, 364, 385, 465. — V : 48, 192, 193, 265, 297, 299, 301, 340, 343, 354, 369, 403, 418, 440, 443 à 445, 447. — VI : 106, 112, 160, 258, 305, 322, 335, 378, 391, 410, 411, 445, 477, 513. — VII : 25, 40, 46, 49, 60, 129, 135, 136, 153, 172, 175, 176, 179, 194, 198, 238, 299, 395, 400, 431, 440, 462, 506, 510, 553, 564. — VIII : 31, 196, 271, 360, 364, 374, 400, 440, 451, 473, 506, 510.

ORLÉANS. — II : 398.

ORLÉANS (La NOUVELLE-). — I : 373. — VI : 197.

— (Eugénie-Adélaïde-Louise D'). — III : 218.
— (Gaston D'). — VI : 183. — VII : 213. — VIII : 304.
— (Duchesse D'). — III : 471 (n.).
— (Louis-Philippe-Joseph, Duc D'), dit Égalité. — II : 55 (n.) à 59, 135, 220, 390, 393, 397, 401, 437, 509, 522. — III : 83, 342, 353, 369, 517. — IV : 140. — VII : 257. — VIII : 273, 452.
ORLÉANS (D'). — Voir : LOUIS-PHILIPPE Ier.
ORLOF (Général). — VI : 114.
— (Comte), Michel Fédorovitch. — VII : 583.
— (Alexis). — I : 515. — V : 136. — VI : 121, 125, 132.
— (Grégoire, Comte). — VI : 125.
ORMESSON D'AMBOILE (Le Fèvre D'). — I : 213.
ORPHÉE. — IV : 111.
ORSOVA. — I : 451. — II : 70, 222. — VII : 134.
ORSVAULT (Marquis D'). — Voir : MAUBREUIL.
ORTENAU (L'). — VI : 504. — VII : 15.
OSMOND (René-Eustache D'). — II : 189 (n.). — VIII : 348.
OSNABRÜCK. — IV : 254. — VII : 21. — VIII : 495.
OSSIAN. — V : 287.
OSSUN (Comtesse D'). — II : 330.
OSTENDE. — III : 285, 342, 343, 501.
OSTERMANN (Jean, Comte D'). — I : 532. — II : 170 (n.), 244, 376, 377, 464 (n.), 497. — III : 457, 458. — IV : 56, 192, 343, 395 (n.), 446.
OSTERODE. — VII : 120, 139, 145, 153.
OST-FRISE (L'). — I : 468. — IV : 254. — VI : 485, 499. — VII : 103. — VIII : 134.
OTCHAKOF. — I : 86, 520 (n.), 524, 527, 528. — II : 161, 163, 164, 205, 208, 216, 222, 244. — III : 481.
OTHON II (d'Allemagne). — VIII : 308, 509.
OTRANTE. — VI : 113, 280, 294, 309. — VII : 431.
OTT (Maréchal Pierre-Charles, Baron D'). — VIII : 12.
OTTO (Louis-Guillaume), Comte de Mosloy. — III : 433. — IV : 173. — V : 417 (n.), 434. — VI : 63, 102, 115, 147, 156, 158, 188, 189, 198, 200, 201, 207, 209, 213, 244, 256, 257, 259, 260, 459, 460, 474 (n.), 478 (n.). — VII : 353 (n.), 511. — VIII : 36, 38, 43, 44, 48 à 51, 80.
OTTOMAN (Empire). — Voir : TURQUIE.
OTTOMANS (Les). — IV : 230.
OUBRIL (D'), le chargé d'affaires de Russie à Paris. — VI : 323, 341, 345, 355 (n.), 356 (n.), 359, 361, 365 (n.), 379, 382, 383, 387. — VII : 20, 47, 48, 70 à 80, 84, 85, 93, 94, 150, 170, 563.
OUDINOT (Maréchal), Duc de Reggio. — II : 546. — V : 467 (n.). — VII : 34, 423, 448. — VIII : 183, 184, 327.
OUEST (L'). — III : 377, 378, 407, 463 (n.), 466, 500, 538. — IV : 44, 209, 234, 324 (n.), 325, 351, 354, 365, 367, 383. — V : 19, 40, 168, 435, 454. — VI : 34, 37, 49, 156, 176, 261, 274, 471, 507. — VII : 94, 131, 282. — VIII : 79.
OUEST (L'armée de l'). — IV : 146, 234, 382, 386. — V : 16, 49.
OUVAROF (Général Fedor-Petrovitch). — VI : 134.
OUVRARD (Gabriel-Julien). — V : 467 (n.). — VI : 222. — VII : 436, 446 à 450.
OVERISSEL. — I : 360.
OXENSTIERN (Axel, Comte D'). — II : 326.

P

PACCA (Barthélemy). — VII : 260, 362.
PACHE (Jean-Nicolas). — III : 77, 153 (n.), 170 à 174, 179 (n.), 224, 246, 248, 249, 252, 272, 277, 307, 407, 409, 474.

Pacte de famille (Le). — II : 83, 93 à 95, 421. — IV : 203, 390.
Pactole (Le). — III : 207.
Paderborn. — I : 39 (n.), 406. — IV : 299. — VIII : 363 (n.).
Padoue. — II : 228, 264 (n.).
Paget (Arthur). — VI : 332. — VII : 163 (n.).
Pahlen (Comte Pierre de). — VI : 122 à 130, 133 à 136, 139, 148, 151, 339. — VII : 197.
Paine (Thomas). — II : 146, 207, 438. — III : 15, 213, 281, 405.
Palafox y Melzi (Don José de). — VII : 278, 282, 325.
Palais d'Hiver (Le), à Saint-Pétersbourg. — VI : 135, 136, 359.
Palais de Justice (Le). — I : 228.
Palais-Royal (Le). — II : 58, 197, 509. — IV : 437. — VI : 241.
Palatinat (Le) et les Palatins. — I : 286, 311, 416 (n.), 433, 434. — II : 149 (n.), 201 (n.). — III : 109 250, 471 (n.), 472. — IV : 24, 100, 159, 161, 177, 188, 390. — V : 70, 126, 244, 280.
Palatine (La Maison). — III : 168. — IV : 299.
Palazzo reale de Milan (Le). — V : 80.
Palerme. — V : 375, 422, 424. — VI : 378, 438. — VIII : 177 (n.), 238, 239.
Palestine (La). — I: 328. — VII : 477.
Palm (Le libraire Jean-Philippe. — VII : 97.
Palma. — VI : 438.
Palmerston (Henri-John Temple, Vicomte). — VI : 411 (n.).
Paméla (Fille adoptive de Mme de Genlis. — V : 49.
Pamiers. — II : 141. — III : 47.
Pampelune. — IV : 368. — VII : 237, 244.
Pandours (Les). — II : 534 (n.).
Panine (Nikita-Pétrovitch, Comte). — I : 74. — V : 173, 216, 217. — VI : 32, 33, 54, 121 à 125, 139, 148, 222 (n.), 332, 339.
Panis (Étienne-Jean). — III : 517 (n.). — IV : 115.
Panthéon (Le). — V : 73. — VIII : 308, 448.
Paoli (Pascal). — I : 105, 161. — IV : 474. — VIII : 465.
Pape (Georges). — III : 98, 111.
— (Le). — I : 13, 16, 68 à 70, 81, 126, 128, 129, 132, 133 (n.), 167, 204, 229, 250, 251, 268, 327, 390, 395 (n.), 448. — II : 100, 101, 104, 117, 119 à 125, 128, 186, 195 à 197, 199, 200, 356, 502. — III : 119, 130, 133, 158, 209, 210, 212, 228, 270, 292 à 294, 297, 395, 424, 434. — IV : 369. — V : 27, 64, 91, 92, 107, 108, 148, 179, 431, 432. — VI : 76, 77, 79, 85, 87, 155, 156, 250, 316, 408. — VII : 407, 547.
Pâques et la Semaine sainte. — VI : 137, 215, 284.
— véronaises (Les). — V : 157.
Para (Le). — IV : 310.
Parandier. — III : 305, 399, 528, 533, 535. — IV : 50, 67, 181, 182, 360.
Paris. — I : 4, 48, 49, 78, 94, 102, 112, 114, 115, 143, 159, 160, 173 (n.), 185, 187 (n.), 201 à 203, 227, 248, 302, 307, 320 (n.), 329, 344, 347, 367, 376, 377, 397, 415, 448 (n.), 464, 493, 506, 516, 517, 525, 529. — II : 14, 17, 20, 21, 25 (n.), 26, 30, 32, 34, 40, 52, 59, 72, 85, 95, 107, 110, 112, 119, 125, 132, 136, 141 à 143, 147, 148, 151, 152, 157 à 159, 170, 174, 179, 181, 183 à 185, 188, 189, 194 (n.), 197, 211, 214, 217, 218, 220, 223, 227, 231, 232, 244, 245, 248, 249, 254, 266, 267, 270, 276, 279, 293, 296, 305, 313, 334, 338, 341, 342, 344, 346, 347, 362, 364, 366, 367, 372, 374, 380, 381, 388, 390, 391, 393, 396, 404, 410, 418, 419, 423, 425, 427, 430, 431, 438 à 440, 442, 449 à 452, 454, 460, 461, 464, 471, 472, 476, 479, 481, 482, 488, 490, 491, 505, 510, 511, 513, 521 à 523, 527, 529 (n.), 534, 544, 559, 562. — III : 4, 5, 7, 12, 14, 15, 17, 18, 20 à 22, 24 à 28, 30 à 33, 35, 37, 40,

41, 47, 51, 55, 56, 58, 65, 68, 74, 75, 88, 97, 103, 108, 110, 113, 115, 117, 122, 123, 137 à 140, 143, 147, 150, 163, 167, 169 (n.), 170, 176, 181, 182, 204, 207 à 217, 224, 225, 229, 230, 232, 240 à 242, 251 à 255, 257 à 259, 262 à 264, 266, 271, 273, 283, 286, 292 à 294, 300, 301, 305, 306, 317, 321, 323, 327, 333, 334, 341, 343, 348, 350, 353 à 360, 368 à 370, 381 (n.), 382 (n.), 398, 401, 405 à 409, 411, 414, 417, 421, 422, 433, 434, 439, 440, 455, 461, 469, 473, 479, 501, 506, 521 (n.), 528, 533, 537, 540. — IV : 20, 21, 25, 50, 63, 65, 70, 76, 80, 81, 91, 101, 104, 118 à 120, 126, 134, 136, 145, 180, 184 à 186, 197 à 200, 217, 218, 223, 228, 232, 236, 237, 243 à 245, 248, 249, 251, 257, 258, 268, 270, 272, 274, 276, 279, 281 à 289, 297, 298, 304, 309, 311, 317, 318, 321, 325, 332, 335, 336, 340, 341, 350, 351 (n.), 353, 354, 361, 362, 366, 371, 382, 383, 395, 400, 412 à 415, 425, 433, 436, 437, 442, 444, 473, 474. — V : 13, 15, 17, 28, 33, 52 à 57, 59, 61, 62, 64, 67 à 69, 73, 74, 76, 81, 83, 84, 90, 92, 94 à 96, 103, 106, 107, 113, 114, 116, 119 (n.), 122, 123, 130, 138, 140, 142, 150, 154, 158, 160, 163, 169, 171 à 174, 178, 190, 196, 198, 199, 203, 206, 207, 209, 212, 213, 216 à 219, 221, 222, 225, 226, 231, 232, 238, 239, 244, 246, 247, 250, 252, 254, 255, 257, 258, 265, 270, 272, 273, 284, 285, 287, 295, 296, 301, 306 à 309, 312, 314, 319, 321, 325, 328, 341, 360, 369, 370, 379, 383, 385, 386, 388, 392, 406, 407, 409, 420, 423, 428 à 430, 435, 436, 439, 443, 444, 455, 461, 467, 468, 470 à 472, 474 à 477, 482, 484, 486. — VI : 15, 34, 40, 44, 46, 47, 49 à 51, 54 à 57, 59, 61, 63 à 66, 71, 74, 75, 78, 80, 82 à 86, 88, 89, 94, 109, 110, 116, 117, 120, 125, 129, 137, 140, 144 à 147, 149 à 151, 156, 161, 165, 166, 172, 175, 181, 187, 188, 191, 199 à 201, 215, 219, 222 à 224, 229, 230, 235, 240, 241, 257, 262, 267, 269, 274, 278, 282, 286 à 288, 290, 295, 303, 310, 311, 316, 320, 322, 323, 327, 334, 338, 342, 343, 345, 346, 348 à 353, 355, 356, 365, 366, 368, 381 à 387, 392, 395, 396, 398, 399, 402, 405 (n.), 413, 419, 421 à 423, 426, 432, 433, 437, 440, 450 à 452, 466, 468, 471, 488, 493, 507, 508, 510, 513. — VII : 4, 6, 8, 9, 15, 20, 24, 26, 29, 34, 41, 43 à 45, 47 à 49, 52, 58, 60, 61, 69, 70, 72, 74, 76, 80, 83 à 85, 88, 91, 92, 95, 103, 105, 112, 115, 131, 133, 154, 155, 158, 177, 193 (n.), 201, 202, 210 à 212, 218, 228, 243, 257, 274, 276, 280, 285 à 287, 293, 294, 304, 315, 317, 318, 328, 331, 332, 336, 338, 339, 351, 359, 360, 370, 372 à 376, 378 à 381, 383, 388, 389, 391, 392, 394 à 396, 404, 405, 408, 409, 414, 419, 424, 425, 427, 428, 433, 435, 440 à 442, 466, 469, 510, 512, 515, 521, 522, 526, 528, 530, 532, 538, 544, 547, 548, 550, 552, 556, 559, 561, 566, 567, 587, 589, 594 à 596. — VIII : 2 à 4, 12, 18, 27, 28, 30, 37, 39, 43, 47, 62, 74, 76, 79, 80, 83, 88, 99, 100, 112, 125, 127, 142, 143, 147, 180, 185, 200, 201, 203 (n.), 208, 214, 215, 217, 221 à 225, 229 à 231, 234, 240, 242, 245, 247, 249, 250, 253 à 255, 259, 261, 266 à 270, 272 à 275, 277 à 279, 283, 284, 286, 298, 300, 301, 303, 304, 307 à 310, 314 à 317, 319 à 322, 324, 326, 328, 333 à 335, 337, 339, 341, 344, 346, 361, 368, 369, 377, 383, 386, 388, 395, 396, 399, 412, 413, 415 à 417, 420, 421, 425 à 428, 432, 434, 435, 448, 449, 451, 452, 454, 458 à 461, 463, 467 à 470, 474, 477, 481, 483, 485, 489 à 491, 493, 505.

PARISIENS (Les). — I : 202, 203, 228. — II : 110, 133, 490, 527. — III : 31, 33. — IV : 119. — V : 221, 255. — VI : 353, 492, 493. — VII : 286, 375. — VIII : 209, 468.

PARLEMENT (Le). — I : 60, 187 (n.),

199, 220, 251, 256, 377. — II : 125. — V : 114. — VI : 6, 183, 303. — VII : 193 (n.).

PARLEMENT (Le LONG). — IV : 437.

— ANGLAIS (Le). — I : 163 à 165, 341, 342, 344 (n.), 347, 351 à 353, 356. — II : 16, 205, 207, 383, 384, 438. — III : 186, 220, 227, 274, 320, 456, 457. — IV : 38 à 40, 442. — V : 41. — VI : 35, 42, 101, 170, 189, 197, 200, 267, 277, 298, 310, 412, 414, 440. — VII : 197, 200, 241. — VIII : 199.

PARME. — I : 36 (n.), 43, 67, 115, 128, 132, 327, 384, 392. — II : 502. — III : 120, 395. — V : 71, 96, 105 (n.), 197, 370, 432. — VI : 82, 113, 416, 449, 484, 504. — VIII : 140, 334, 365, 367, 436.

— (Le Duc DE). — Voir : LOUIS Ier DE PARME.

— (Le Duc DE). — Voir : FERDINAND (L'infant, Duc de Parme).

PARQUES (Les). — VI : 497.

PASCAL (Blaise). — I : 13, 18, 43, 90, 148, 188, 233. — V : 7.

PAS-DE-CALAIS (Département du). — VI : 382, 449.

PASQUIER (Étienne). — I : 266, 267, 312.

— (Étienne-Denis, Duc). — V : 467 (n.). — VI : 319 (n.). — VII : 336, 564, 594, 595. — VIII : 221 à 223, 305, 321, 322, 428 à 430, 462.

PASSAGE (Le port de). — IV : 145, 266, 321.

PASSARIANO. — V : 237, 245, 248. — VI : 82.

PASSAU. — IV : 299, 427. — V : 126, 190, 228, 231, 232, 243, 325. — VI : 393. — VII : 15, 273.

PASSEYK (Général). — V : 136.

PASTORET (Claude-Pierre, marquis DE). — II : 432.

PASVAN-OGLOU. — VII : 135.

PATRIE (La). — V : 342. — VII : 26.

PAUL (Jean). — I : 102.

PAUL Ier de Russie (Grand-duc). — I : 52, 53. — V : 43, 134, 136, 137, 160, 173, 251, 305, 351 à 361, 392, 404, 407, 410, 415, 419, 420, 431, 450. — VI : 32, 33, 53, 72 à 74, 87, 88, 90, 91, 94, 95, 98, 108, 109, 112 à 122, 124 à 135, 137, 139, 140, 142, 152, 163, 310, 339, 360, 361, 408, 409, 442, 489. — VII : 6, 57, 150, 197, 306, 309, 498. — VIII : 40, 327, 432.

PAULE (Jérôme-Joseph-François DE), Comte de Colloredo-Walsée et Mels. — VI : 504. — VII : 12, 15.

PAULUCCI (Marquis). — VIII : 14, 15, 21, 26.

PAULUS (Peters). — IV : 333.

PAVIE. — III : 168. — V : 78, 89, 97. — VIII : 495.

PAYAN (Claude-François). — IV : 115.

PAYS-BAS (Les). — I : 29, 66, 137, 258, 262, 266, 268, 273 (n.), 277, 280, 283, 284, 289, 296, 300, 302, 310, 313, 320 (n.), 321, 338, 339, 361 à 363, 440, 441, 443 (n.), 450, 453, 529. — II : 23, 52, 53, 55, 57, 60, 66, 73, 76, 92, 142, 147, 149, 150, 152, 154, 157, 170, 202, 223, 228, 254, 261, 294 à 296, 313, 343, 348, 349, 357, 360, 369, 372, 391, 397, 409, 410, 414, 417, 420, 427, 432, 436, 437, 452, 455, 457, 466, 467, 472, 481, 496 à 498, 519. — III : 56, 81, 87, 88, 91, 93 à 95, 130, 131, 149, 150, 168, 170, 219, 242, 256, 275, 277, 297, 316, 317, 322, 324, 348, 349, 354, 355, 366, 367, 372, 395, 419, 434, 440 à 442, 449, 450, 452, 460, 490. — IV : 12, 44, 47, 57, 77 à 79, 82, 83, 85 à 87, 91, 92, 97, 135, 136, 149, 191, 193, 194, 234, 297, 302, 329, 340, 345, 363, 385, 407, 420, 428, 429, 442, 465, 467, 470. — V : 30, 32, 33, 41, 42, 44, 46, 70, 113, 114, 120, 128 à 130, 154, 156, 171, 173, 174, 241, 242, 249 (n.), 256, 258, 283, 314, 357, 358, 404, 417, 432. — VI : 76, 98, 103, 167, 168, 196, 220, 300, 315, 336, 337, 390, 416 à 418, 420, 454, 466. — VII : 207, 445, 447, 511. — VIII : 95, 98, 140, 178, 216 (n.), 271, 272, 349, 351, 373, 407, 410, 439, 443, 472, 477, 478, 498, 499, 503.

PECHLIN (Baron). — II : 379.
PELET de la Lozère (Jean, Comte). — IV : 123, 147 (n.), 158 (n.), 170 (n.), 183, 223 (n.), 232 (n.), 238 (n.), 261, 287, 288, 441. — V : 457 (n.).
PELHAM (Le ministre anglais). — IV : 91.
PELLENC (Secrétaire de Mirabeau). IV : 298.
PELLEPORT (Le général, Vicomte Pierre DE). — II : 548, 549 (n.).
PELTIER (Jean-Gabriel). — VI : 245.
PENTECÔTE (La). — V : 78.
PEPE (Général Florestan). — V : 413.
PÉPIN LE BREF. — I : 254. — V : 179. 406. — VI : 386.
PERCEVAL (Spencer). — VII : 398.
PEREYRA (L'agent juif). — III : 355, 534 (n.).
PERGEN. — I : 88.
PÉRIGNON (Maréchal, Marquis DE). — II : 542. — IV : 146, 203, 234. — V : 36. — VI : 366.
PERLAS (Marquis). — I : 167.
PÉRONNE (L'entrevue de). — VII : 308.
PÉROU (Le). — I : 55, 371. — IV : 322. — VII : 256.
PERPIGNAN. — II : 292. — III : 290. — V : 259.
PERREAU (Jean-André). — IV : 173.
PERREGAUX (Alphonse-Bernardin, Comte). — V : 467. — VI : 7.
PERRONE (Le Comte). — I : 394.
PERRY (Jacques). — III : 140.
PERSE (La) et les PERSANS. — II : 110. — V : 27, 42, 103, 133. — VI : 30, 106, 424, 425. — VII : 53, 136, 138, 154, 156, 227, 237, 243, 565, 568.
— (Le Shah de). — Voir : FETH-ALI-SCHAH.
PERSIQUE (Le golfe). — V : 445. — VII : 136.
PERTHES (Frédéric-Christophe). — III : 102.
PERTZ (Georges-Henri). — I : 96.
PESCAIRE. — VI : 113.
PESCHERIA. — V : 90, 91, 99, 145. — VI : 61. — VIII : 281.
PESTALOZZI (Jean-Henri). — III : 15.
PETIET (Claude). — VI : 180.
PÉTION DE VILLENEUVE (Jérôme). — II : 69 (n.), 86, 101 (n.), 102, 104 (n.), 157, 198 (n.), 267, 362, 490. — III : 26, 67, 84, 195, 196, 381, 409, 410 (n.).
PÉTRARQUE. — V : 85, 88.
PEYSSONNEL (Charles DE). — I : 308.
PHARAON. — III : 85. — VII : 184, 586.
PHARISIENS (Les). — V : 271 (n.).
PHARSALE (La victoire de). — VII : 564.
PHÉLYPEAUX. — V : 309, 350, 446.
PHILIPPE Ier le Beau, Roi de Castille et des Pays-Bas. — I : 258.
PHILIPPE-AUGUSTE. — I : 209, 246 à 248, 253 (n.). — VI : 403. — VII : 123.
PHILIPPE LE BEL. — I : 248 à 252, 274, 319, 508. — II : 520. — III : 308. — VI : 4. — VII : 355, 379 (n.).
PHILIPPE VI DE VALOIS. — I : 253. — III : 2.
PHILIPPE II D'ESPAGNE. — I : 46, 56, 375. — II : 562. — IV : 73 (n.), 245. — V : 23.
PHILIPPE V d'Espagne, (Duc d'Anjou). — I : 127, 137, 288 (n.), 377, 380, 385 (n.). — V : 105 (n.). — VI : 53, 427. — VII : 220, 263, 267, 268, 326, 335, 441.
PHILIPPE DE HESSE, dit le Magnanime. — I : 481, 482.
PHILIPPEVILLE. — IV : 135. — VIII : 264, 348, 480, 481, 486, 488.
PHILOSOPHIE (La). — V : 23.
PHOCION. — II : 539.
PHULL (Le major). — VII : 18, 19, 97, 109, 157, 537, 576 (n.). 579. — VIII : 133.
PIATTOLI. — VII : 38.
PICARDIE (La). — I : 264. — III : 450. — VIII : 498.
PICCOLOMINI (Æneas Sylvius). — I : 255.
PICHEGRU (Le général Charles). — II : 547. — III : 148, 538 à 540. — IV : 77, 78, 89, 164, 198, 199, 245, 282, 286, 287, 313, 330, 337, 338, 355, 380, 412 à 415, 426, 440, 442,

443, 473. — V : 19, 46, 170, 212, 219, 221, 222, 232, 390, 450. — VI : 8, 49, 89, 218, 278, 285, 315, 340, 342, 343, 345, 346, 348, 349, 353, 354, 367, 368, 399. — VII : 37. — VIII : 11, 12, 181, 327, 335, 449, 453.

PICHLER (Le secrétaire de Marie-Thérèse d'Autriche). — I : 445 (n.).

PIE VI. — I : 133, 389. — II : 120, 123, 124, 195, 196. — III : 119, 211. — V : 415. — VI : 9.

PIE VII. — V : 291. — VI : 28, 36, 45, 65 à 67, 195, 201, 295, 361, 386, 402. — VII : 24, 25, 31 (n.), 34, 35, 65, 66, 157, 188, 189, 232, 244, 260, 261, 283, 284, 340, 346, 355, 362, 378, 379, 389, 405, 413, 437, 438, 443, 472. — VIII : 79, 226, 327, 349, 365.

PIÉMONT (Le). — I : 43, 97, 98, 311, 384, 385, 393, 394. — II : 17, 19, 168 (n.), 175, 502. — III : 115, 116, 118, 133, 198, 295, 296, 391, 395, 475. — IV : 26, 27, 75, 165, 201, 235, 269, 358, 359, 382, 384, 390 466, 467. — V : 34, 35, 55, 56, 63, 67 à 69, 75, 112, 142, 154, 157, 197, 228, 229, 283, 296, 315, 316, 318, 325, 339, 355, 363, 368, 370, 371, 389, 390, 404, 408, 409, 412, 431 à 434, 451. — VI : 20, 21, 25, 36, 56, 80, 97, 112, 142, 152, 159, 160, 163, 164, 167, 171, 172, 183, 185, 186, 192, 213, 252 à 254, 256, 257, 260, 264, 271, 298, 304, 310, 314, 391, 412, 416, 417, 435, 454, 509. — VII : 36, 375, 388 (n.), 422, 474, 541. — VIII : 44 (n.), 140, 271, 280, 367, 373, 497, 505.

PIÉMONTAIS (Les). — I : 397. — III : 116, 117, 341. — IV : 201, 235. — V : 51, 55, 61, 65 à 67, 72, 74, 75, 80, 112, 177, 372, 409, 411. — VI : 180.

PIERACCHI (Comte). — V : 107.

PIERRE LE CRUEL, Roi de Castille. — V : 43.

PIERRE LE GRAND. — I : 49, 51, 124, 126, 168, 345 (n.), 513, 514, 516. — II : 74, 250 (n.). — IV : 140. — V : 187. — VI : 69, 114, 126, 135, 256, 389. — VII : 39, 169, 188, 233, 568, 578, 582. — VIII : 6, 342, 489.

PIERRE Ier (Pétrovitch Niégouch). — VII : 135.

PIERRE III de Russie. — I : 50 à 53, 158, 160, 169, 515 (n.). — V : 133, 134, 136, 352. — VI : 123, 126, 140, 408. — VII : 197.

PIGAULT-LEBRUN. — VII : 256, 285.

PIGNATELLI (Prince de Belmonte). — V : 90.

PIGNEROL. — I : 278.

PIKTUPÖHMEN. — VIII : 22.

PILLE (Général Louis-Antoine, Comte). — III : 361.

PILLNITZ (La déclaration de). — II : 259 à 261, 263, 264, 288, 397. — III : 21. — VI : 55. — VIII : 243.

PILLNITZ. — I : 478, 479 (n.). — II : 224, 251 à 254, 258 à 261, 263, 264, 276, 288, 397. — III : 21. — VII : 572.

PILPAY. — III : 119.

PINDEMONTE (Hippolyte). — II : 17.

PINEL (Docteur). — VII : 360.

PIOMBINO. — VI : 113, 436 (n.).

PIRMASENS. — III : 495.

PISANI (Le Vénitien). — I : 201 (n.).

PISTOIE. — II : 18.

PITT (William). — I : 94, 165, 210, 335, 349 à 353, 357, 367, 531, 532. — II : 29, 30, 58, 60, 95, 144, 147, 154, 162, 175, 205 à 208, 288, 336, 383, 384, 387, 388, 390, 438. — III : 18, 20, 139, 141 à 143, 215, 218 à 221, 224, 225, 229, 242, 244, 255, 257, 272 à 275, 277, 280, 281, 320 à 322, 324, 344, 385, 458, 459, 470, 473, 476, 502, 506, 514, 536. — IV : 34 à 41, 62, 79, 91, 92, 205 à 210, 213, 215, 255, 385, 400, 406, 417, 442, 460, 461, 476. — V : 15, 24, 28, 40, 42, 113, 114, 121, 138, 171, 172, 192, 251, 288, 350, 351, 357, 419, 433. — VI : 23, 33 à 36, 38, 100 à 102, 106, 115, 141, 158, 159, 168, 170, 205, 208, 209, 239, 245, 246, 249, 267,

276, 277, 297, 299, 300, 314, 336, 338, 371 à 374, 390, 410 à 414, 416, 440, 441. — VII : 28, 29, 85, 147, 159, 206, 398. — VIII : 98, 247, 448.
— (Comte de Chatham). — I : 164, 165, 343, 352. — II : 205, 326. — V : 114. — VI : 205, 239, 300.
Pizzo. — VIII : 489.
Plaine (La), parti politique. — III : 73, 345, 379, 410. — IV : 111, 113, 114, 116, 117, 120, 122, 123, 169, 216.
Plaisance. — III : 120, 395. — VI : 113, 416, 449, 484, 504. — VIII : 44 (n.), 334.
— (L'évêque de). — VIII : 226.
Planat. — VII : 577.
Plantagenet (Henri). — VI : 300.
— (Les). — I : 443 (n.).
Plasenisa. — VII : 378.
Platon. — V : 382.
Pleiswitz (L'armistice de), 4 juin 1813. — VII : 367. — VIII : 130 à 133, 166.
Pléville le Pelley (Georges-René). — V : 209.
Plock. — III : 316.
Plutarque. — I : 150, 184. — II : 74, 379, 538. — III : 56, 176, 484, 510. — IV : 20. — V : 457.
Plymouth. — VI : 200.
Pô (Le). — V : 156, 157, 239, 244, 245, 325, 407. — VI : 78, 198, 393, 416, 417. — VIII : 115, 365.
Podewils (Ministre prussien). — I : 37.
Podolie (La). — III : 316, 482.
Poitiers. — IV : 237. — VI : 451.
Poitou (Le). — I : 36 (n.), 145. — II : 488. — VI : 49.
— (L'armée de). — III : 502.
Polanesen. — VI : 232.
Polastron (Mme de). — II : 284, 292.
Poliarque. — I : 272.
Police (La). — IV : 118, 119.
Polignac (Prince Jules de). — II : 253, 258, 260. — III : 480. — IV : 465 (n.). — V : 219. — VIII : 299.
Pologne (La). — I : 16, 23, 31, 32, 36 (n.), 39 à 41, 43, 62, 64, 66, 67, 89, 93 à 95, 108, 110, 111, 117, 126, 152, 153 (n.), 155, 161, 184, 224, 290, 292, 295, 300, 311, 313, 316, 317, 323, 340, 345, 385 (n.), 392, 415 (n.), 440, 444, 445 (n.), 448, 449, 451 à 453, 455, 457, 467 à 470, 474, 492, 495, 502, 503, 505, 507, 509, 510 à 512, 517, 522, 527, 529, 530, 534 à 536, 543, 545, 546 (n.). — II : 20, 42, 61, 63, 68, 69, 155, 163, 202, 209, 211 à 218, 221, 224, 236, 243 à 245, 253, 258, 259, 279, 280, 324, 347, 348, 363, 364, 369, 370, 374 à 378, 404, 407, 410, 411, 414, 415 (n.), 420, 426, 432, 443, 450, 453, 455, 458 à 460, 462 à 470, 480, 481, 494 à 498, 500, 502, 557, 560, 561, 564. — III : 45, 62, 91, 92, 128, 129, 131, 136, 168, 187 (n.), 215, 218, 248, 276, 304 à 306, 313 à 318, 320, 323 à 326, 329, 330, 352, 356, 365, 395, 396 à 399, 412, 418, 420, 440, 441, 443 à 445, 448 à 458, 460 à 463, 468 (n.), 481, 490 à 498, 526, 528, 545. — IV : 1, 9, 16 à 19, 35, 44, 45, 47 à 54, 56, 57, 67, 68, 77, 79, 80, 82, 83 à 86, 93 à 96, 134, 136, 139, 141, 142, 150, 173, 179, 180 à 182, 186 à 192, 194, 195, 205, 224, 226 à 228, 238, 247 à 254, 256, 283, 289, 290, 305 à 309, 315, 345, 346, 356 (n.), 359, 360, 378, 393, 394, 397, 403, 404, 419, 420, 432, 445, 447, 452, 457, 458, 460, 469. — V : 25, 26, 29, 30, 32, 42, 127, 129, 132, 156, 158, 169, 174, 188, 227, 232, 233, 235, 253, 257, 281, 304, 306, 330, 335, 350, 366, 401, 404, 415, 432. — VI : 30, 72, 122, 151, 170, 217, 236, 251, 252, 286, 302, 311, 321, 335, 375, 388, 409, 413, 417, 418, 422, 429, 443 (n.), 444, 446 (n.), 459, 465 à 467, 477, 490, 497. — VII : 3, 36 à 38, 46, 49, 53, 54, 91, 106, 110 à 113, 116, 119, 121, 123 à 128, 130, 134 à 137, 139, 144, 150, 151, 155, 156, 163, 168, 171, 178, 185, 186, 196, 202, 226, 229, 230, 238, 249, 249 (n.).

281, 296, 298, 299, 306, 307, 314, 320, 348, 354, 357, 363, 379, 382, 384, 395, 400 à 403, 416, 417, 426, 428, 429, 432, 433, 444, 455, 457, 458, 479, 480, 496, 498, 506, 516, 520, 521, 532, 533, 536, 539, 540, 541, 543, 557 à 559, 564, 570, 572, 574, 575, 577, 578, 580, 584, — VIII : 6 à 8, 13, 16, 25, 31, 46, 49, 68, 69, 73, 75, 86, 88, 90, 119, 122, 123, 146, 196, 198, 218, 219, 240, 244, 249, 250, 252, 263, 271, 272, 274, 284, 291 à 293, 306, 347, 351, 360, 361 à 363, 373 à 375, 379 à 381, 384, 385, 390, 393 à 397, 399, 401, 403, 405, 409, 461, 489, 497, 502, 503, 505.

— (Le Roi de). — I : 13, 14 (n.), 44, 73, 406. — II : 212, 213, 215 (n.), 332. — VI : 408. — VII : 128, 132, 336, 511, 515. — Voir : Jean Casimir, Auguste II, Stanislas-Auguste.

Polonais (Les). — I : 32, 71, 87, 121, 160, 184, 281, 307, 402, 442, 444, 505, 508 à 511, 514, 519, 524, 529 à 531. — II : 16, 68 à 72, 154, 155, 214 à 216, 218, 244, 245, 455, 459 à 463, 481, 495, 500, 557, 563 (n.), 564. — III : 120, 130, 181, 182, 186, 305, 317, 323, 397, 399, 443, 445, 453, 456, 457, 482, 493, 495. — IV : 11, 17, 47, 48, 50 à 53, 56 à 58, 67, 68 (n.), 82, 137, 141, 180, 181, 187, 190, 193, 230, 249, 250, 318 (n.), 343, 360, 431, 445 à 447. — V : 27, 29, 111, 226, 358, 373, 407. — VI : 72, 91, 120, 161, 173, 376, 388, 409, 460, 467. — VII : 38, 111 à 113, 126, 127, 130, 131, 148, 163, 192 (n.), 196, 221, 224, 238, 319, 357, 363, 379, 380, 386, 400, 401, 403, 416, 454, 458, 470, 506, 508, 509, 515, 520 à 522, 535, 536, 540, 578 à 580, 583, 585. — VIII : 4, 6 à 8, 51, 72, 183, 403, 405.

Polotzk. — I : 70 (n.). — II : 216.

Pombal (Dom Sébastien de Carvalho e Mello, Comte d'Oeyras, Marquis de). — I : 116, 126, 128, 168. — II : 381.

Poméranie (La). — I : 87, 97, 269, 403. — II : 202 (n.). — III : 306. — VI : 421 à 423, 464. — VII : 74, 91, 163, 185, 509, 529, 559, 566. — VIII : 181, 302 (n.), 409.

Pompadour (Mme de). — I : 72, 487, 515.

Pompéi. — V : 381. — VII : 589.

Pompignan (Lefranc de), évêque de Vienne. — II : 123.

Pondichéry. — IV : 34, 204. — V : 27, 128. — VI : 185.

Poniatowski (Général Stanislas). — VII : 357, 379, 380, 540. — VIII : 72.

Pons de Verdun (Robert). — II : 409 (n.). — IV : 333.

Ponte-Corvo. — I : 69. — VII : 51, 65, 66, 216, 473. — VIII : 352, 437.

Pontécoulant. — Voir : Doulcet.

Pont-Neuf (Le). — I : 202. — VIII : 345.

Popilius. — II : 311 (n.). — IV : 183, 264. — V : 218, 339. — VIII : 121.

Popincourt (La caserne). — VII : 595.

Porentruy. — III : 122, 124, 168, 204, 350.

Porsenna. — III : 151.

Portalis (Jean-Étienne-Marie). — I : 169, 241 (n.), 436 (n.).

Porte (La). — Voir : Turquie.

Porte romaine de Milan (La). — V : 78.

Portiez de l'Oise. — IV : 154, 163, 430, 468 (n).

Portland (Duc de). — Voir : Bentinck.

Port-Royal. — I : 174.

Portsmouth. — IV : 365.

Portugal (Le) et les Portugais. — I : 36 (n.), 67, 116, 128, 132, 144, 277, 340, 373. — II : 404. — III : 215, 300, 322, 459, 531. — IV : 173, 221, 237, 238, 265 à 267, 309, 310, 389, 435. — V : 28, 105, 191, 259. — VI : 19, 28, 53, 75, 103, 106, 107, 113, 141, 152 à 154, 157, 160, 168, 174, 175, 186, 196, 213, 259, 263, 315, 327, 415, 425, 439,

450, 514. — VII : 70, 74, 100, 107, 185, 187, 188, 211, 212, 216, 217, 219, 232, 234, 236, 237, 253, 254, 260, 271, 277, 279 à 282, 284, 330, 360, 363, 369, 376 (n.), 394, 395, 398, 446, 454, 459, 466, 517, 518, 525, 540, 559, 569, 575. — VIII : 41, 82, 95, 291, 348, 350, 381, 398, 449.

Posa (Marquis de). — Voir : Schiller.

Poscherun (Le moulin de). — VIII : 23.

Posen. — II : 70, 316 (n.), 500. — III : 316. — VI : 466. — VII : 40, 110, 112, 113, 121, 125, 128, 578. — VIII : 14, 58, 59, 196, 362, 394, 405, 406, 409.

Posnanie (La). — IV : 137. — VII : 357.

Potemkine (Général, Prince). — I : 86, 169, 515, 525, 527, 528, 535. — II : 216, 324, 459. — IV : 7, 8. — V : 137. — VI : 153, 203. — VII : 513.

Poterat (Marquis de). — I : 76. — III : 393, 423, 424. — IV : 397, 398, 401, 425, 432. — V : 32, 33, 35.

Pothier (Robert-Joseph). — I : 206.

Potocki (Ignace). — III : 350 — IV : 54, 55.

Potocka (Comtesse). — VII : 440. — VIII : 6 (n.).

Potsdam. — I : 181, 485. — II : 290, 471. — III : 48. — V : 182. — VI : 369, 397, 472, 478, 486. — VII : 106, 108, 344. — VIII : 17, 26, 56, 254.

Potter (Paul). — V : 96.

Pougatchef ou Poutgatchew (Yemelka). — II : 33. — III : 306. — VI : 118.

Pouille (La). — VI : 393.

Poussielgue (Jean-Baptiste). — V : 112, 265, 299.

Pozzo di Borgo (Charles-André, Comte de). — VI : 222 (n.), 332. — VII : 122, 134, 286, 339, 444, 572. — VIII : 182, 189, 190, 206, 213, 253, 255, 256, 265, 301, 317, 324 (n.), 331, 345 (n.), 369 (n.), 371 (n.), 377, 378, 382, 387 (n.), 396, 409 (n.), 411, 417 (n.), 421 (n.), 424 (n.), 428 (n.), 432 (n.), 433, 456 à 458, 461 (n.), 463, 477, 479, 483, 485, 488 (n.), 489.

Prado (Le). — VII : 263.

Pradon (Nicolas). — I : 236 (n.).

Pradt (Dominique Dufour, abbé de). — I : 138, 497. — IV : 85. — VI : 319 (n.). — VII : 559, 574, 579, 580. — VIII : 300, 316, 317.

Praga. — IV : 187. — VII : 125.

Pragmatique Sanction. — I : 25.

Prague. — I : 82 (n.), 86, 136, 200. — II : 258, 260, 277, 278. — VI : 90, 106, 457, 458, 500. — VIII : 52, 81, 115, 124, 133, 150, 155, 156, 161, 164, 175, 176, 245.

Praslin (de). — II : 86 (n.).

Pratzen. — VIII : 325.

Prémontrés (Les). — III : 98.

Préobrajenski (Le régiment de). — VI : 129, 130.

Presbourg. — I : 447 (n.). — V : 65. — VII 15.

Présides (Les). — I : 43.

Prétendant (Le). — Voir : Charles-Édouard.

Price (Richard). — II : 146.

Priestley (Joseph). — II : 146. — III : 15, 20.

Prieur de la Côte-d'Or. — III : 383 (n.), 407, 508 (n.), 513, 514 à 516 (n.). — IV : 89, 103, 126, 132, 151, 169, 440.

— de la Marne. — II : 192, 535. — III : 83, 381 (n.), 383 (n.), 407, 430, 475 (n.), 508 (n.), 513, 515. — IV : 145 (n.), 147 (n.), 169, 223 (n.), 238 (n.), 262.

Prigent (Officier breton). — IV : 208.

Prina (Joseph, Comte). — V : 68.

Prince Noir (Le). — VI : 38, 300. — VIII : 506.

Principautés (Les). — VII : 39, 110, 122, 151, 162, 223, 225, 230, 247, 308, 314, 343, 350, 426, 559.

Priocca (Le chevalier Clément-Damiano de). — V : 68.

Probst. — III : 534 (n.). — IV : 69.

Probus. — I : 271.

Proly (Le Belge). — III : 355.
Prométhée. — II : 250 (n.). — V : 183.
Prony (Gaspard-Marie Riche, Baron de). — III : 518.
Protée. — I : 21.
Proudhon (Pierre-Joseph). — VIII : 462 (n.).
Provence (Le Comte de). — Voir : Louis XVIII.
— (La). — I : 250, 254. — II : 92, 99, 102, 197. — IV : 316. — V : 8, 58, 80, 460. — VI : 21, 255, 435. — VII : 116, 375. — VIII : 78, 415, 489.
Providence (La). — I : 12 (n.), 17, 51, 173, 174, 260, 315. — II : 163, 400 (n.), 475, 530 (n.). — III : 309 (n.). — IV : 104. — V : 78, 185. — VI : 8, 86, 117, 124, 247, 273, 324, 345, 384, 385, 408, 510. — VII : 64, 128, 161 (n.), 257, 265, 305, 308, 537 (n.), 592. — VIII : 24, 54, 59, 61, 64, 85, 229, 255, 256, 275, 283, 339, 472, 491, 499.
Provinces-Unies (Les). — I : 14 (n.), 15, 66, 126, 320 (n.), 360 à 363, 366. — II : 50, 52, 412 (n.), 454. — III : 95. — IV : 47, 199, 242, 274, 282, 314, 319. — V : 171. — VI : 255. — VII : 160.
Provart (Abbé). — II : 123 (n.).
Prudhomme (Louis-Marie). — III : 211.
Prud'hon (Pierre). — V : 52.
Prusse (La). — I : 14 (n.), 27, 29, 31, 34, 36 (n.), 39, 40, 92, 94, 96 à 98, 110, 111, 114 à 116, 119, 124, 125, 132, 134, 135, 144, 151, 152, 159 (n.), 160, 167, 177, 181, 204, 289 à 291, 294, 304, 306 à 308, 311, 314, 317, 321 à 323, 326, 333, 339, 349, 353, 365, 366, 393, 394, 402, 405 (n.) à 407, 412 à 414, 418, 419, 431, 433, 440, 442, 449, 450, 452, 454, 463 à 471, 473 à 475, 482, 484, 488, 490, 492 à 500, 509, 520, 522 à 524, 526, 528 à 533, 535, 536, 545, 546 (n.). — II : 23, 25, 26, 32, 42, 52, 54, 55, 57, 58, 60 à 62, 66 à 75, 82, 92, 137 (n.), 138, 148, 152, 154 à 159, 160 à 162, 164, 181 à 183, 202, 205, 208, 209, 211, 216, 221, 223, 224, 226, 228, 231, 232, 234, 235, 239 à 241, 244, 253, 258, 281, 289, 291, 292, 316 (n.), 325, 333, 337, 339 à 341, 344, 347, 349, 352, 353, 355, 358, 361, 364 à 366, 368 à 371, 376 à 378, 382, 399, 403, 414 à 417, 420, 426, 427, 431, 432, 437, 442, 443, 445 à 450, 452, 453, 456, 458, 459, 461, 464 à 469, 472, 474, 479, 493, 496 à 500, 502 à 507, 510, 551, 553 à 556, 559. — III : 19, 21 à 23, 43, 45, 46, 52, 54, 56, 61, 62, 77, 80, 82, 91 à 93, 95, 113, 120, 128 à 131, 141, 149, 150, 168, 179, 181, 182, 201, 218, 223, 226, 296, 297, 305, 306, 313 à 317, 325, 329, 330, 366, 371, 394 à 398, 400, 401, 418, 420 à 423, 425, 433, 440, 441, 443, 448, 449, 452, 454 à 458, 460, 481, 490 à 493, 496, 497, 529 (n.), 531, 533. — IV : 14, 16 à 19, 28 (n.), 30, 32, 33, 42 à 44, 46, 50, 52, 56, 57, 76, 79, 82, 92, 94 à 96, 98, 99, 134 à 136, 141 à 144, 149, 163, 173, 176 à 180, 182, 183, 185, 186, 188, 190 à 193, 195 à 198, 203, 205, 221, 223 à 226, 228, 235, 240, 247, 249, 250 à 256, 265, 269, 270, 277 à 279, 283 à 285, 288 à 292, 296 à 303, 315, 322, 330, 334, 338 à 343, 345, 346, 351 (n.), 354, 356 à 360, 364, 393 à 396, 401 à 404, 410, 417, 419, 420, 423 à 425, 428, 431 à 434, 443, 444, 446, à 448, 458, 460, 464 à 466, 470. — V : 28, 29, 31, 33, 45, 75, 92, 97, 104, 115, 119, 120, 122, 126, 127, 135, 158, 160, 171, 173, 182, 190, 191, 218, 232, 238, 239, 242, 252, 255, 260 à 263, 267, 269, 274 à 278, 280, 303 à 306, 310, 325, 326, 328, 330, 331, 333 à 339, 354, 356, 357, 359, 360, 362, 365, 390, 393, 416 à 418, 427. — VI : 19, 22, 28, 30, 33, 38, 39, 53, 71, 72, 74, 75, 80, 83, 84, 87, 92, 93, 107, 119, 129, 143, 145, 147, 158, 169, 170, 171, 191, 201, 204, 219, 230 à 232, 236, 237, 239, 246, 250,

252, 259, 284, 292, 306 à 308, 310 à 312, 314, 315, 317 à 320, 322, 326, 328, 329, 334, 335, 337, 358 à 360, 369, 372 à 376, 381, 384, 391 à 394, 396 à 398, 401, 402, 412, 414 à 418, 420, 421, 422, 424, 425, 434, 443 à 445, 448, 449, 453 à 455, 458, 460, 461, 463 à 467, 473, 474, 476 à 478, 480 à 487, 489, 491, 496, 498 à 500, 506. — VII : 2, 3, 6 à 14, 17, 18, 20 à 22, 25 à 28, 31 à 34, 36, 37, 40 à 45, 49, 51 à 53, 64, 68 à 70, 72 à 75, 78 à 83, 86 à 100, 102 à 106, 108 à 114, 116, 117, 119, 120, 123, 128, 132, 138, 139, 141 à 148, 149, 151 à 153, 155, 158 à 163, 166, 168, 171, 178, 180, 184 à 186, 190, 202, 204, 206 à 211, 223 à 227, 230, 237 à 241, 273, 285, 287, 290, 291, 293 à 299, 301, 306, 308, 311, 312, 321, 329, 320 (n.), 333, 334, 343, 345, 350, 355, 356, 358, 359, 365, 370 à 372, 382, 394, 398 à 408, 452 à 454, 457 à 459, 480, 489, 491, 494 à 496, 502, 509, 516, 519, 529, 530, 532 à 534, 541, 543, 548 à 551, 553 à 556, 563, 569, 575, 579, 584, 592, 593, 596. — VIII : 3 à 5, 7, 8, 11, 13 à 16, 18 à 21, 25, 26, 30, 32, 34 à 35, 37, 44, 47 à 49, 51, 53 à 69, 72, 73, 77, 80, 81, 86 à 90, 95 à 98, 101, 107, 111, 112, 114 à 117, 122, 133 à 137, 139 à 142, 145 (n.), 146, 149, 161, 171 à 174, 176, 177, 186 à 188, 196 à 198, 203, 206, 243, 244, 249, 252, 256, 258, 260, 271, 277, 292, 302, 343, 346, 350 à 352, 359 à 364, 367, 368, 373, 375 à 382, 385, 388, 390, 392, 394 à 402, 404 à 406, 408 à 411, 419, 424, 438, 439, 447, 460, 467, 477 à 480, 489, 491, 498, 504, 505.

Prussiens (Les). — I : 67, 85 à 87, 294, 307, 402, 412, 433, 450, 469, 470, 477, 479, 490, 494, 498, 499, 520, 525, 527 à 530, 545. — II : 24 à 26, 34, 54, 55, 60, 68 à 72, 75, 137 (n.), 152, 154 (n.), 156, 164, 181, 183, 205, 208, 224, 235, 255, 259, 280, 290, 349, 353, 367, 368, 376, 412, 415, 442, 447, 449, 457, 464, 465, 469, 472, 496 à 498, 500, 501, 508, 555. — III : 4, 5, 21, 22, 29, 30, 35, 36, 38, 39, 41, 44, 45, 47 à 52, 53, 55 à 57, 59, 60, 62, 64, 65, 80, 82 à 96, 101, 108, 110, 112, 118, 141, 161, 171, 176, 179, 180, 182, 253, 273, 288, 297, 314, 316, 320, 322, 325, 349, 370, 397, 398, 400, 401, 443, 447, 456, 457, 459, 483, 490 à 492, 494, 498, 528, 538. — IV : 10, 17, 18, 42, 43, 45, 46, 57, 76, 77, 79, 81, 84 à 86, 91 à 95, 97, 133, 136 à 139, 141, 142, 147 à 149, 163, 179, 182, 203, 230, 245, 252, 254, 259, 265, 278, 283, 284, 302, 342 à 345, 357, 360, 396, 403, 419, 442. — V : 31, 191, 258, 275, 279 à 281, 304, 331, 332, 335, 362, 365, 366, 416, 418, 420, 434, 450. — VI : 38, 75, 84, 108, 115, 145, 146, 250, 309 à 311, 329, 334, 376, 380, 408, 422, 424, 443, 444, 446 (n.), 456, 467, 471, 472, 477, 478, 480, 482, 483, 485, 486, 491, 494, 505, 506, 517. — VII : 1, 3 à 8, 33, 40, 54, 64, 82, 87, 90, 96, 99, 105, 108, 109, 112, 113, 118, 121, 124, 140, 144, 145, 147, 149, 166, 176, 186, 189, 190, 205, 211, 226, 227 (n.), 292, 298, 308, 343, 372, 403, 405, 433, 471, 530, 531, 533, 551 à 553, 556, 557, 585. — VIII : 4, 5, 17, 18, 21, 23 à 25, 29, 46, 48, 51, 60, 64, 77, 85, 98, 108, 110, 120, 134, 136, 141, 145, 149, 150, 152, 158, 183, 184, 196, 197, 199, 242, 250, 268, 271, 273, 276, 286, 288, 290, 334, 349, 350, 362, 363, 365, 368, 370, 391, 392, 394, 395, 401, 402, 404 à 410, 419, 425, 442, 443, 445, 446, 448, 456, 457, 463, 468, 470, 476, 479, 480, 484.

Prusse (Maison de). — Voir : Hohenzollern.

Pucelle d'Orléans (La). — Voir : Jeanne d'Arc.

Puffendorf (Samuel). — I : 103. — II : 11.

Puisaye (Joseph, Comte de). — II :

169 (n.). — III : 501. — IV : 208, 351.
PULAWY. — VI : 467.
PULTAVA. — II : 74. — III : 37. — VII : 579.
PULTUSK. — VII : 120, 130, 137, 179.
PUTNEY (Villa de). — VII : 28.
PYRAMIDES (Les). — V : 343, 470. — VII : 576.
PYRÉNÉES (Les). — I : 245, 259, 260, 267, 271, 272, 275, 277, 279, 319, 322, 324, 333. — II : 248, 411, 542. — III : 200, 279, 309, 310, 407, 538. — IV : 90, 98, 258, 260, 266, 308, 311, 320, 361, 384, 463 (n.). — V : 2. — VI : 315, 336, 416, 508. — VII : 221, 236, 259, 297, 316, 420. — VIII : 10, 35, 146, 150, 201, 208, 210, 211, 224, 246, 251, 471.
— (L'armée des). — III : 77, 246 (n.). — IV : 234, 265, 362.
— OCCIDENTALES (Les). — IV : 98, 143, 362.
— ORIENTALES (Les). — IV : 90, 98, 143, 362.
PYRRHUS. — III : 118. — VII : 135.

Q

QUASDANOVITCH. — V : 112.
QUATREMÈRE DE QUINCY. — V : 96.
QUIBERON. — IV : 365, 368, 442. — V : 40, 446. — VI : 46. — VII : 282.
QUIMPER. — II : 126.
QUINET (Edgar). — V : 486.
QUINETTE (Nicolas-Marie, Baron de Rochemont). — III : 357, 381 (n.).
QUINTILIEN. — I : 165.
QUIRINAL (Palais). — VII : 261.

R

RABAUT-POMIER (Jacques-Antoine). — IV : 323.
RABAUT-SAINT-ÉTIENNE. — I : 219. — III : 341, 410 (n.). — IV : 170 (n.), 355 (n.), 366 (n.), 374 (n.), 421 (n.).
RABELAIS. — I : 32, 264.
RABOTEAU (Jean DE). — I : 256.
RABUTIN (François DE). — I : 264.
RACAN (Honorat de Bueil, Marquis DE). — I : 272.
RACINE (Jean-Baptiste). — I : 150, 236 (n.). — VII : 287.
— (Louis). — I : 159.
RADETZKY DE RADETZ (Maréchal). — VIII : 161, 206.
RADITCHEF (Le franc-maçon russe). — IV : 6.
RAGUSE. — I : 14 (n.). — V : 174, 194, 228, 229, 231. — VI : 391. — VII : 12, 39, 53, 74, 78, 312, 394.
RAISMES. — II : 340.
RAISON (Le culte de la). — IV : 60. — VI : 406.
RAMBOUILLET. — II : 272. — VIII : 269, 314.
RAMEAUX (Dimanche des). — II : 187.
RAMEL DE NOGARET (Jacques). — III : 415, 519. — IV : 238 à 240, 316, 318 (n.), 333.
RAMILLIES. — II : 28.
RAMOND DE CARBONNIÈRES (Baron). — II : 313 (n.), 361.
RAMPON (Général Antoine-Guillaume). — V : 467 (n.). — VII : 377.
RAPACE (La légion romaine la). — VIII : 442.
RAPINAT. — V : 312.
RAPP (Général Jean, Comte). — VII : 539. — VIII : 143.
RASLOVICE. — IV : 52.
RASOUMOWSKI (André). — II : 69, 467. — III : 325. — IV : 136, 417. — V : 361, 432. — VI : 332, 333 (n.), 375, 392, 445. — VII : 161 (n.). — VIII : 13, 256, 258, 259, 264 à 267, 288, 406, 467.
RASTADT. — I : 80. — IV : 236 (n.). — V : 394, 396 à 399, 401. — VI : 78, 81, 308, 395. — VII : 105, 355.
RATEN. — III : 119.
RATISBONNE. — I : 403, 411, 447. — II : 193, 338, 409 (n.), 453. — III : 100. — IV : 299. — V : 389, 393. — VI : 231. — VII : 81, 353, 357, 360. — VIII : 93 (n,).
RATJIBORSZYNE. — VIII : 150.

Raurácie (La). — III : 204.
Rautenfeld (Le commandant). — III : 496.
Ravaillac (François). — I : 203. — VIII : 496.
Ravenne. — V : 406. — VIII : 365, 437.
Raynal (Guillaume-François). — I : 110, 155, 204, 308 à 310, 324, 326, 364. — III : 426. — IV : 385, 475. — V : 193.
Rayneval (Gérard de). — I : 158, 293. — II : 323, 409. — IV : 298, 425. — VI : 361, 387. — VIII : 240, 267, 347.
Raynouard (François-Marie). — VIII : 227.
Ré (Ile de). — V : 50, 138.
Réal (Guillaume-André). — III : 519.
Réal (Pierre-François, Comte). — V : 462, 469, 470. — VI : 343, 346. — VII : 449, 450.
Récamier (Mme). — VIII : 236 (n.).
Recès de l'Empire (Le). — V : 271. — VI : 231, 272, 286. — VII : 52.
Récollet-Schneider. — III : 97.
Rédacteur (Journal le). — V : 116, 118, 124, 127.
Rederн (Sigismond, Comte de). — II : 280 (n.), 292.
Reding (Général Aloys). — VI : 193.
Réforme (La). — I : 56, 57, 191 à 194, 263, 466, 467. — II : 14, 32, 518. — V : 23. — VII : 135.
Régent de Suède (Le). — Voir : Sudermanie (Duc de).
Reggio. — V : 109, 110. — VII : 233, 244 à 246, 282.
Regnaud de Saint-Jean-d'Angély (Michel-Louis-Étienne, Comte). — V : 206, 468. — VI : 288, 289, 292, 294. — VIII : 42 (n.), 77.
Régnier (Claude-Ambroise), Duc de Massa. — V : 467 (n.). — VI : 349. — VII : 60.
Reichenbach. — VIII : 134, 137, 144, 155.
Reille (Maréchal). — VI : 383. — VII : 232.
Reims. — III : 81, 227, 461. — VI : 404 (n.). — VIII : 303, 305.
Reinhard (Comte Charles-Frédéric). — I : 169. — II : 439. — III : 19, 274, 298, 402 (n.), 433 (n.), 528 (n.). — IV : 67, 68, 173, 180, 181 (n.). — V : 429, 438, 467 (n.). — VII : 53, 122, 406, 413 (n.). — VIII : 195, 418.
Reis-Effendi. — III : 525 à 527.
Rémusat (Auguste-Laurent de). — VIII : 143, 314.
— (Mme de Gravier de Vergennes, Comtesse de). — VI : 228 (n.), 367 (n.). — VII : 335.
Renaissance (La). — I : 9, 17, 149, 167, 192, 382, 383, 538. — II : 14. — V : 386. — VI : 339. — VII : 282. — VIII : 507.
Renan (Ernest). — I : 253 (n.).
Rénier (Le Doge). — I : 392.
Repelaer. — IV : 198.
Repnin-Volkonski (Général). — VIII : 401, 403.
Repnin (Prince Nicolas-Wassiliévitch). — IV : 446. — V : 173, 331, 332.
République batave (La). — IV : 270, 271, 273, 275, 313, 333, 334, 359. — V : 294, 295, 313, 330, 388. — VI : 97, 186, 201, 256, 285, 320. — VII : 61, 259, 436.
République cisalpine (La) et les Cisalpins. — IV : 359 (n.). — V : 196, 198, 228, 244 à 246, 249 (n.), 260, 264, 276, 286, 289, 290, 295, 296, 308, 315, 320, 321, 363, 368, 380, 382, 388, 390, 408, 409, 415. — VI : 18, 20, 41, 44, 56, 77, 78, 80, 82, 85, 89, 97, 160, 164, 167, 172, 179 à 181, 185, 190, 193 à 195, 201, 208, 237, 254, 426. — VII : 267. — VIII : 235.
République cispadane (La) et les Cispadans. — V : 110, 111, 162, 174, 196.
République cisrhénane (La). — V : 168, 169. — VI : 240.
République helvétique (La) et les Helvètes. — V : 286, 293, 294, 311, 312, 330, 337. — VI : 90, 97, 184, 201, 217, 254, 261, 264, 289, 320, 416. — VII : 267.
République ionienne (La). — VI : 320.

République italienne (La). — V : 197, 202, 231, 330. — VI : 192, 195, 196, 198, 201, 209, 255, 256, 260, 264, 267, 268, 287, 295, 315, 320, 327, 331, 333, 375, 416, 417, 427, 484.

République ligurienne (La) et les Liguriens. — V : 196, 264, 286, 295, 315, 325. — VI : 97, 167, 198, 260, 261, 287, 294, 320, 435.

République lombarde ou Transpadane (La). — V : 110, 126, 158, 162, 196.

République napolitaine (La). — V : 372, 376, 378, 380, 415.

République rhénane de 1793 (La). — V : 169.

République romaine (La). — V : 109, 291, 292, 322, 374, 383, 415. — VI : 8.

République transalpine (La). — V : 165 (n.), 196.

Restauration (La). — I : 241. — III : 359 (n.). — V : 14 (n.), 50 (n.), 488. — VI : 14. — VII : 193 (n.). — VIII : 218, 240, 339, 342, 343, 357, 408, 417, 418, 427, 476, 492.

Restif de la Bretonne. — II : 111.

Retz. — III : 376.

— (Le cardinal Paul de Gondi de). — I : 149, 188, 202. — II : 45, 385, 406. — IV : 110. — VI : 183, 347. — VII : 193 (n.). 257. — VIII : 314, 342.

Reubell ou Rewbell (Jean-François). — I : 274. — II : 192, 535. — III : 288, 406. — IV : 168, 169, 172, 261, 262, 264 (n.), 265, 271, 272, 274, 289, 293, 314, 319, 323, 327, 331 à 333, 341, 355, 366, 374, 378, 396, 399, 421, 427, 441. — V : 7, 9, 10, 25, 28, 31, 55, 64, 72, 97, 163, 169, 170, 208 à 210, 215, 221, 226, 253, 256, 261, 263, 308, 312, 342, 367, 389, 427. — VI : 23, 162, 353 (n.). — VII : 63, 421 (n.).

Reuss (Prince de). — II : 71, 160, 162, 240, 349, 353 à 355, 377, 466. — III : 41, 54, 89, 94, 95. — IV : 142. — VII : 53 (n.).

Reuter. — III : 178.

Revel (Ignace-Thaon de), Comte de Pralango. — V : 68, 74, 75, 410.

Reybaz. — I : 142. — III : 301.

Reynier (Général Jean-Ebenezer). — IV : 78.

Rheinfeld. — I : 36 (n.). — III : 109.

Rheinsberg. — II : 449.

Rhénans (Les). — III : 101, 179. — V : 167. — VII : 482, 575. — VIII : 410, 469.

Rhin (Le). — I : 158, 178, 248 à 251, 255, 256, 259, 260, 263, 264, 270, 272 à 275, 277, 279, 282, 289, 302, 311 à 314, 319, 322, 324, 328, 333 à 335, 338, 361, 367, 406 à 408, 411, 414, 418, 431, 432, 434, à 437, 468, 526. — II : 5, 18, 19, 43, 44, 81, 112, 166 à 169, 173, 175, 201 (n.), 210, 245, 290, 291, 296, 316, 342 (n.), 343, 346, 363, 366, 379, 411, 412, 416, 421, 424, 448, 463, 466, 472, 473, 494, 496, 519, 539, 549, 550. — III : 4, 5, 23, 43, 58, 59, 87, 88, 94, 96, 98, 99, 103, 107 à 109, 113, 114, 150 à 153, 155, 163, 166, 174 à 177, 182, 200, 201, 224, 229, 245, 250, 279, 287, 289, 290, 304, 308, 309 à 311, 350, 388, 400, 458, 477, 484, 492, 495, 506, 527, 528. — IV : 23, 32, 45, 47, 50, 56, 71, 76, 78, 82, 83, 88, 90, 97, 131, 138, 139, 142, 143, 149, 150, 159, 161, 162, 164, 165, 174 à 180, 182, 183, 196, 206, 213, 221, 222, 224 à 227, 242, 246, 247, 251 à 254, 256, 258, 261, 273, 277, 278, 280, 283 à 285, 290, 291, 297 à 299, 301, 313, 317, 329, 330, 332, 334, 338 à 343, 352, 355, 356, 358, 362, 364, 366, 367, 374, 387, 396, 398 à 401, 403, 404, 414, 415, 420, 423 à 428, 431, 432 (n.), 441, 443, 444, 447, 449, 455, 460, 461, 463 (n.), 465 à 470. — V : 2, 5, 14 (n.), 20, 21, 26, 28 à 31, 38, 39, 41, 42, 45 à 47 (n.), 84, 85, 104, 106, 108, 114, 121, 127 à 129, 137, 143, 150, 151, 154, 156 à 158, 160, 163, 165, 166, 168, 169, 171, 173, 174, 190, 191, 213, 217, 218, 222 (n.), 225,

227, 231, 232, 237 à 239, 241 à 244, 249 (n.), 251, 252, 255, 258, 260, 261, 267, 270, 274, 278, 280, 283, 298, 302, 325, 328, 336, 338, 339, 358, 362, 389, 391, 392, 398, 415 à 418, 434, 441, 451, 456. — VI : 19, 22, 61, 77, 78, 84, 90, 93, 96, 97, 109, 167, 183, 196, 204, 220, 236, 240, 250, 251, 275, 296, 315, 316, 336, 337, 356, 357, 383, 389, 390, 409, 412, 416, 417, 418, 424, 446, 447, 452, 454 456, 457, 466, 469 à 471, 485, 486, 490, 495, 503, 508, 509, 516. — VII : 8, 31, 51, 54, 69, 95, 98, 103, 112, 116, 120, 145, 147, 158 à 160, 163, 187, 207, 222, 296, 303, 313, 316, 337, 348, 418, 420, 421, 436, 451, 457, 459, 466, 481, 482, 490, 496, 508, 520, 522, 536, 541, 549, 563. — VIII : 10, 35, 39, 54, 70, 76, 87, 93, 112, 114, 140, 146, 178 à 180, 185, 187, 188, 193, 195, 199, 201, 203, 206, 208, 210 à 214, 218, 224, 225, 242, 246, 251, 252, 257, 269, 271, 277, 280, 282, 284, 290, 292, 293, 296, 306, 311, 331, 347, 348, 351, 352, 358, 362, 363, 368, 370, 396, 402 (n.), 404, 406, 407, 409, 410, 420, 439, 456, 470 à 472, 486, 495, 498, 499, 505.

— (L'armée du). — III : 5, 98, 288, 373, 406, 407, 438, 461, 538. — IV : 47, 77, 89, 147, 234, 330, 332, 384, 403, 412. — V : 62, 63, 76, 99, 148, 152, 153, 230, 243, 246, 248, 249, 322. — VI : 366.

— (Ligue du). — I : 280, 302, 327. — IV : 299. — VI : 161, 230, 384. — VII : 31, 482. — VIII : 178.

Rhodes. — III : 404. — V : 103, 445.

Rhône (Le). — III : 434, 477.

Rhul. — II : 311.

Ribas (L'amiral). — VI : 121, 125.

Ribling (Comte de). — II : 379.

Richard. — IV : 145 (n.), 147 (n.), 170 (n.), 223 (n.), 232, 238 (n.), 242, 310 (n.), 314 à 319, 333, 399.

Richelieu (Emmanuel du Plessis, Duc de). — I : 513. — III 332, 333, 445. — IV : 472. — VII : 157 (n.), 158, 168 (n.). — VIII : 253, 339 (n.), 487 à 489, 492, 493 (n.).

— (Le cardinal de). — I : 16 à 18, 21 (n.), 23, 31, 37, 58 à 60, 134, 150, 152, 167, 189, 196, 198, 208, 210, 224, 226, 227, 230, 232, 270, 272 à 275, 277 à 279, 281 à 283, 286, 289, 293, 303, 307, 309, 316, 319, 320, 323, 351, 379, 409, 448, 543, 552. — II : 3, 39, 45, 48, 269, 295, 326, 385, 518. — III : 193, 200, 381 (n.), 404, 509, 517. — IV : 24, 121, 170, 171, 183, 220, 476. — V : 28, 109. — VI : 3, 19, 212, 304, 351. — VII : 52, 286, 582. — VIII : 372, 496.

Ricord (Jean-François). — IV : 70.

Riegger (Joseph-Étienne, chevalier de). — I : 115, 456 (n.).

Rienzi (Nicolas). — III : 11, 211.

Rietz (Mme Lichtenau, Comtesse de). — I : 480 à 482, 484, 487, 515. — II : 339, 443.

Riga. — VII : 593. — VIII : 14.

Rimini. — VIII : 436.

Rio de la Plata. — VII : 137.

Riouffe (Honoré, Baron). — I : 236 (n.).

Ris (Clément de). — V : 467 (n.). — VI : 49, 89, 257. — VIII : 220.

Ritzelbuttel. — VI : 317.

Rivals. — II : 416, 448. — III : 371, 532, 533. — IV : 69, 359.

Rivarol (Comte de). — I : 152, 175, 214, 226 (n.), 236 (n.), 307. — II : 262. — III : 42, 335. — IV : 471.

Rivaud. — IV : 330, 338, 339 (n.). — V : 363.

Rivière (François de Riffardeau, Duc de). — V : 219.

Rivoli. — V : 147, 150, 178, 479. — VII : 312. — VIII : 261.

Roberjot (Claude). — III : 147 (n.). — IV : 198, 238, 246, 401, 430, 468 (n.). — V : 314, 339, 390 (n.), 396, 398.

Robert II. — I : 246.

Robert (Pierre-François-Joseph). — II : 201 (n.). — III : 202

— (Intendant). — I : 83 (n.).

Robespierre (Maximilien). — I : 174,

202, 220, 236 (n.), 237, 422, 424 (n.), 513. — II : 86, 93, 102, 103, 189, 198, 265 (n.), 300, 317, 318, 320, 359, 400, 409, 512, 522, 532, 535. — III : 69 (n.), 70 (n.), 149, 192, 196, 267, 341 à 343, 380, 381 (n.), 383, 384, 387 à 389, 408, 415, 426, 427, 429 (n.), 430, 473, 475 (n.), 508 à 517, 524, 525, 529 à 531, 534, 543. — IV : 2 à 5, 9, 21, 36, 37, 51, 59 à 64, 66, 67, 70 à 75, 81, 96, 100 à 102, 104 à 123, 126, 128, 133, 169, 223, 294, 326, 327, 382, 422. — V : 5, 8, 10, 16, 50, 63, 255, 341, 349, 366, 423, 468, 469, 481, 484. — VI : 1, 5, 14, 36, 49, 89, 118, 124, 244, 304, 350, 352. — VII : 37, 451. — VIII : 309, 320, 337, 344, 427, 434, 451, 453.

— jeune (Augustin-Bon-Joseph DE). — IV : 70, 117, 120, 121, 382.

ROCHAMBEAU (Général Donatien de Vimeur, Comte DE). — II : 342 (n.), 540.

ROCHE (L'officier). — VIII : 5.

ROCHECHOUART. — VIII : 182, 190, 253, 301, 339 (n.).

ROCHEFORT. — VI : 432. — VII : 137, 245.

ROCHESTER (L'évêque de). — VI : 170.

ROCROI. — III : 545. — IV : 29.

ROEDER (Colonel DE). — VIII : 23.

ROEDERER (Le Comte Pierre-Louis). — I : 169, 203. — IV : 371 (n.), 372. — V : 98, 99, 186, 463, 467 (n.), 468, 471, 473, 475, 486. — VI : 7, 22, 68, 180, 220, 224, 228, 258, 289 (n.), 368. — VII : 2, 58, 326 (n.), 409. — VIII : 219, 305 (n.), 335 (n.).

ROGER Ier, le Grand Comte. — VII : 475.

ROHAN (Cardinal DE), Prince de Guéménée. — I : 78, 120, 128, 459 (n.). — II : 79 (n.), 170, 345.

ROHAN-CHABOT (Cardinal Louis-Auguste DE). VII : 439.

ROI DE ROME (Le). — V : 197. — VII : 437, 442, 528, 532, 556. — VIII : 42, 43, 79, 120, 160, 200, 219, 240, 269, 270, 304, 305, 311, 314, 326, 328, 330, 336, 418, 424, 426 à 428, 454 à 457.

ROLAND (Le président). — I : 206. — II : 402, 428, 480, 484, 514, 532 (n.). — III : 8, 13, 32, 33, 35, 77, 101 (n.), 151, 195, 247. — IV : 59.

— (Mme). — I : 65. — III : 75, 210 à 212. — IV : 64.

— (Le paladin). — II : 538, 548.

ROLL (Baron DE). — II : 253, 283, 289, 340, 353, 443.

ROLLET. — II : 87.

ROLLIN (Aide de camp de Napoléon). — IV : 13.

ROMAGNE (La). — V : 81, 94, 109, 158, 249 (n.), 430. — VI : 89.

ROMANOFF (Le). — Voir : ALEXANDRE Ier DE RUSSIE.

ROMANTSOF (Nicolas, Comte). — IV : 446.

ROMAINS (Les). — I : 61, 222, 223, 259, 452 (n.). — II : 104, 151, 319, 548. — III : 118, 151, 154, 210, 211, 291 à 294. — IV : 120, 158, 270, 463 (n.). — V : 17, 24, 83, 98, 109, 149, 263, 323, 373, 409, 463. — VI : 21, 22, 194, 227 (n.), 245, 282, 330, 492. — VII : 256, 396. — VIII : 43, 218, 340.

ROME (La ville de). — I : 81, 130, 132, 133, 162 (n.), 192, 229, 230, 384, 390, 448. — II : 18, 66, 98, 112, 120, 189 (n.), 197, 247. — III : 118, 209 à 212, 237, 291, 294, 298, 381, 395, 488, 498 (n.), 528. — IV : 3, 54, 201. — V : 64, 68, 71, 74, 89 à 92, 94, 96, 99, 100, 106 à 112, 142, 147 à 149, 152, 154, 178, 188, 196, 202, 203, 217, 267, 276, 279, 283, 289 à 292, 295, 297, 303, 305, 307, 316, 321 à 323, 327, 348, 364, 369, 372, 374, 383, 385, 389, 391, 406, 414, 415, 420, 431 à 433. — VI : 20, 36, 44, 45, 65, 66, 77, 147, 160, 173, 178, 179, 202, 213, 330, 361, 364, 386, 387 398 (n.). — VII : 25, 34, 100, 193 (n.), 243, 244, 260, 261, 283, 284, 355, 378, 379, 394, 405, 419, 437, 438, 442,

449, 451, 474, 475, 506, 528, 541, 547, 579. — VIII : 44 (n.), 140, 226, 233, 236, 237, 352, 442, 447, 497, 510.

— (La Cour de). — I : 57, 68 à 70, 75, 128 à 133, 139, 149, 194, 196 (n.), 228 à 230, 388 à 390, 401, 423, 544. — II : 100, 101, 117 à 119, 122 à 126, 128, 137 (n.), 171, 195 à 198, 204, 234, 294. — III : 118, 119, 158, 209, 292, 404. — IV : 369. — V : 91, 92, 131, 152, 188, 202, 203, 303, 431. — VI : 6, 20, 26 à 28, 36, 45, 66, 67, 79, 80, 85, 97, 155, 156, 164, 350, 385, 386. — VII : 25, 189, 260, 324, 442, 547. — VIII : 79, 365, 373, 391.

— (antique). — I : 3, 12, 17, 123, 147, 221, 222, 226, 287, 292, 309, 338 (n.), 342, 383, 483. — II : 89, 110, 294, 362, 538. — III : 26, 75 (n.), 151, 198, 476, 508. — IV : 103, 130, 152, 158, 233, 382, 430, 462, 463, 472, 474. — V : 63, 73, 83, 84, 98, 188, 371. — VI : 4, 5, 105, 170, 225, 406, 422. — VII : 462.

Romme (Gilbert). — III : 517 (n.), 518. — VI : 303.

Romulus. — VI : 245.

Ronsin (Charles-Philippe). — I : 236 (n.). — III : 438, 463. — IV : 63, 64.

Roques de Montgaillard (Maurice-Jacques de). — I : 77. — IV : 81, 86, 413, 414. — VI : 435 (n.). — VII : 55 (n.).

Rosas. — IV : 146, 321, 354.

Rosbach. — I : 412. — VI : 262, 458. — VII : 103.

Rose-Croix (Les). — I : 180, 181, 486, 487.

Rosenberg (Général, Prince de). — II : 498. — IV : 389 (n.).

Rosenthiel. — V : 398 (n.).

Rossignol (Jean-Antoine). — III : 463.

Rostopchine (Théodore, Comte). — I : 87. — II : 29 (n.), 205, 208. — III : 445, 446. — IV : 24 (n.). — V : 43, 353, 356, 358, 404, 406, 419, 420. — VI : 33, 111, 117, 121, 303, 304, 324. — VII : 586, 587 (n.), 588, 590. — VIII : 7.

Rothière (La). — VIII : 257.

Rouen. — II : 275. — VI : 263 (n.).

Rouge (La mer). — I : 328. — III : 85, 526. — V : 301, 441. — VI : 106. — VII : 586.

Rouget de l'Isle. — IV : 20.

Roumélie (La). — VII : 187.

Roumiantsof (Comte S.). — I : 524, 527. — II : 291. — III : 332. — VI : 360. — VII : 157 (n.), 201 à 204, 227, 229, 230, 239, 248, 249, 251, 311, 318, 334, 341, 344, 357, 379, 400, 401, 428, 545 (n.). — VIII : 3, 62 (n.).

Rousseau (Jean-Jacques). — I : 15 (n.), 23, 86, 93, 104, 107 à 109, 111, 113, 142, 154, 157, 159, 175, 183 à 185, 204, 219, 222 (n.), 224, 235 (n.), 236 (n.), 237, 309, 422, 479. — II : 11, 14, 171, 192, 213, 214, 234, 406, 545. — III : 199, 200, 211, 248, 507, 510, 511, 543. — IV : 10, 20, 22, 61, 73, 475. — V : 86. — VI : 139, 242. — VII : 450, 471, 488.

Roussillon (Le). — I : 32, 36 (n.), 277, 288, 296. — III : 168. — IV : 311.

Roustan (Le mameluk de Napoléon). — VII : 184.

Roustchouck. — VII : 153.

Roux de Laborie (Antoine-Athanase). — V : 475. — VI : 115, 127, 222, 343. — VII : 450. — VIII : 214, 321, 322.

Roux (Louis-Félix). — IV : 170 (n.), 288, 293 (n.), 323 (n.), 355 (n.), 366.

Royal-Bavière (Le régiment du). — VI : 230.

Royal-Deux-Ponts (Le régiment du). — VI : 230.

Royauté (La). — II : 137, 138, 141, 149, 174. — V : 188.

Royer-Collard (Pierre-Paul). — IV : 349.

Rubens (Pierre-Paul). — V : 96.

Rubicon (Le). — III : 409. — V : 98, 480.

Rüchel (Général Philippe de). — VII : 97, 142.
Ruelle (Le représentant en mission à l'armée). — IV : 324 (n.).
Ruffo (Fabrice), Prince de Castel-Cicala. — III : 139. — IV : 28.
— (Le commandeur), Prince Alvar. — VIII : 366.
— (Cardinal Fabrice-Denis). — V : 412, 414, 415, 422, 423, 425.
Rügen (Ile de). — VI : 414, 421. — VIII : 302 (n.), 409 (n.).
Rühl (Philippe-Jacques). — III : 169, 381 (n.).
Rulhière. — I : 52, 158, 515. — II : 323. — VII : 113.
Rumbold (Sir George). — VI : 344, 395 à 400.
Rumford (Baron de). — I : 119 (n.).
Russes (Les). — I : 29, 85 à 87, 166, 168, 184, 200 (n), 307 (n.), 340, 469, 470, 495, 504, 505, 512, 516, 518, 519, 521, 522, 528 à 530, 532, 545. — II : 10, 11 (n.), 31, 69, 87 (n.), 161, 204, 218, 219, 244, 248, 453, 455, 458, 462, 463, 468, 494 à 496, 563. — III : 62, 137, 306, 313, 320, 325, 398, 404, 446 à 448, 454, 457, 461, 493, 496, 527, 528. — IV : 6, 7, 47, 48, 51 à 54, 84, 93 à 95, 137, 141, 187 à 189, 192, 318 (n.), 344, 345, 348, 392, 403, 404, 417, 419, 446, 452, 470. — V : 133, 226, 228, 232, 258, 341, 343, 350, 357, 360, 365, 366, 368, 386, 391, 393, 403 à 410, 412, 414, 417 à 420, 422, 424, 431 à 434, 438, 458. — VI : 33, 43, 46, 54, 106, 108, 112, 114, 117, 126, 129, 163, 252, 253, 302 à 306, 308, 309, 311, 315, 328, 329, 333 à 337, 343, 374 à 376, 378, 379, 387, 388, 407, 408, 415, 418, 425. 440, 443, 445 à 447, 452, 457, 461, 462, 464 à 466 (n.), 469 à 477, 482, 485, 487, 488, 490 à 497, 502 à 505, 514, 517. — VII : 1, 3, 6, 8, 18, 20, 28, 33, 46, 47, 54, 67, 72, 95, 100, 102, 106, 107, 110, 119, 121, 122, 127, 128, 130, 134, 136 à 139, 146, 148, 149, 151 à 154, 156, 161, 164, 166, 167, 190, 194 à 196, 204, 217, 223, 224, 237, 239, 242, 250, 259, 306, 308, 309 (n.), 311, 315, 319, 341, 347, 354, 355, 358, 363, 379, 380, 400, 401, 439, 444, 457, 458, 498, 517, 520, 533, 534, 536, 537, 539, 541, 542, 547, 548, 552, 553, 555, 557, 559, 567, 570, 574, 579, 585 à 590. — VIII : 2, 4, 5, 7, 8, 10, 12 à 14, 18, 19, 21, 22, 26, 27, 32, 43, 46, 48 à 51, 54, 55, 57 à 60, 66, 72, 73, 78, 85, 87, 108, 110, 114, 120, 123, 129, 138, 141, 145, 149 à 151, 155, 158, 160, 161, 184, 197, 243, 250, 257, 267, 276, 288, 298, 303, 334, 343, 364 à 366, 374, 377, 380, 391, 394, 403, 404, 407, 443, 448, 456, 457, 474, 477.
Russie (La). — I : 14 (n.), 39, 40, 46, 50 à 52, 63, 64, 94, 95, 124, 126, 132, 155, 169, 177, 184, 292, 301, 302, 307, 340, 348, 349, 394, 449, 452, 469, 493, 495, 503 à 505, 509, 511, 513 à 522, 524, 527, 529, 530, 532, 534 à 536, 542, 545, 546 (n.). — II : 29 (n.), 31, 32, 34, 61, 67 à 69, 137 (n.), 154, 155, 158, 160 à 164, 182, 196, 202, 205 à 210, 212, 215, 218, 219, 222, 224, 225, 229, 233 (n.), 241, 245, 250, 251, 259, 279, 281, 292, 309, 346, 349, 353, 368, 369, 376 à 378, 380, 393, 411, 417, 420, 426, 432, 437, 450, 455, 459, 462, 463 à 467, 495 à 498, 501 à 503, 505, 506, 563. — III : 16, 43, 45, 53, 92, 128, 136, 139, 157, 168, 181, 215, 218, 230, 276, 303 à 305, 313, 315, 316, 330, 331, 397, 398, 404, 418, 435, 440, 441, 444, 445, 447, 448, 451 à 456, 458, 460, 481, 486, 493, 496, 526, 528, 531, 546. — IV : 6, 8, 43 à 45, 50 à 52, 56, 57, 84, 93, 94, 136 à 140, 150, 173, 181, 182, 187 à 191, 193, 195, 196, 205, 221, 224, 226, 227, 230, 238, 248 à 253, 256, 260, 305, 306, 345, 358 à 361, 363, 392, 395, 396, 400, 402 à 404, 406, 409, 417, 419, 420, 431, 432, 434, 446 à 448, 458 (n.), 460, 464, 466. — V : 27, 29, 32, 37, 39, 42 à 44, 131, 144, 158, 171,

173, 181, 186, 189, 192, 217, 226, 232, 233, 251, 299, 305, 308, 310, 327, 330 à 332, 341, 343, 354, 355, 357 à 359, 366, 367, 390, 418 à 420, 433, 445, 447. — VI : 22, 28, 29 à 31, 53, 71 à 74, 83, 84, 87, 88, 90, 95, 96, 98, 105 à 108, 110 à 113, 115, 116, 118, 120, 123, 127, 129, 130, 137, 138, 142, 147, 148, 151, 152, 154, 158, 161, 164, 165, 170, 173, 184, 191, 200, 201, 204, 206, 222, 223 (n.), 231, 232, 236, 239, 251, 255, 258, 273, 274, 277, 284, 285, 292, 293, 301, 302, 304 à 310, 312 à 316, 318, 319, 323, 324, 328, 329, 333 à 335, 337, 341, 345, 355, 357, 360, 361, 369, 370, 372 à 374 (n.), 375, 377 à 384, 387 à 389, 391 à 397, 399, 400, 411 à 415, 417 à 424, 428, 442, 444 à 446 (n.), 449, 454, 459, 461, 462, 480, 481 (n.), 482 à 484, 486, 487, 490, 503, 506. — VII : 3, 4, 10 à 13, 20, 22, 23, 25 à 28, 31, 33, 34, 36 à 44, 46 à 49, 51 à 53, 67 à 69, 71 à 73, 76, 77, 79, 80, 84, 86 à 88, 90, 93, 94, 100, 103, 106, 108, 110 à 113, 116, 118, 120 à 123, 127, 128, 133, 135, 136, 138, 139, 142, 144, 145, 146, 148 à 153, 158 à 160, 162 à 164, 166, 169, 171, 172, 174 à 176, 178, 184 à 186, 188, 193, 194, 197 à 200, 202 à 206, 217, 223 à 226, 237, 239 à 241, 243, 246, 249, 252, 272, 274, 286, 288, 289 (n.), 293, 294, 296 à 298, 301 à 304, 306, 307, 310, 312, 315, 317 à 320, 323, 337, 341 à 343, 345, 347, 350, 351, 355, 357, 362, 363, 365, 370 à 372, 380, 382 à 386, 394, 395, 398, 400 à 404, 412, 417, 422, 426, 428 à 433, 435, 440, 442, 444, 445, 452, 454, 456 à 459, 462, 470, 479, 480, 496, 498, 499, 509, 510, 512 (n.), 514 à 517, 520, 521, 525, 529, 530, 532, 533, 535, 537, 538, 539 à 542, 544, 548 à 552, 554, 555, 557 à 559, 561, 562, 565, 567 à 569, 571, 573 à 576, 578 à 581, 584 à 588, 591 à 593, 596. — VIII : 6, 7, 9, 10, 12 à 14, 17, 24, 30 à 38, 42, 44, 46 à 49, 51, 53, 55 à 57, 59, 60 à 64, 67 à 69, 72, 73, 78 à 81, 86, 87, 89, 96 à 98, 107, 111, 114, 116, 119, 122, 127, 129, 130, 133 à 135, 137, 139, 140 à 142, 145 à 147, 149, 159, 161, 171 à 173, 176, 186 à 188, 195, 196, 198, 214, 234, 243, 244, 247, 249, 250, 256, 258, 260, 271 à 273, 278, 280, 282, 292, 293, 322, 331, 346, 350, 358 à 361, 367, 372 à 380, 385, 388, 390, 392, 394 à 403, 406 à 408 (n.), 409, 419, 421, 426, 438, 440, 446, 447, 450, 455, 463, 464, 467, 473, 475 à 477, 480, 482, 485, 487, 489, 491, 496.

Russie Blanche (La). — V : 136.

Rzevouski (Séverin). — III : 453.

S

Saal (Marguerite de). — I : 482.

Saale (La). — VIII : 193.

Saalfeld. — VII : 99.

Saarbrück. — IV : 340.

Sachen (Fabien-Guillaume von der Osterl, Prince de). — VIII : 281, 282, 335.

Sade (Marquis de). — I : 237. — IV : 60.

Saffet. — V : 458.

Sagontins (Les). — I : 143.

Saint-Aignan (Baron de). — VI : 59. — VII : 201 (n.), 250, 252. — VIII : 203 à 212, 220 à 225, 227, 228, 239, 246, 253, 262, 293, 296, 305, 307.

Saint-Alexandre (Ordre de). — V : 356.

Saint-Amand (Mme). — VII : 73 (n.).

Saint-Amand. — III : 256, 358, 361, 364.

Saint-André (Ordre de). — V : 356. — VI : 322, 323.

Saint-Ange de Rome (Le château). — V : 373, 431. — VI : 66. — VII : 244.

Saint-Antoine (Le faubourg). — IV : 285, 337. — V : 474. — VIII : 462.

Saint-Barthélemy (La). — I : 173 (n.), 203, 232, 266. — II : 396, 527. — III : 33, 35.

Saint-Bernard (Le). — IV : 90. — VI : 39, 43, 50.
Saint-Cloud. — II : 187. — V : 471, 474 à 476, 428. — VI : 311, 344, 399. — VII : 30, 82, 190, 293, 295, 443 (n.), 449, 511, 553. — VIII : 218, 219, 386 (n.), 450.
Saint-Denis (Abbaye de). — III : 471. — VIII : 218.
Saint-Dizier. — VIII : 305.
Saint-Domingue. — II : 236. — IV : 90, 221, 267, 321, 353, 369, 429, 435. — V : 27. — VI : 75, 160, 161, 175, 176, 196, 199, 217, 243, 253, 281, 285, 295. — VIII : 348.
Saint-Elme de Naples (Le château). — V : 375, 413, 414, 423.
Saint-Empire (Le). — I : 45, 74, 154, 167, 183, 255, 311, 326, 399 à 401, 407, 408, 437. — II : 71, 112, 195, 472, 492, 493, 560. — III : 99, 100, 350, 390. — IV : 191. — V : 21, 47, 133, 173, 270, 271 (n.). — VI : 97, 204, 230, 305, 356, 363, 381, 383, 384, 472, 490. — VII : 9, 16, 52, 64, 81, 83, 94, 158, 442, 487, 506. — VIII : 189, 439, 470, 479.
Saint-Esprit (Le). — I : 487. — II : 530 (n.). — VIII : 425.
Saint-Étienne (Ordre de). — III : 327. — VII : 439.
Saint-Évremond (Charles de Marguetel de Saint-Denis, seigneur de). — I : 20 (n.), 279, 367.
Saint-Florentin (Hôtel). — VI : 150. — VIII : 316, 320 à 323, 455.
Saint-Germain (Faubourg). — I : 312. — VIII : 462, 482.
Saint-Georges (Ordre de). — VIII : 190.
Saint-Georges a Rastadt (Le faubourg). — V : 397.
Saint-Germain (Comte Claude-Louis de). — I : 85.
Saint-Hilaire (Général). — VI : 12.
Saint-Honoré (Rue et faubourg). — I : 424 (n.). — VI : 182.
Saint-Ildefonse. — VI : 75.
Saint-Innocent (Le cimetière). — I : 49.
Saint-James (Le Cabinet de). — I : 345. — III : 143, 260. — V : 49. — VI : 39, 188, 189, 291.
Saint-Jean (Ordre de). — II : 79 (n.). — V : 355. — VI : 74, 442.
Saint-Jean d'Acre. — V : 438, 446, 448. — VI : 106, 284, 297, 305, 401, 513. — VII : 130, 368.
Saint-Jean de Luz. — VIII : 272.
Saint-Julien (Général Comte de). — VI : 44, 56 à 63, 80, 92. — VII : 73, 93.
Saint-Just (Louis-Antoine de). — I : 234, 236 (n.). — III : 71, 192, 238, 383 (n.), 415, 428 à 430, 473, 475 (n.), 507, 508 (n.), 513, 516 (n.), 539, 540. — IV : 11, 62, 64, 73, 101, 109, 112, 115 à 117, 119, 120, 159, 380. — V : 16, 478. — VI : 354.
Saint Louis. — Voir : Louis IX.
Saint-Louis des Jésuites. — I : 149.
Saint-Marceau (Faubourg). — V : 256.
Saint-Marsan (Philippe-Asinari, marquis de). — VII : 329, 330 (n.), 343, 345, 356, 359, 408, 453, 530 à 535, 550 à 555. — VIII : 15 à 17, 20, 27 à 30, 56, 60, 162 (n.), 365 (n.) à 368, 384, 391.
Saint-Martin (La porte). — VIII : 315.
Saint-Martin (Louis-Claude de). — I : 174.
Saint-Omer. — VI : 259, 383.
Saint-Ouen. — VII : 335 (n.).
Saint-Paul. — I : 192.
Saint-Pétersbourg. — I : 29, 64, 65, 73, 114, 160, 302, 349, 516, 521 à 523, 527, 528, 532, 534, 545 (n.). — II : 10, 16, 34, 74, 164, 189 (n.), 196, 208, 219, 244, 245, 283, 329, 353, 376, 378, 383, 443, 459, 461, 465, 495, 500, 501, 511. — III : 62, 135, 304, 313, 315, 322, 399, 418, 440, 441, 443, 446, 495, 496. — IV : 9, 84, 134, 188, 190, 227, 251, 283, 290, 356 (n.), 357, 395, 402, 404, 444, 446. — V : 29, 42, 44, 129, 133, 137, 174, 217, 233, 305, 306, 307, 331, 354, 357, 359, 360, 419, 430, 431, 434. —

VI : 30, 33, 87, 109, 116, 118, 120, 122, 126, 127, 129, 134, 140, 141, 143 à 145, 148, 201, 209, 223, 250, 273, 280 à 283, 290, 302, 304, 306, 307, 316, 322, 332, 334, 336, 358, 361, 381, 392, 414, 417, 423, 440, 442, 447, 461, 463, 465, 480. — VII : 36, 37, 41, 43, 44, 47, 74, 79, 89, 91, 93 à 95, 97, 143, 147, 152, 190, 195, 196, 198, 200, 229, 234, 251, 259, 276, 277, 287, 334, 338, 343, 344, 347, 350, 357, 362, 371, 379, 403, 416, 418, 426, 428, 429, 442, 444, 445, 497, 512, 520, 522, 544, 548, 550, 551, 553, 555, 561, 567, 569 à 571, 576, 585, 588, 591. — VIII : 214, 323, 326, 426.

Saint-Pierre (L'abbé de). — I : 183. — VIII : 439.

Saint-Pierre de Rome (Église de). — IV : 348. — V : 92.

Saint-Pierre (Ile). — IV : 34.

Saint-Pierre (L'apôtre). — I : 389. — III : 404. — VII : 379.

Saint-Priest (Emmanuel Guignard, Comte de). — III : 327. — VI : 304.

Saint-Réjant (Pierre-Robinson de). — VI : 89.

Saint-Roch (Église). — VIII : 451.

Saint-Sébastien (Espagne). — IV : 98, 144, 321, 354.

Saint-Siège. — Voir : Rome (Cour de).

Saint-Simon et les Saint-Simoniens. — I : 18, 59, 198, 202, 389. — II : 483. — III : 185 (n.), 445, 472 (n.), 505. — V : 47 (n.), 353, 381, 403, 441. — VII : 466. — VIII : 180 (n.).

Saint-Synode (Le). — VII : 121.

Saint-Vincent (Cap). — V : 27. — VI : 439.

Sainte-Anne (Ordre de). — V : 356.

Sainte-Beuve. — I : 241 (n.), 517 (n.).

Sainte-Foix. — V : 455, 475.

Sainte-Hélène (Ile). — III : 345 (n.). — V : 258, 444. — VI : 43. 63, 177, 202, 353 (n.), 383. — VII : 101, 182, 474, 503, 506, 574 (n.). — VIII : 451, 466, 510.

Sainte-Hélène (Lord). — III : 322.

Sainte-Lucie (Ile). — IV : 90. — VIII : 348.

Sainte-Menehould. — III : 36, 38, 47, 51, 52, 82.

Salamanque. — VII : 230, 330.

Salente. — V : 43.

Saliceti (Christophe). — III : 407. — V : 34, 56, 61, 62, 67, 78, 87, 93, 97, 107, 474. — VII : 476.

Salles (Jean-Baptiste). — III : 410 (n.).

Salluste. — I : 165.

Salm-Salm (Les deux princes de). — VII : 53.

Salmatoris (Comte de). — V : 62.

Salut public (Le). — VII : 26, 116.

Salzbourg. — III : 450. — IV : 299, 465. — V : 126, 190, 228, 231, 232, 240, 243, 244, 250 (n.). — VI : 97, 231, 393, 417, 477, 497, 504. — VII : 12, 15, 53, 354 (n.), 384, 393, 445. — VIII : 124.

Salzbourg (L'électeur de). — Voir : Paule, Comte de Colloredo.

Sambre (La). — IV : 89, 151.

Sambre-et-Meuse (L'armée de). — IV : 86, 88, 89, 150, 157 (n.), 158 (n.), 179, 240, 243, 245. — V : 138, 209, 213, 222.

Samogitie (La). — IV : 188.

San-Carlo de Naples (Théâtre). — V : 379.

Sanchez (Thomas). — I : 481.

Sancho-Pança. — II : 32 (n.).

Sandomir (Le palatinat de). — IV : 94, 141, 188, 190, 192, 251, 404.

Sandoz-Rollin. — IV : 203, 443, 444 (n.). — V : 28, 30, 31, 70, 75, 117, 119, 120 (n.), 123, 124 (n.), 160, 191 (n.), 207 (n.), 252, 256, 287, 298, 299, 308, 321, 328, 337, 338 (n.), 367, 369, 389, 390, 427, 428, 455, 456. — VI : 17, 29 (n.), 54, 74, 222.

Sandraz de Courtilz. — I : 271.

San-Felice (Marquise Louise). — V : 424.

San-Fermo (Comte de). — IV : 33, 201, 236, 321, 346.

Sans-Souci (Château de). — Voir : Potsdam.

Santarel (Le Père). — I : 16 (n.).

SAÔNE-ET-LOIRE (Le bataillon de). — III : 361.
SARAGOSSE. — V : 377. — VII : 269, 278, 282, 359.
SARATOGA. — III : 142.
SARDAIGNE (La). — I : 38 (n.), 43, 277, 327, 384, 392 à 394. — II : 42, 92, 112, 182, 183, 223, 228, 238, 411, 424, 450, 451. — III : 116, 118, 123, 124, 157, 215, 295, 306, 322, 330, 449, 459, 497, 531. — IV : 75, 196, 200, 221, 235, 236, 244, 269, 270, 345, 435. — V : 35, 47, 75, 193, 301, 370, 390. — VI : 112, 252. — VII : 25. — VIII : 162 (n.), 407.
SARDES (Les). — I : 143, 394. — II : 248, 451. — III : 497, 498. — IV : 200, 201, 235, 245, 345. — VI : 415.
SARMATES (Les). — VII : 432, 462.
SARRAZIN (Général Jean). — VII : 360.
— (Les). — I : 254. — VII : 477.
SARRE (La). — III : 250. — IV : 84. — VIII : 472.
SARRELOUIS. — VIII : 348, 480, 481, 486, 488.
SARTINE (Gabriel DE), Comte d'Alby. — V : 116.
SASSENAY (DE). — VII : 272 (n.).
SATAN. — VII : 262.
SAULX-TAVANNES (Jean DE). — I : 265.
SAUMUR. — III : 407.
SAVARY, Duc de Rovigo. — VI : 367, 457 (n.), 498, 501, 502. — VII : 190, 195 à 199, 201 à 204, 206 (n.), 210, 223, 224 (n.) à 226, 229, 230, 240, 259, 261, 274, 336, 439, 449, 450, 530, 554, 595. — VIII : 142, 222, 240, 282 (n.), 284, 304, 305.
SAVE (La). — II : 70 (n.). — VII : 419.
SAVENAY. — III : 539.
SAVERNE. — I : 79.
SAVOIE (La). — I : 36 (n.), 43, 250, 254, 268, 271, 277, 279, 289, 290, 307 (n.), 311, 322, 327, 393, 394. — II : 5, 17, 131, 418, 424, 450, 502. — III : 23, 87, 114, 115, 133, 145, 154, 167 à 169 (n.), 198, 201 à 203, 223, 228, 250, 257, 275, 295, 308, 341, 388, 390, 391, 395, 419, 434, 459, 475, 497. — IV : 221, 235, 236, 269, 436, 455, 466. — V : 20, 21, 35, 64, 74, 129, 215, 433. — VI : 36, 78, 416. — VIII : 348, 351, 477, 480, 481, 484, 488, 490, 509.
— (Maison de). — IV : 345. — VIII : 351.
SAVOIE-CARIGNAN (Maison de). — VIII : 437.
SAVONE. — VII : 379, 389. — VIII : 240.
SAVOYARDS (Les). — I : 281. — V : 75.
SAXE (La). — I : 29, 30 (n.), 125, 152, 402, 404 à 406, 437, 468, 497. — II : 26 (n.), 137 (n.), 202 (n.), 252, 343, 361, 376, 475. — III : 401. — IV : 50, 255, 465 (n.). — V : 190, 266, 279. — VI : 252 (n.), 307, 485. — VII : 21, 31, 52, 87, 93 à 96, 98, 106, 171, 206, 286, 322, 385, 426, 593. — VIII : 14, 58 (n.), 61, 68, 71, 80, 88, 108, 109, 146, 152, 183, 196, 198, 243, 244, 249, 271, 343, 361, 362, 364, 365, 367, 368, 384, 385, 391, 392, 394 à 403, 405, 409, 410, 484.
— (Maison de). — II : 213, 224, 376. — IV : 299.
— (Maurice, Comte DE), Maréchal de France. — I : 290. — II : 334. — IV : 413, 473.
SAXE-COBOURG (Le duché de). — VIII : 197 (n.).
SAXE (L'Électeur de). — Voir : CHARLES-AUGUSTE.
SAXE-TESCHEN (Albert DE). — I : 170. — III : 4, 88, 147, 159. — IV : 76, 90.
SAXE (Duchesse DE), Femme de Philippe de Hesse. — I : 482.
SAXONS (Les). — I : 406, 433, 486, 487. — III : 442. — V : 274. — VI : 331, 486, 506. — VII : 126, 455. — VIII : 185, 190, 401.
SCALA DE MILAN (Théâtre de la). — V : 82.
SCANIE (La). — VII : 241.
SCAPIN. — VIII : 206.
SCARRON (Paul). — I : 72.

Schack (Capitaine de). — VIII : 16.
Scharnhorst (Général Gérard-David). — II : 555, 556 (n.). — VII : 141, 209, 291, 292, 453, 492, 550 à 553. — VIII : 56, 58, 64.
Schauenbourg (Général, Baron de). — V : 312, 313.
Schawel. — VII : 170, 172.
Schelling (Frédéric-Joseph de). — IV : 20.
Schérer (Général Joseph). — II : 542. — III : 250. — IV : 436 (n.). — V : 51, 55, 220, 391, 392, 407, 413.
Schill (Major Ferdinand de). — VII : 354, 356, 359.
Schiller (Fiedriech). — I : 105 à 108, 162, 422, 428, 429 (n.). — II : 14. — III : 15, 102. — IV : 21, 23. — VI : 330. — VII : 63, 487.
Schimmelpenninck (Rutger-Jean). — VI : 186, 426, 451 (n.).
Schinina (Le Napolitain). — VIII : 232.
Schladen. — VII : 89, 351 (n.).
Schlegel (Charles-Frédéric de). — VII : 287.
Schleiermacher (Ernest). — I : 175, 422. — III : 102.
Schlieffen (Le général). — II : 52, 55. — III : 21.
Schloezer (Louis de). — II : 11, 16 (n.).
Schlusselbourg. — VI : 127, 130.
Schmerz (Marchand de vin à Kreuznach). — IV : 97, 133, 134, 138, 142.
Schmidt (Général Henri de). — V : 394, 400.
Schneider (Euloge). — I : 162 (n.). — II : 12 (n.), 352 (n.). — III : 102.
Schoeler (Colonel de). — VII : 145, 210, 350, 371, 592 (n.).
Schoen (Théodore de). — VII : 208 (n.), 209.
Schoenbrünn. — V : 93, 139. — VI : 491. — VII : 9, 12, 16, 30, 354, 362, 367, 368, 382, 386, 388, 391, 394, 409, 521. — VIII : 335, 382.
Schoenbrünn (Décret de). — VII : 354, 355 (n.).
Schoenfeld (Général, Baron de). — II : 52, 152.
Schoepflin (Jean-Daniel). — I : 158. — VIII : 472.
Schouvalof (Comte Paul, général). — I : 127 (n.). — VII : 510. — VIII : 127, 129, 130, 414 (n.).
Schroeder (Frédéric-Louis). — I : 52.
Schroetter. — VII : 208 (n.), 209.
Schubart (Christian-Daniel). — II : 13, 18 (n.), 352 (n.).
Schulenbourg-Kehnert (Comte de). — I : 167 (n.), 471. — II : 208, 209, 290, 352, 354, 368, 371, 444 à 449, 466, 500, 501, 556. — III : 41, 43, 45, 320. — IV : 86. — VI : 460. — VII : 22, 142 (n.), 177. — VIII : 393.
Schultz (Le ministre protestant). — I : 475.
Schwartzenberg (Prince Charles-Philippe de, Duc de Krumau). — I : 447 (n.). — VI : 445, 460. — VII : 320, 344, 345 (n.), 350, 351, 427, 428, 432, 433, 556, 569, 580. — VIII : 4, 13, 32, 49, 59, 81, 83, 87, 90, 111, 132 à 134, 138, 145, 148, 149, 161, 167, 181, 205, 206, 209, 213, 242, 245, 249 à 251, 253, 255 (n.), 268, 283, 285, 286, 289, 295 à 297, 305, 315, 317, 403.
Schwarzbourg-Rudolstadt (Prince de). — VII : 53 (n.).
Schwarzbourg-Sondershausen (Prince de). — VII : 53 (n.).
Schweitzer. — IV : 69.
Schwytz (Le canton de). — V : 312.
Scipion l'Africain. — II : 539. — IV : 473. — V : 145, 442.
Scribes (Les). — V : 271 (n.).
Scutari. — III : 304. — VII : 136.
Scylla. — VII : 246.
Scythes (Les). — II : 151. — VII : 432, 462.
Sébastiani (Maréchal, Comte). — II : 548. — V : 482. — VI : 165, 255, 269 à 271, 274, 276, 289, 298. — VII : 46, 53, 54, 122, 123, 148, 153. — VIII : 56, 455, 456, 488 (n.).
Sébastopol. — I : 525. — V : 340, 355.

Sébeville (de). — I : 285 (n.).
Séchelles (Les iles). — VIII : 348.
Sedan. — II : 539. — III : 5, 6, 27, 29 à 31, 340. — IV : 44.
— (L'armée de). — III : 31.
Seckingen (Le Comte de). — III : 371.
Ségur (Comte Louis-Philippe de). — I : 86, 158, 302, 488, 492, 522, 532 à 535. — II : 34, 189 (n.), 196, 321, 327, 339 à 341, 352 à 355, 364, 367, 371, 390, 445. — III : 136, 141. — VI : 13, 245, 246. — VII : 60, 376, 524.
— (Général Philippe de). — II : 327 (n.), 544. — VI : 504, 512, 513. — VII : 60.
Seine (La). — II : 248. — IV : 217. — V : 213. — VI : 35, 37. — VII : 132, 438. — VIII : 305.
Seize (Les). — II : 562. — VII : 189 (n.).
Sélim III. — VI : 425. — VII : 53 (n.), 110, 122, 123, 136, 153, 154 (n.), 163, 178, 243.
Selz (Bas-Rhin). — V : 309, 324 à 327. — VI : 237.
Semenof (Le régiment de). — VI : 130.
Sémiramis. — I : 517. — III : 448. — IV : 9. — V : 43.
Sémonville (Louis Huguet, Marquis de). — I : 80, 308. — II : 60 (n.), 130, 409 (n.), 418 (n.), 450, 451, 455. — III : 16, 136 à 138, 157, 158, 210, 254, 301, 302, 402, 403, 417, 423, 431, 432, 524. — IV : 236 (n.), 303. — V : 397, 430, 467 (n.). — VI : 154, 285, 395. — VII : 427, 439.
Sénac de Meilhan. — I : 108 (n.).
Sénat (Le). — I : 10 (n.). — II : 93 (n.). — IV : 260. — V : 326, 467 (n.). — VI : 5, 6, 183, 191, 192, 225, 226, 272, 294, 303, 343, 350, 363, 364 (n.), 365, 367, 372, 402, 406, 428, 429, 436. — VII : 50, 58, 61, 95, 98, 114, 116, 135, 136, 150, 191 (n.), 204, 294, 298, 299, 335, 349, 355 (n.), 377. — VIII : 227, 242, 269, 311, 318, 321, 330, 331, 333.
Sénat de Hambourg (Le). — VI : 396.
Sénat de Russie (Le). — VI : 125, 138.
Sénat de Venise (Le). — V : 112, 155, 159, 164.
— romain (Le). — I : 204, 226 (n.), 287. — II : 362. — IV : 264, 430. — V : 24. — VI : 238.
Senfs (de), ministre de Frédéric-Auguste). — VIII : 110.
Séniavine. — VII : 202.
Sennaar (Le). — V : 444.
Sept ans (Guerre de). — I : 29, 85, 110, 177, 204, 291, 294, 304, 341 à 343, 347, 369, 411, 412, 441, 452, 527. — II : 168, 185, 360, 421, 541. — III : 37, 48, 55, 84, 98, 533. — IV : 147. — V : 39, 74, 405. — VII : 106. — VIII : 71.
Septembre 1792 (Massacres de). — VII : 189 (n.).
Sept-Iles (Les). — VI : 276. — VII : 78, 171.
Sept-Tours (Château des). — I : 521.
Serbelloni (Comte de). — V : 78. — VI : 180.
Serbelloni (Le palais). — V : 81.
Serbie (La) et les Serbes. — I : 451. — II : 70 (n.). — IV : 193 (n.). — V : 277, 299. — VI : 381, 450. — VII : 135, 171, 249, 511, 556, 557, 570. — VIII : 440.
Sérent (Le duc Armand-Louis de). — III : 331.
Sereth (Le). — VII : 511.
Sério (Le). — V : 81.
Serra (de), Ministre de France à Dresde. — VIII : 16, 93 (n.).
Serra (Marquis Gérôme). — V : 177.
Serre (Comte de). — III : 72.
Serristori. — III : 24, 487, 488.
Sérurier (Comte), maréchal. — II : 542. — V : 58, 475, 482. — VI : 366. — VII : 377.
Servan de Gerbey (Général). — II : 480, 514, 543, 545. — III : 6, 8, 9, 14, 25 à 27, 29 à 31, 35, 55, 56, 60, 65, 77, 104, 123, 125, 340 (n.). — IV : 367, 368.
Servien (Abel). — II : 417.
Serviens (Les). — VII : 54.

Séville. — VII : 269.
Seydlitz (Le major de). — VIII : 22, 23.
Seymour, (Comte de Yarmouth Lord). — VII : 67 à 76, 78 à 80, 83 à 85, 88, 89, 93.
Sèze (Raymond de). — III : 238.
Sforza (Jacques Attendolo). — V : 145.
Shakespeare (William). — I : 375. — V : 136. — VI : 309, 367.
Sheffield. — III : 243.
Sherebrof (Olga). — VI : 121.
Sheridan (Richard-Butler). — I : 164, 344, 350. — II : 27, 146, 384, 387, 440. — III : 20, 226, 228, 229, 242 (n.), 320. — IV : 34, 36, 38, 91. — VI : 208, 267. — VIII : 277.
Sibérie (La). — I : 50. — III : 456. IV : 6, 187.
Sicile (La). — I : 43, 115, 258, 277, 289, 448. — III : 133. — V : 97, 197, 342, 368, 386, 391, 425. — VI : 30, 431, 438, 446, 455. — VII : 48, 50, 59, 60, 68, 70, 71, 73, 74, 78 à 80, 85, 86, 94, 194, 241, 245, 246, 282, 378, 398, 446, 476, 477, 506, 517, 518, 525. — VIII : 41, 95, 102, 104, 234, 235.
Sienne. — I : 36 (n.).
Sierra-Morena (La). — III : 319.
Sievers (Jean-Jacques). — III : 325, 453 à 456, 493, 494, 496. — IV : 48. — V : 227.
Sieyès (Emmanuel-Joseph, Comte). — I : 45 (n.), 115, 118, 219, 221, 269, 325, 326. — II : 7, 265, 302, 396 (n.), 401, 419. — III : 73, 249, 307, 381 (n.). — IV : 123, 168, 170 (n.), 172, 219, 261, 262, 264 (n.), 270 à 276, 281, 282, 293, 294, 296 à 300, 302, 303, 305 à 307, 313 à 315, 317 à 319, 323, 327, 331 à 333, 341 à 343, 355, 357, 358, 361, 363, 364, 366, 374, 375, 388, 389 (n.), 390 (n.), 391 (n.), 421, 433, 435, 441, 464, 465, 470, 474. — V : 30, 31, 75, 102, 148, 190, 256, 328, 329, 331, 332 à 338, 341, 417, 427, 428 à 430, 434, 436, 437, 455, 458 à 460, 462, 465, 467 à 469, 471, 474 à 478, 482, 485, 486. — VI : 3, 49, 51, 97, 107 (n.), 285, 342, 343, 363. — VII : 31, 63, 106, 190, 193, 421, 459. — VIII : 40, 178, 311.
Silésie (La) et les Silésiens. — I : 36 (n.), 37, 291, 294, 308 (n.), 321, 393, 402, 411, 412, 440, 450, 468, 474. — II : 69, 185, 241. — III : 22, 81, 296, 297, 315. — IV : 14, 15, 221. — VI : 30, 466, 475, 491, 500, 514. — VII : 9, 13, 113, 119, 134, 185, 223, 225, 238, 296, 321, 433, 530, 534, 556, 557. — VIII : 48, 55, 57, 62, 80, 85, 89, 123, 134, 151, 152, 174, 183, 190, 271, 282, 288, 409.
Sillery (Charles-Alexis Bruslart, marquis de). — III : 83, 84.
Siméon (Joseph-Jérôme, Comte). — I : 169, 241 (n.). — V : 467 (n.).
Simirof (Le conseiller d'ambassade). — VII : 247.
Simolin (Mathias, baron de). — II : 244, 344 (n.), 365, 372.
— (Antoine). — II : 271 (n.). — IV : 124.
Simon (Philibert). — III : 289.
Simon de Montfort. — III : 473.
Simonin. — IV : 144 à 146.
Simplon (Le). — V : 412. — VI : 255.
Sinnamari. — V : 286. — VI : 217.
Sixte-Quint (Le Pape). — I : 167.
Slatyna. — I : 526 (n.).
Slaves (Les). — I : 121, 307 (n.), 405, 465. — VI : 335, 336, 391, 417, 495. — VII : 52, 106, 127, 305, 353, 395, 459, 462, 506, 565, 568. — VIII : 362.
Slobodzé (L'armistice de). — VII : 194.
Smalkalde (La ligue de). — I : 404.
Smith (Adam). — III : 10. — IV : 475.
— (William-Sidney). — III : 220, 230. — V : 309, 350, 448. — VI : 40 (n.). — VII : 16.
— (John-Spencer). — VI : 395.
Smolensk. — VII : 590. — VIII : 1, 6, 36.
Smyrne. — VII : 249.
Société constitutionnelle de Londres (La). — III : 214.

Société de correspondance de Londres (La). — III : 213.
Société des amis de la liberté et de l'égalité. (La). — III : 243.
Société des amis de la Révolution (La). — III : 213.
Société russe d'économie (La). — IV : 6.
Sodome. — V : 349.
Soissons. — III : 461. — VIII : 288.
Soliman (le Grand). — I : 80. — VI : 425.
Solon. — III : 119.
Soltykof (Général Jean, Comte). — II : 216. — IV : 45.
Sommariva. — VI : 181.
Somme (La). — III : 450, 490. — IV : 44. — VI : 35, 37. — VIII : 498.
Sonnenfels (Joseph, baron de). — I : 115, 456 (n.).
Sophie-Dorothée de Wurtemberg. — Voir : Maria-Feodorowna de Russie.
Sotin de la Coindière (Jean-Marie). — V : 296.
Souabe (La). — I : 98, 401, 404 (n.), 407 (n.), 411, 418, 434, 440. — II : 235, 343, 474. — III : 182, 183. — IV : 19, 20, 358. — V : 240, 241, 263, 303. — VI : 331, 342, 391, 457, 490. — VII : 84. — VIII : 271.
Soubrany (Pierre-Auguste de). — IV : 422.
Souchu. — III : 376.
Souham (Général Joseph). — IV : 78. — VI : 343.
Soulavie (Jean-Louis Giraud). — I : 308. — III : 393, 431, 528, 529. — IV : 182 (n.). — V : 34.
Soulès (Général). — VII : 377.
Soult (Maréchal), duc de Dalmatie. — I : 170. — II : 544 (n.), 547. — III : 548. — IV : 86, 199. — VI : 113, 344, 366, 383, 475 (n.), 494. — VII : 84 (n.), 102, 227 (n.), 298, 324, 360, 361, 377, 378, 390, 391, 425, 454, 525, 526. — VIII : 133, 297.
Soutzo. — VII : 122.
Souvarof (Alexandre, Comte de). — I : 513. — II : 34, 161, 557. — IV : 45, 139, 140, 186, 187, 192, 446. — V : 131, 137, 358, 405 à 412, 414, 420, 430, 431, 433, 434, 445, 450. — VI : 31, 32, 161, 305, 490, 502, 504. — VII : 2, 125, 586. — VIII : 5.
Souza-Botelho (Émilie Filleul, Comtesse de Flahaut, Marquise de). — VIII : 418.
Soymonof (Anne). — Voir : Madame Swetchine.
Spa. — II : 19. — V : 165.
Spalding (Jean-Joachim). — I : 475.
Spandau. — VII : 531, 554.
Sparte et les Spartiates. — I : 90 (n.), 162 (n.), 184, 223. — II : 87 (n.). — III : 269, 507, 510. — IV : 104. — V : 81, 194.
Spencer (Lord). — IV : 91, 135, 139, 255, 280. — V : 425. — VI : 170, 297.
Spéranski (Michel, Comte). — VII : 201, 343, 496 à 499, 572, 582. — VIII : 127, 345.
Spiegel (Van). — III : 253.
Spielmann (Le Baron de). — I : 167, 479 (n.). — II : 71, 242 (n.), 252, 253, 255 à 257, 259, 263, 277 (n.), 349, 466, 498, 500, 536. — III : 44, 45, 88, 89, 92, 128 à 130, 314, 326.
Spierbach (Le). — VIII : 348.
Spina (Monsignor), archevêque de Corinthe. — VI : 66, 85, 86, 89, 110, 144 (n.), 145, 155.
Spire. — I : 48, 432. — II : 18, 79 (n.), 316 (n.). — III : 99, 100, 133, 177, 288, 290, 350, 471 (n.), 483. — IV : 211, 339.
Spire (L'évêque de). — II : 210. — IV : 427.
Sprengporten (Général). — VI : 73, 88, 89, 111.
Stackelberg (de). — II : 219. — VII : 558, 569, 570. — VIII : 50, 51, 84, 85, 94.
Stadion (Jean-Joseph, Comte de). — I : 115. — III : 139, 226, 462. — V : 269. — VI : 495 à 498, 506, 505. — VII : 25, 81, 119, 134, 205, 218 (n.), 240 (n.), 291, 297 (n.), 300 (n.), 321, 332, 333, 365, 388.

— VIII : 86, 89, 108, 112, 113, 115, 116, 121 (n.), 124, 131 (n.), 133, 135, 136, 139, 151 à 153, 167, 170 (n.), 172 (n.), 199, 206, 251, 256, 258, 260, 262 à 265, 267, 271, 272, 282, 283 (n.), 286, 287 (n.) à 289, 292 (n.) à 296, 298, 303.

Stael-Holstein (Mme de). — I : 106, 175, 384, 421, 426. — II : 36, 47, 135, 267 (n.), 323, 325, 326, 328, 334, 336, 341, 489, 490. — IV : 178, 371, 372, 437 (n.). — VI : 17, 169, 183, 220, 223, 235 (n.), 251, 274, 330, 334, 341, 357, 437. — VII : 107, 156, 183, 206, 286, 287, 451, 487, 494, 581 à 583, 585, 592. — VIII : 11, 100, 153, 154, 217, 299 (n.), 339 (n.).

Stael-Holstein (Le Baron de). — I : 116. — II : 21, 131, 134, 143, 220 (n.), 272 (n.). — III : 305, 306, 399, 400, 417, 435, 527. — IV : 65, 197, 248, 297, 304, 305, 307, 308, 393 (n.). — VI : 342 (n.).

Stahremberg (L'ambassadeur d'Autriche à Londres). — II : 498. — VIII : 118.

Stainville (Le Marquis de). — I : 29 (n.), 160 (n.), 321 (n.).

Stamaty (Le Grec). — III : 533, 534. IV : 69, 250, 360.

Stamm. — III : 99, 104.

Stanhope (Charles, Vicomte de Mahon, Comte de). — I : 74. — II : 16, 27, 146. — III : 275. — IV : 35, 38, 204, 205. — VI : 296.

Stanislas Ier Leczinski. — I : 44, 73.

Stanislas II Poniatowski. — I : 510. — II : 212, 213, 332, 458, 460, 494, 495, 558. — III : 453, 454, 456. — IV : 49, 54, 137, 187, 447. — V : 137. — VI : 408. — VIII : 196, 396.

Stapps (Frédéric). — VII : 393.

Starhemberg (Le Comte). — III : 366, 367, 450 à 453 (n.), 502. — VII : 400.

Stedingk (Général). — II : 219, 239 (n.), 246 (n.), 281 (n.). — III : 445 (n.), 448 (n.). — VI : 162.

Steigentesch (Colonel Auguste, Baron de). — VII : 358, 359.

Stein (Frédéric-Charles de). — I : 98, 413, 426, 435, 436, 499. — II : 556. — IV : 24. — VII : 18, 46, 88, 96, 141 à 143, 146, 177, 208 (n.), 209, 291 à 293, 297, 298, 311, 318, 322, 329, 330, 333, 339, 356, 372, 404, 458, 492 à 496, 572, 578. — VIII : 8, 9, 20, 55, 57, 60, 61, 63, 64, 67, 68, 71, 109, 182, 197, 198, 206, 253, 308, 362 (n.), 384, 424, 437, 471, 476, 477, 479, 496, 499 (n.).

Stella (Le Napolitain). — I : 167.

Stenay. — III : 30, 96.

Stendal. — VII : 354.

Stengel (Le général Henri). — III : 57.

Stendhal. — V : 8, 80, 88. — VII : 443 (n.). — VIII : 77 (n.), 386 (n.).

Stettin. — VII : 109, 110, 298, 530.

Stewart (Lieutenant général Charles). — VIII : 99, 107, 167 (n.), 206, 211, 258, 264, 265, 287, 379, 405, 406, 434 (n.).

Stockholm. — I : 64, 67. — II : 189 (n.), 279, 283, 378, 409 (n.). — III : 306, 400, 417, 435. — IV : 227, 356, 359. — VII : 242, 243, 510, 567, 592. — VIII : 100.

Stofflet (Général Nicolas). — III : 376, 463, 539. — IV : 324 (n.). — V : 18, 50.

Stolberg (Frédéric-Léopold, Comte de). — I : 161, 175. — II : 12 (n.). — IV : 20.

Strabon. — I : 259, 277. — III : 309 (n.). — IV : 260.

Stralsund (Port de). — VI : 414, 421. — VII : 359. — VIII : 151 (n.), 153, 181.

Stramberg. — I : 103.

Strasbourg. — I : 79, 158, 167, 254, 263, 265, 312, 416 (n.), 546 (n.). — II : 12, 112, 245, 323, 352, 542 (n.). — III : 97, 111, 169 (n.), 288, 532, 539, 540. — IV : 414. — V : 190, 248, 393, 397. — VI : 81, 328, 456, 489, 496. — VII : 70, 72, 73, 289, 349, 354, 368, 377. — VIII : 206, 250, 477, 478.

— (L'évêque de). — Voir : Rohan (Cardinal de).

STRICK VAN LINSCHOSTEN (Baron). — V : 389, 394.
STRIEGAU. — VIII : 129.
STROGONOF (Paul, Comte). — VI : 162, 302, 303. — VII : 19, 20, 38, 39 (n.), 47, 48 (n.), 68, 74, 78, 84 (n.), 85, 148, 196. — VIII : 12.
STRUENSÉE (Jean-Frédéric, Comte DE). — I : 115, 168, 471, 493. — IV : 16, 97. — VII : 141.
STUARTS (Les). — II : 145, 420, 563. — IV : 209. — V : 455. — VI : 275, 299.
STUART (Général Charles). — VI : 269. — (Jacques-Édouard). — III : 500.
STUTTERHEIM (Général, Baron DE). — VII : 5.
STUTTGART. — I : 115. — II : 409 (n.), 416. — III : 98, 182, 417, 421, 472 (n.).— V : 363, 389, 393, 394, 396. — VI : 457. — VII : 596.
STYRIE (La). — I : 136, 440. — II : 551. — IV : 11.
SUCCESSION D'AUTRICHE (La). — I : 25, 38, 89, 291, 293, 393, 410. — II : 68, 168. — V : 39, 47.
SUCCESSION DE BAVIÈRE (La). — I : 36, 415 (n.).
SUCCESSION D'ESPAGNE (La). — I : 36, 37, 42, 287. — II : 474. — III : 322. — IV : 457. — V : 47, 115. — VI : 31. — VIII : 78, 495.
SUCHET, DUC D'ALBUFÉRA (Le maréchal). — II : 548. — VI : 339, 343. — VII : 478, 525, 526, 559.
SUCHTELEN (Comte Jean-Pierre). — VII : 567, 568.
SUD (Le). — Voir : MIDI (Le).
SUDERMANIE (Duc DE), Régent de Suède. — II : 32 (n.), 379. — III : 305, 400, 417, 434 à 436, 485. — IV : 307, 308, 392. — VII : 350.
SUÈDE (La). — I : 16, 61, 62, 64 à 67, 92, 94, 99, 111, 116, 126, 141, 152, 158, 177, 178, 307, 318 (n.), 340, 403, 502, 503, 505 à 507, 509, 523, 527, 532, 534, 535. — II : 31, 42, 61, 74, 75, 82, 156 (n.), 182, 202 (n.), 210, 219, 220, 250, 281, 291, 340, 346, 353, 379, 380, 417, 420, 503. — III : 16, 121, 305, 306, 323, 396, 417 à 419, 434 à 436, 486, 527, 528 (n.), 531. — IV : 65, 76, 173, 176, 180, 221, 224, 238, 248, 249, 304 à 308, 313, 344, 359, 371, 392. — V : 42, 133, 269, 330. — VI : 87, 120, 148, 379, 411, 415, 421, 423, 459, 480. — VII : 78, 90, 91, 98, 112, 146, 172, 185, 193, 200, 203, 223, 227, 237, 241 à 243, 307, 350, 362, 400, 406, 452, 456, 458, 459, 509, 510, 516, 517, 519, 529, 543, 545, 555, 558, 559, 566, 567, 569, 584, 585. — VIII : 53, 63, 87, 127, 137, 153, 181, 187, 188, 291, 302, 330, 348, 350, 381, 398, 409 (n.).
SUÈDE (Le Prince royal de). — Voir : BERNADOTTE.
SUÉDOIS (Les). — I : 64, 65, 281, 362, 409, 505, 506, 509, 514, 524, 527. — II : 21, 69, 72, 74, 75, 215, 219, 244, 248. — III : 527. — IV : 45, 189, 230, 304. — V : 133, 268. — VI : 114, 446 (n.). — VII : 3, 242, 243, 454, 456, 509, 567. — VIII : 152, 189, 243, 302, 353.
SUEZ. — I : 329. — V : 103, 193, 301. — VI : 105, 148.
SUISSE (La). — I : 14 (n.), 36 (n.), 40 (n.), 255, 256, 311. — II : 10, 141, 228, 302, 383. — III : 16, 17, 120 à 123, 125, 127, 168, 301, 371, 386, 417, 431, 436, 437, 522 (n.), 525, 530, 531, 533, 535. — IV : 33, 34, 97, 173, 197, 200, 209, 210, 212, 234, 236, 325, 326, 341, 359 (n.), 412. — V : 23, 41, 188, 265, 266, 283, 289, 293, 294, 303, 305, 308, 311 à 313, 315, 321, 327, 330, 337, 338, 350, 355, 361, 362, 368, 391, 406, 408, 412, 415, 419, 434, 438, 446, 450, 451, 459. — VI : 17, 20, 22, 37, 38, 53, 56, 61, 78, 90, 98, 145, 146, 149, 153, 160, 161, 168, 183, 185, 193, 195, 213, 254 à 257, 259, 260, 264, 267, 268, 270, 271, 287, 290, 293, 296, 308, 312, 337, 341, 391, 414, 415, 418, 429, 454, 480, 484, 508, 509. — VII : 30, 73, 74, 207, 471, 516, 521, 570. — VIII : 178, 213, 242,

258, 272, 274, 281, 294, 306, 351, 374, 399, 439, 497, 500.

SUISSES (Les). — I : 143, 255, 269, 447. — II : 248, 292, 317, 337 (n.), 463. — III : 122, 124, 125 à 127, 204, 205, 301, 436, 489, 498, 529. — IV : 53, 235, 236. — V : 312, 360. — VI : 254, 256, 270, 332. — VII : 64, 470, 471, 503 (n.), 575.

SULLY (Maximilien de Béthume, Duc DE). — I : 10 (n.), 39, 108, 189, 196, 208, 267 à 270, 327. — III : 404. — V : 224.

SULTAN D'ÉGYPTE (Le). — V : 440. — VI : 165.

SUND (Détroit du). — IV : 306, 308. — VI : 116, 141, 318. — VII : 70.

SUNDGAU (Le). — IV : 135.

SURINAM (Le). — VI : 383. — VII : 245, 246.

SWETCHINE (Mme). — II : 11 (n.).

SWIETEN (Van). — I : 115, 456 (n.).

SYLLA. — III : 26, 335, 340, 509. — IV : 107, 471. — V : 98.

SYRACUSE (Le tyran de). — Voir : DENYS.

SYRIE (La). — I : 328. — V : 298, 392, 438, 445, 451, 458. — VI : 106, 255, 306. — VII : 249, 331, 518.

SZÉKLERS (Les). — V : 395, 397, 398, 400.

SZENTMARJAY (Le sans-culotte hongrois). IV : 11.

T

TABAGO. — II : 336, 389, 392, 422. — III : 19, 434. — IV : 34. — VI : 33, 189, 190. — VIII : 281, 348.

TACITE. — VI : 330, 368.

TAGE (Le). — III : 244. — IV : 176. VII : 188.

TAGLIAMENTO (Le). — VI : 91.

TAINE (Hippolyte). — III : 522 (n.).

TALAVERA. — VII : 377, 398.

TALBOT (Le secrétaire de Malmesbury). — V : 119.

TALHOUËT (Marquise DE). — VII : 439.

TALLEYRAND-PÉRIGORD (Maurice DE), Prince de Bénévent. — I : 23, 76, 115, 143, 158, 173 (n.), 316, 317, 329, 335, 467 (n.). — II : 24, 42, 59, 117 (n.), 118, 120, 122, 135, 324, 325, 336 à 341, 384, 386 à 393, 418, 419, 421, 422, 439 à 441, 453, 488. — III : 14, 15, 17, 19, 140, 221, 223, 224, 272, 352, 385, 402. — IV : 296, 312, 357 (n.); 363, 371, 405 (n.). — V : 184 (n.), 187, 192, 193, 202 (n.), 205, 209 à 211, 216, 218, 226, 228, 230, 243, 245, 246, 252, 254, 255, 258, 260, 261, 263, 271, 280, 282, 284, 286, 294 (n.), 295, 298 à 300, 312, 313 (n.), 314, 316 à 318, 321 (n.), 328, 334 à 337, 339 à 341, 390 (n.), 393, 427, 429, 438, 451, 455, 467 (n.), 468, 471, 475, 480, 488. — VI : 10, 23 à 26, 28, 34, 35, 41, 44, 47, 49, 51, 53, 54, 56, 58 à 60, 61, 63, 65, 71, 77, 82 à 85, 88, 94 à 96, 105 (n.), 106 (n.), 111, 113, 115, 116, 125, 127, 141, 142, 144, 145, 154, 156, 162 à 164, 180, 184, 187, 190 à 194, 198 à 222, 230, 231, 243, 245, 252 (n.), 254, 257, 259, 268, 270, 275, 277, 278, 280, 281 (n.), 283, 287 à 290, 292 à 295, 300, 310, 313, 315, 316, 318, 319 (n.) à 321, 323, 324, 326 (n.) à 328 (n.), 343 (n.), 346, 347, 349, 351, 352, 355 à 359 (n.), 361 (n.) à 363, 366, 369, 379, 380, 385, 398, 399, 401, 404, 405 (n.), 409 (n.), 422, 449, 450 à 457, 464 (n.), 469, 489, 493, 496 à 498, 501, 503 (n.) à 507, 516 (n.), 518. — VII : 6 à 9, 11 à 16, 27, 29, 30 (n.) à 33, 35, 47, 50 à 52, 64 (n.), 67 à 79, 81 à 83 (n.), 85, 86, 88 à 98, 99 (n.), 108 (n.), 116, 117 (n.), 119 (n.) à 122, 130 à 134, 136, 138, 148 (n.) à 155, 157, 188 (n.), 191 à 193, 195, 205, 210 (n.), 215, 216, 220, 224, 228, 234 (n.), 239, 246, 257, 265, 266, 269, 271 (n.), 274 à 276, 289, 297, 300 à 305, 312, 314 à 317, 319, 320, 329, 331, 333 à 336, 338 (n.) à 342, 344, 346, 373, 380, 396, 412, 430, 431, 435, 436, 448 à

450, 455, 470, 499, 512, 515, 527, 538, 544, 559, 562, 583, 594. — VIII : 40, 42, 43, 99, 127, 128, 165 (n.), 201, 203, 204, 209, 214 à 216, 220 à 222, 230, 240, 242, 269, 273, 297, 300, 310 à 314, 316 à 320, 322, 328 à 332, 341, 342, 347, 351, 358 (n.), 359 (n.), 368 à 372, 375, 376, 382 à 393, 395 à 412, 417 à 423, 426 à 429, 431, 433, 434, 441, 453, 455, 459, 461, 462, 480 à 485, 487, 488.

Talleyrand (Mme de). — VII : 266.

Talleyrand-Périgord (de), archevêque de Reims. — II : 388.

Tallien (Jean-Lambert). — III : 96, 539. — IV : 72, 106, 116, 126, 131, 156, 170 (n.), 183, 286, 288, 293 (n.), 310, 319 (n.), 323 (n.), 355, 365, 366 (n.), 368, 374, 382, 440, 464. — VIII : 482.

Tallien (Thérésia Cabarrus, Mme). — IV : 298.

Talma (François-Joseph). — VII : 175 (n.).

Talon (Antoine-Omer). — II : 130.

Talysin (L'officier russe). — VI : 129, 133.

Tamerlan. — V : 409. — VII : 242, 586.

Tamise (La). — I : 342. — IV : 183, 222, 270.

Tanaro (Le). — VI : 36.

Tancrède. — VII : 475.

Tanucci (Bernard, marquis de). — I : 115, 128, 386.

Tarbé des Sablons (Sébastien-André). II : 322.

Tarente. — VI : 107, 112, 198, 202, 280, 285, 294, 309. — VII : 245.

Target (Gui-Jean-Baptiste). — I : 222 (n.).

Targowitz. — II : 460, 462, 495, 563. — III : 313, 314, 325, 453. — IV : 53, 318 (n.).

Tarquins (Les). — II : 66. — III : 237 (n.). — IV : 233. — V : 63.

Tartares (Les). — I : 269. — II : 151. — III : 306. — V : 27, 409, 410. — VI : 492. — VII : 585.

Tartarie (Le khan de). — VI : 110. — VIII : 342.

Tartufe. — V : 226.

Tatichtchef (Démétrius-Pawlovitch). — VI : 470, 502 (n.).

Taube. — II : 170 (n.), 182 (n.), 184 (n.), 188 (n.), 220 (n.), 227 (n.).

Tauentzien-Wittenberg (Comte de). — III : 363, 367 (n.). — IV : 134, 141, 188, 192, 193, 251, 395 (n.). — V : 137.

Tauroggen. — VII : 169, 171, 172, 174. — VIII : 22, 25, 28, 50.

Tavanti. — I : 116.

Tchèques (Les). — I : 121, 442. — VII : 500, 583.

Tchernichef (Général Alexandre-Ivanovitch). — VII : 351, 363, 382, 510, 512 à 515, 517, 522, 524, 526, 531 (n.), 534, 536, 543 à 545, 553 (n.) à 555, 561 à 563.

Tchernichef (Mme), née Lanskoy. — VII : 513.

Tchigagof (L'amiral). — VII : 309 (n.), 587. — VIII : 5.

Télémaque. — V : 43.

Temesvar. — II : 70 (n.). — III : 304.

Temple (Prison du). — II : 271 (n.). — III : 187, 189, 239, 329, 352, 370, 395, 423, 432, 435, 469, 471. — IV : 59, 124, 144, 233, 353, 354, 362, 416. — V : 259, 309. — VI : 115, 345, 399, 400.

Temple (Le faubourg du). — IV : 285.

Tencin (Cardinal Pierre-Guérin de). — I : 200.

Tende (Le col de). — IV : 90.

Ternant (M. de). — II : 83.

Terracine. — V : 149.

Terre ferme de Venise (La). — V : 153, 155, 156, 158, 159, 164, 217, 241, 244, 245, 249 (n.), 282. — VI : 21, 80. — VII : 12.

Terre-Neuve (L'île de). — VI : 160, 184, 189, 198.

Terre-Sainte (La). — I : 250. — II : 239, 559. — VIII : 506.

Terreur (La). — I : 174, 231, 232, 240. — II : 45, 192, 526, 527, 528, 530, 565. — III : 68, 269, 333, 335, 474, 477 à 479, 509, 510, 512, 513, 516 à 518, 522, 535, 539, 541,

543, 548. — IV : 6, 36, 59, 62, 64, 72, 81, 104 à 107, 109, 112, 122 à 124, 127, 128, 133, 145, 166, 205, 216, 248, 262, 366, 380, 389, 397, 409, 413, 460. — V : 4, 9, 40, 61, 132, 140, 202, 212, 325, 341, 349, 436, 437, 452, 457, 464, 484. — VI : 6, 14, 100, 121, 124, 345, 363. — VII : 57, 61, 116, 193 (n.), 358, 373, 450, 466. — VIII : 231, 357, 462 (n.), 465.

Terreur blanche (La). — I : 232 (n.). — VIII : 356, 467.

Tési (L'actrice). — I : 446 (n.).

Tessin (Le). — V : 407. — VII : 521.

Tessonnet (L'agent de Condé). — V : 47 (n.).

Tétouan. — VI : 439.

Teutoniques (Les). — I : 465 à 467, 500. — III : 352.

Texel (Le). — III : 477. — IV : 198, 389, 392. — VI : 107 (n.), 170, 174, 383. — VII : 54 (n.), 104, 245, 518.

Thann. — III : 533.

Thèbes. — VII : 589.

Thémistocle. — VI : 261. — VIII : 466.

Théodore (Baron de Neuhof), roi de Corse. — I : 44. — VIII : 465.

Théodose Ier le Grand. — III : 523.

Théot (Catherine). — I : 174.

Theremin. — IV : 425, 433.

Thermidor (Révolution du 9). — IV : 115, 144, 169, 216, 286, 300, 337, 354, 368, 377, 383. — V : 9, 11, 140, 437, 464. — VI : 129, 137, 343. — VII : 451. — VIII : 309, 482.

Thermidoriens (Les). — IV : 122, 123, 126, 183, 276, 297, 325, 337, 382, 440. — V : 5.

Thersite. — II : 146.

Thespis. — VII : 263.

Thessalie (La). — VII : 171.

Thiard de Bissy (Comte de). — VI : 457.

Thibaudeau (Comte Antoine-Claire). — II : 535. — III : 266 (n.), 517. — IV : 123, 170 (n.), 232, 263, 326, 440, 441. — V : 96, 138, 220, 221, 223, 272, 301, 438. — VI : 180, 507. — VII : 468 (n.).

Thiébault (Général, Baron). — V : 323, 365, 374, 377, 383, 385, 413. — VI : 369. — VII : 132 (n.).

Thiers (Louis-Adolphe). — VI : 319 (n.). — VII : 486 (n.). — VIII : 323 (n.), 402 (n.), 408 (n.).

Thionville. — II : 499. — III : 4, 30.

Thomas d'Aquin (Saint). — I : 148.

Thorn. — I : 524, 530. — II : 68, 70, 71, 163, 202 (n.), 467. — III : 182, 316, 481. — VII : 113. — VIII : 380.

Thomson (Baron de Rumford). — I : 119 (n.).

— (Capitaine). — Voir : Thornton.

Thornton (Diplomate anglais). — VII : 568.

Thou (Jacques-Auguste de). — II : 529 (n.).

Thouret (Jacques-Guillaume). — I : 222 (n.). — II : 275, 298.

Thouvenot (Général Pierre). — III : 59, 60, 61, 252, 354.

Thrace (La). — I : 463 (n.).

Thucydide. — I : 165.

Thugut (François-Marie, Baron de). — I : 74, 78 (n.), 79, 167, 462. — II : 373, 556. — III : 95, 131, 326 à 328, 330, 332, 368, 440, 441, 443, 451, 453, 456, 460, 462, 468 (n.), 469, 478, 480, 490 à 492, 494, 497 à 499, 504, 505. — IV : 14, 43, 45 à 47, 56, 57, 75, 76, 78, 79, 81, 82, 84 à 87, 92, 93, 96, 135, 136, 190 à 192, 252, 298, 343 à 347, 355 (n.), 361, 397, 398 (n.), 402 à 415, 416 à 419, 425, 432, 458 (n.). — V : 24, 31 à 33, 35, 42, 44, 45, 99, 130, 131, 144, 153, 154, 173, 174, 190, 217, 218, 231 à 233, 245, 250, 251, 275, 304 à 307, 309, 326, 348, 354, 355, 360, 361, 393, 394, 411, 412, 419, 420, 431, 432. — VI : 36, 37, 41, 44, 56, 58, 62, 71, 78, 79, 81, 93, 95, 96, 251. — VII : 392. — VIII : 364.

Thumery (Marquis de). — VI : 346.

Thuriot de la Rosière. — II : 300.

— III : 236, 239, 381, 430. — IV : 124, 126, 145 (n.), 147 (n.), 170 (n.), 179, 287.
Thurlow (Édouard). — II : 384.
Thurreau. — IV : 324.
Tibère. — III : 252. — IV : 103 (n.). — VII : 313.
Tibre (Le). — VII : 438, 475.
Tiflis. — VII : 565.
Tillot (Guillaume-Léon du), Marquis de Felino. — I : 115, 128.
Tilly (Agent français à Gênes). — III : 296, 489. — IV : 25, 70, 100.
Timour-Lenc. — Voir : Tamerlan.
Tindal (Mathieu). — I : 163.
Tinténiac (Le chevalier de). — III : 500.
Tippou-Saheb ou Tippoo-Saïb. — II : 207, 383. — III : 244, 421. — V : 260, 419, 444. — VI : 33.
Tirlemont. — III : 347.
Titans (Les). — III : 40.
Tite-Live. — I : 165.
Titus-Largius. — IV : 428 (n.).
Tocqueville (Henri Clerel de). — I : 112, 144 (n.), 145, 176, 207, 220. — II : 10 (n.).
Toeplitz. — VII : 286, 287 (n.). — VIII : 185, 188.
Toison d'or (La). — IV : 82. — VI : 362. — VII : 278.
Tolentino. — V : 149, 150. — VIII : 436.
Toll (Général Charles-Ferdinand, Comte de). — VIII : 116.
Tolstoy (Pierre-Alexandrovitch, Comte). — VII : 169 (n.), 192 (n.), 201, 202, 211, 223, 224 à 229, 233 (n.), 238, 239, 242 à 244, 247, 251, 254 (n.), 274, 276 à 278 (n.), 289 (n.), 290, 293 à 295, 297 à 299, 304 à 306, 316, 319, 498 (n.).
Tonso (Le Piémontais). — V : 74.
Torcy (Marquis de). — Voir : Colbert (Jean-Baptiste).
Torné (Pierre-Anastase). — II : 489.
Torquemada (Inquisiteur général de Castille et d'Aragon). — IV : 74.
Torrès-Vedras. — VII : 518.
Tortone. — V : 61, 75.
Toscane (La) et les Toscans. — I : 36 (n.), 43, 115, 116, 128, 132, 289, 384, 390, 391. — II : 62 (n.), 63 (n.), 502. — III : 24, 133, 157, 298, 395, 425, 487, 488. — IV : 27, 98, 200, 231 à 233, 252, 297, 298, 303. — V : 94, 112, 142, 283, 325, 409, 412, 430, 432. — VI : 20, 75, 82, 93, 95, 97, 106, 113, 147, 152, 196 (n.), 294, 434. — VII : 60, 269, 283, 419, 451, 474. — VIII : 44 (n.), 120, 121, 140, 365, 367, 437.
Toscane (Le grand-duc de). — Voir : Ferdinand III.
Tott (Baron François de) — IV : 385. — V : 193.
Toul. — I : 36 (n.), 254, 256, 263, 265, 416 (n.). — II : 141. — III : 450.
Toulon et les Toulonais. — II : 455. — III : 16, 462, 467, 473, 487, 503, 526, 527, 536, 538, 540. — IV : 29, 34, 321, 383, 435, 475. — V : 53, 59, 164, 215, 302, 309, 414. — VI : 101, 274, 430 à 432, 439. — VII : 118, 137, 237, 245, 272, 331, 594.
Toulouse. — II : 363 (n.). — VII : 289. — VIII : 303, 432.
Toultoumine. — IV : 446.
Tour et Taxis (Princesse de). — VII : 314.
Tour de Londres (La). — III : 214, 244.
Tourcoing. — IV : 78, 79, 86.
Tour du Pin (M. de la). — II : 166 (n.).
Tournaisis (Le). — III : 285, 311.
Tournay. — III : 171, 285, 311, 355. — IV : 88, 329. — VIII : 348.
Toussaint-Louverture. — VI : 176.
Trachenberg (Château de). — VIII : 151, 152, 157, 161.
Tracy (de). — Voir : Destutt de Tracy.
Trafalgar. — V : 350. — VI : 116, 169, 477, 493, 507, 510. — VII : 28, 100.

Traités et Conventions.

Aix-la-Chapelle, 2 mai 1668. — I : 362.

Aix-la-Chapelle, 18 octobre 1748. — IV : 75. — VI : 203, 275.
— 15 novembre 1818. — VIII : 290 (n.).
Amiens, 27 mars 1802. — V : 119, 336. — VI : 186, 190, 195, 199 à 203 206, 207, 212, 217, 219 à 221, 223, 227, 237, 243, 249, 250, 252, 253, 256, 257, 260, 264, 271, 274, 276, 281, 283 à 285, 291, 292, 297, 298, 306, 309, 313, 443. — VII : 24, 28, 35, 47, 422, 436, 517, 539, 541, 563. — VIII : 19, 39, 179, 216, 219, 222, 500.
Aranjuez, 25 mai 1793. — III : 459.
— 21 mars 1801. — VI : 113, 196.
Anvers *de la barrière*, 15 novembre 1715. — II : 452. — V : 115, 314. — VI : 167.
— (Bâle), 5 avril (16 germinal 1795). — I : 317, 407 (n.), 546 (n.). — II : 456. — IV : 251, 293, 301, 314, 315, 332, 334, 343, 356, 391, 403, 434. — V : 30, 104, 127, 170, 188, 190, 415, 418. — VI : 28, 38, 377, 489. — VII : 103. — VIII : 22 (n.), 255, 376.
Badajoz, 6 juin 1801. — VI : 153, 187.
Bâle, 17 mai 1795. — IV : 334. — V : 30.
— 22 juillet 1795. — IV : 369, 429.
— 28 août 1795. — IV : 424.
Bartenstein, 26 avril 1807. — VII : 159, 163, 174.
Bayonne, 5, 7 et 15 juillet 1808. — VII : 326.
Belgrade, 1er septembre 1739. — I : 451 (n.).
Berlin, 23 juillet 1785. — I : 405 (n.).
— 7 février 1792. — II : 365 à 373, 377, 460, 465. — IV : 47.
— 5 août 1796. — I : 407 (n.). — V : 104, 188, 190, 260, 276, 338. — VI : 38, 489. — VIII : 376.
— 9 janvier 1796. — II : 60.
Bucharest, 28 mai 1812. — VII : 570. — VIII : 35.
Campo-Formio, 17 octobre 1797. — I : 173 (n.), 407 (n.). — IV : 388 (n.). — V : 65, 166, 232, 249, 251, 254, 257, 260, 261, 263, 264, 267, 270, 274 à 276, 279, 280, 282, 283, 336, 338, 354, 359, 361, 370, 420, 451, 460, 462. — VI : 11, 20, 21, 24, 44, 46, 61, 74, 76 à 79, 92, 93, 95 à 98, 103, 158, 177, 194, 203, 295, 308, 425, 489, 495. — VII : 7, 15, 16, 104, 187, 365, 368, 392, 445. — VIII : 365, 376, 496.
Carlowitz, 26 janvier 1699. — I : 448.
Chaumont, 1er mars 1814. — IV : 405 (n.). — VIII : 290, 291, 294, 296, 346, 359, 361, 382, 393, 402, 405, 406, 419, 420, 422, 423, 490, 491 (n.).
Convention du 6 novembre 1804. — VI : 417.
Confédération du Rhin (De la), 15 décembre 1806. — VII : 126 (n.).
Constantinople, 30 janvier 1790. — II : 68.
— 5 janvier 1799. — V : 359.
— 21 janvier 1799. — V : 359.
Copenhague, 27 mars 1794. — IV : 65, 76.
— 10 juillet 1813. — VIII : 151 (n.).
Déclaration du 24 mai 1804. — VI : 461, 462.
El-Arich. — VI : 40 (n.), 46.
Erfurt, 12 octobre 1808. — VII : 317, 318.
Escurial (De l'), 12 octobre 1790. — II : 93 à 95.
Finckenstein, 4 mai 1807. — VII : 154.
Florence, 28 mars 1801. — VI : 112.
Fontainebleau, 8 et 10 novembre 1785. — III : 168.
— 27 octobre 1807. — IV : 266 (n.). — VII : 219, 253, 254.
France-Wurtemberg, 5 octobre 1805. — VI : 472.
Fribourg, 27 septembre 1803. — VII : 471 (n.).
Friedrichshamm, 17 septembre 1809. — VII : 400.
Grodno, 16 octobre 1793. — IV : 48.
— 23 juillet 1793. — III : 456.
Jassy, 9 janvier 1792. — II : 347, 459. — III : 136. — VIII : 292.

KAÏNARDJI, 21 juillet 1774. — III : 304. — VIII : 440.
KALISCH, 28 février 1813. — VII : 159 (n.). — VIII : 59, 64, 68, 97, 115, 134, 135, 179, 186, 187, 390.
— 29 mars 1813. — VIII : 73.
KIEL, 14 février 1814. — VIII : 409 (n.).
LA HAYE, 10 décembre 1790. — II : 393, 452, 469 (n.). — IV : 79.
— 19 avril 1794. — IV : 76, 79, 82, 83, 86, 91, 92, 134, 139, 143, 150.
— 16 mai 1795. — IV : 333, 334, 429.
— 27 juillet 1795. — I : 332, 334, 391, 429. — VII : 424.
— 12 avril 1798. — V : 295.
— 29 août 1801. — VI : 155.
LANDECY, 22 octobre et 2 novembre 1792. — III : 126, 127.
LEMBERG, 19 mars 1810. — VII : 394 (n.).
LÉOBEN, 18 avril 1797. — V : 140 à 175.
LONDRES, 25 mars 1793. — III : 459.
— 25 avril 1793. — III : 459.
— 30 août 1793. — III : 459.
— 26 septembre 1793. — III : 459.
— 29 décembre 1798. — V : 419, 420.
— 1er octobre 1801. — VI : 159 à 161, 164, 166 à 171, 256.
— 29 juin 1814. — VIII : 361 (n.).
LUNÉVILLE, 9 février 1801. — IV : 388 (n.). — V : 232, 283. — VI : 90 à 97, 110, 147, 160, 177, 183, 198, 203, 205, 210, 217, 237, 250, 251, 256, 258, 296, 308, 332, 418, 419, 425, 443, 483, 485, 489, 508. — VII : 7, 11, 28, 104, 349, 368, 392, 422, 445, 563. — VIII : 19, 39, 70, 128, 142, 162, 173, 179, 210, 216, 365, 376, 500.
MADRID, 15 juillet 1793. — III : 459.
— 29 janvier 1801. — VI : 107.
— 29 septembre 1801. — VI : 154, 175.
MAYENCE (Devant), 14 juillet 1793. — III : 459.
MUNICH, 24 août 1805. — VI : 460.
MUNSTER, 24 octobre 1648. — Voir : WESTPHALIE (Traités de).
NAPLES, 12 juillet 1793. — III : 459.
— 11 janvier 1814. — VIII : 237 à 239, 366, 412.
NEUMARCK, 26 juillet 1813. — VIII : 157, 160, 161 (n.).
NIMÈGUE, 5 février et 29 mars 1679. — I : 285 (n.). — VI : 97, 203. — VIII : 481, 495, 496.
ŒREBRO, 18 juillet 1812. — VII : 569, 581.
PARIS, 10 février 1763. — I : 300, 304. — VI : 197, 203, 290. — VIII : 249.
CAPITULATION DE LA ZÉLANDE, 3 février 1795. — IV : 238, 240.
PARIS, 9 février 1795. — IV : 232, 233.
— 14 septembre 1795. — IV : 394.
— 9 octobre 1796. — V : 106.
— 20 octobre 1796. — V : 106.
— 22 février 1798. — V : 296.
— 19 août 1798. — V : 312.
— 8 octobre 1801. — VI : 161.
— 28 avril 1803. — VI : 286.
— 15 février 1806. — VII : 32, 41, 43.
— 28 juillet 1800. — VI : 61, 377.
— 28 avril 1803. — VI : 286.
— 21 septembre 1805. — VI : 469, 470.
— 15 février 1806. — VII : 31, 32, 34, 41, 43.
— 20 juillet 1806. — VII : 78, 84, 91, 92, 94.
— 25 septembre 1806. — VII : 126 (n.).
— 8 septembre 1808. — VII : 296, 298, 534.
— 14 janvier 1810. — VII : 424 (n.). — VIII : 302.
— 16 février 1810. — VII : 438.
— 16 mars 1810. — VII : 437, 447, 448.
— 24 février 1812. — VII : 554, 558.
— 14 mars 1812. — VII : 555 à 558. — VIII : 90 à 92.
— 30 mai 1814. — V : 129 (n.), 130, 314. — VI : 391 (n.). — VIII : 290, 337 à 353, 358, 371, 373, 380, 381, 384, 385, 388, 390, 392, 398, 407, 418 à 420, 422, 423, 425, 440, 458, 470, 473, 480, 485.

— 26 septembre 1815 (dit de la *Sainte-Alliance*). — VIII : 490.
— 20 novembre 1815. — I : 399, 491, 496. — VIII : 467 à 493.
— 15 avril 1856. — VIII : 372.
— 23 janvier 1860. — VI : 300.
PARTAGE DE LA SUCCESSION D'ESPAGNE, 11 juin 1699. — IV : 267.
PASSAROVITZ, 21 juillet 1718. — I : 451 (n.). — II : 70.
POTSDAM, 3 novembre 1805. — VI : 483, 485 (n.), 490, 506. — VII : 6, 9, 10, 22, 92, 158, 159 (n.), 174.
POLOGNE (Sur la), 4 janvier 1810. — VII : 428 à 432.
POSEN, 11 décembre 1806. — VII : 126 (n.).
PRESBOURG, 26 décembre 1805. — V : 65, 232, 283. — VII : 15, 16, 18, 27, 28, 33, 36, 49, 80, 104, 340, 345, 364, 367, 368, 383, 445. — VIII : 173, 179.
PYRÉNÉES, 7 novembre 1659. — I : 276 (n.), 279. — II : 385. — IV : 266. — VI : 97. — VIII : 495.
RASTADT, 1er décembre 1797. — V : 269, 270.
REICHENBACH, 27 juillet 1790. — II : 73.
— 14 juin 1813. — VI : 485 (n.). — VII : 152 (n.), 159 (n.). — VIII : 85 (n.), 140 à 142 (n.), 162, 166 (n.), 171 (n.), 177, 179, 187, 266, 361, 390.
RYSWICK, 20 septembre 1697. — II : 78, 112 (n.). — V : 278. — VI : 203. — VIII : 168.
SAINTE-ILDEFONSE, 19 août 1796. — V : 105. — VI : 325.
— 23 janvier 1793. — I : 546 (n.). — III : 493. — V : 432. — VI : 375.
SAINT-PÉTERSBOURG, 11 avril 1764. — II : 497.
— 25 juillet 1772. — I : 153, 469. — II : 460.
— 14 juillet 1792. — II : 497. — III : 495. — IV : 44.
— 3 janvier 1795. — IV : 186, 195, 228, 284, 343, 346. — V : 44. — VI : 485 (n.).
— 24 octobre 1795. — IV : 447, 448. — VI : 376.
— 29 décembre 1798. — V : 359, 419 (n.).
— 29 novembre 1798. — V : 359.
— 16 décembre 1800. — VI : 87.
— 18 décembre 1800. — VI : 87.
— 17 juin 1801. — VI : 148.
— 6 novembre 1804. — VI : 392.
— 11 avril 1805. — VI : 391 (n.), 414, 419, 423, 428, 440, 442, 446, 475, 482 à 485, 508, 509 (n.), 510. — VII : 10, 159, 174. — VIII : 10 (n.), 11 (n.), 97, 112 (n.), 139, 162, 163, 174, 177, 199, 202.
— 5 avril 1812. — VII : 567.
SISTOW, 4 août 1791. — II : 235, 236. — III : 136.
STOCKHOLM, 21 mars 1757. — I : 153 (n.).
TESCHEN, 13 mai 1779. — I : 300. — II : 210. — V : 173, 251. — VI : 261.
TILSIT, 7 et 9 juillet 1807. — IV : 195, 359 (n.). — V : 283. — VI : 88, 103, 140, 151, 232, 444, 498. — VII : 5, 72, 161, 168, 171, 178 à 187, 192, 194, 195, 198 à 202, 204 à 206, 225, 226, 228, 238 à 240, 243, 246, 248, 250, 296, 298 à 300, 307, 308, 310, 312, 322, 343, 344, 351, 402, 456, 457, 465, 496, 520, 523, 563, 578, 579. — VIII : 15, 21, 22, 24, 35, 56, 179, 185, 186, 226 (n.), 292, 343, 375, 376, 392.
TOEPLITZ, 9 septembre 1813. — VIII : 154 (n.), 186 à 189, 192, 251.
TOLENTINO, 19 février 1797. — V : 149, 151, 179, 203, 290, 291, 293.
UTRECHT (Le Pacte national d'), 1579. — IV : 318.
— 7 novembre 1712, 14 mars et 11 avril 1713. — I : 43, 288, 363. — II : 452. — V : 115. — VI : 167, 170, 203, 291, 315, 337, 392. — VIII : 226, 249, 477, 495.
VALENÇAY, 11 décembre 1813. — VIII : 226.
VALENCIENNES, 23 mai 1794. — IV : 75, 76.
VARSOVIE, 18 septembre 1773. — II : 497.
— 29 mars 1790. — II : 68, 69, 377, 461.

VAUCOULEURS en 1299. — 250, 274.
VELIKI-LOUKO, 20 juillet 1812. — VII : 571 (n.).
VÉRÉLA, 14 août 1790. — II : 75.
VERSAILLES, 1er mai 1756. — I : 291, 298, 321. — II : 66, 226, 369, 505. — III : 468. — IV : 410. — V : 117. — VI : 220. — VII : 430.
— 3 septembre 1783. — V : 123. — VI : 261.
— 26 septembre 1786. — V : 117. — VI : 190, 197, 212, 262, 263 (n.), 291.
VIENNE, 18 novembre 1738. — I : 289, 385.
— 10 juillet 1781. — II : 462, 463.
— 25 juillet 1791. — II : 241, 280.
— 4 mai 1795. — IV : 343.
— 20 mai 1795. — IV : 343, 432.
— 15 décembre 1805. — VII : 14, 16, 18, 19, 22, 23, 32 à 34, 40, 311 (n.).
— 20 juin 1800. — VI : 54.
— 14 octobre 1809. — VII : 393, 394, 396, 397, 400, 445. — VIII : 51, 112.
— 4 juin 1815. — VIII : 409 (n.).
— 3 janvier, 25 mars et 9 juin 1815. — I : 10 (n.), 76, 153, 399. — V : 65, 359. — VI : 418. — VIII : 290, 407, 408, 418, 421, 423, 425, 436 à 441, 455, 483, 485, 487, 490, 495, 501 à 503, 505.
— 3 janvier, 25 mars, 9 juin 1815. — I : 153 (n.).
WESTPHALIE, 1648. — I : 39, 57, 58, 193, 249, 270, 276, 281, 285, 286 (n.), 293, 300, 302, 311, 399, 400, 401 (n.), 404, 406, 418. — II : 56, 77, 78 (n.), 82, 84, 96, 97, 107, 112 (n.), 149, 193, 210, 417. — III : 400. — IV : 18, 142, 149, 196, 197, 225, 227, 291, 292, 425, 465. — V : 26, 262. — VI : 229, 392. — VII : 483. — VIII : 9, 495, 499.

TRA-LOS-MONTES. — VII : 219.
TRANSYLVANIE (La). — I : 36 (n.), 439, 440 (n.), 527. — III : 182. — IV : 78. — VII : 570.
TRASIMÈNE (Le). — V : 323.
TRAUTMANSDORFF (Prince Ferdinand DE). — II : 51. — III : 372. — IV : 81. — VIII : 131.
TREBBIA (La). — V : 414.
TREILHARD (Jean-Baptiste, Comte). — I : 45, 169, 274. — II : 535. — III : 170, 255, 285, 340, 356, 382, 407. — IV : 126, 145 (n.), 170 (n.), 172, 323, 341, 355, 362, 366, 369, 373, 374. — V : 226, 263, 266, 272 à 276, 278 à 281, 339, 342, 427.
TRENCK (Frédéric, Baron DE). — I : 23, 482, 483.
TRENTE ANS (Guerre de). — I : 82 (n.). — II : 32. — IV : 12, 29. — VII : 140.
TRENTE. — IV : 384. — V : 100. — VI : 36. — VII : 15.
TRENTIN (Le). — Voir : TRENTE.
TRÉPORT (Le). — VI : 345.
TRÉSOR PUBLIC (Le). — IV : 154, 327, 332. — V : 56, 453. — VI : 154, 285, 325. — VII : 595.
TRÉSORERIE (La). — I : 163. — III : 381. — VI : 221.
TRÈVES. — I : 254, 333, 402, 432, 434, 522 (n.). — II : 18, 19, 316 (n.), 325, 343, 409, 503, 507. — III : 3, 107, 179, 373, 394, 460. — IV : 76, 89, 138, 159, 161, 339. — V : 165, 244. — VI : 509. — VIII : 352 (n.), 406, 407, 409.
— (L'évêque électeur). — Voir : CLÉMENT DE SAXE.
TRIANON. — II : 133.
TRIBUNAT (Le). — VI : 5, 7, 67, 173, 200, 214, 225.
TRICHETTI (Baron). — II : 451.
TRIESTE. — III : 404. — V : 101, 111, 158. — VI : 177, 510. — VII : 15, 216, 384, 394, 445, 446, 556. — VIII : 174, 176, 437.
TRINITÉ (Ile de la). — III : 508 (n.). — V : 215. — VI : 33, 154, 160, 167, 170, 190, 201.
TRIPOLITAINE (La). — VI : 255.
TRIVULZIO (Le Comte). — V : 78.
TROIE (Le siège de). — IV : 82. — V : 462.
TROISIÈME PARTAGE DE LA POLOGNE

3 janvier 1795. — I : 546 (n.). — IV : 44, 93, 136, 190, 191, 193, 284, 395.
Tromelin (Général Jean-Jacques). — V : 350.
Tronchet (François-Denis). — I : 169. — II : 100, 103 (n.).
Trone (La place du). — VIII : 453.
Tronson du Coudray (Alexandre-Guillaume). — V : 286.
Troschinski. — VI : 129.
Troubridge. — V : 421, 424 (n.).
Trouvé (Claude-François, Baron). — V : 320, 321, 363, 389, 393, 396.
Troyes. — VIII : 260, 264, 267, 274, 276, 280, 282 à 286, 298, 301, 303.
Truquet (Comte Laurent-François), amiral. — III : 116 à 118, 157, 158, 210, 254, 295. — V : 48, 97, 467 (n.) — VII : 595.
Tsarskoé-Sélo (Palais de). — II : 74.
Tubingen. — III : 472 (n.).
Tugendbund (Le), ou Ligue de la Vertu. — VII : 329, 333, 356.
Tuileries (Palais des). — I : 4. — II : 129, 135, 143, 148, 167, 177 à 179, 181, 183 à 185, 187, 189, 226, 244, 268, 270, 271, 276, 281, 311, 327, 328, 336, 341, 365, 401, 402, 436, 486, 489 à 492, 508, 510, 514, 520, 558. — III : 195, 301, 409. — IV : 53, 104, 117, 276, 285, 286. — V : 470 à 472, 476. — VI : 15, 82, 90, 140, 240, 271, 320, 321, 328, 403. — VII : 96, 191, 215, 426, 427, 430, 442, 455. — VIII : 203, 219, 325, 416, 427, 467, 481.
Tunis. — VI : 323. — VII : 245, 262, 272. — VIII : 506.
Turcs (Les). — I : 40, 79 (n.), 86, 263, 269, 281, 307, 328, 380, 392, 416, 440, 441, 444, 448, 451, 453, 454, 503 à 505, 514, 519, 521, 524, 527 à 529, 534. — II : 34, 55, 62, 67 à 70, 72 à 75, 110, 148, 152, 161, 175, 202, 204, 206, 215, 216, 224, 235, 236, 241, 244, 347, 455, 459. — III : 16, 136, 138, 158, 182, 301, 303, 304, 306, 328, 396 398, 399, 435, 452, 481, 525 à 527, 529, 530. — IV : 7, 10, 11, 44, 45, 47, 50, 55, 57, 67, 93, 189, 221, 230, 248, 249, 340, 343, 385, 393. — V : 27, 194, 298, 299, 341, 343, 350, 355, 359, 361, 368, 403, 404, 414, 422, 446 à 449. — VI : 30, 110, 115, 116, 120, 148, 151, 152, 160, 335, 411, 425, 490, 503. — VII : 52 à 54, 110, 123, 134 à 136, 148, 150, 160, 172, 184 à 186, 194, 195, 200 à 202, 204, 243, 307, 350, 365, 400, 506, 515, 544, 553, 558, 570. — VIII : 440, 465.
Turcaret. — VII : 449.
Turenne. — I : 58, 83, 312, 362, 494. — II : 539. — III : 545, 548. — V : 182. — VI : 230.
Turin. — I : 394. — II : 148, 178, 228, 409 (n.), 451. — III : 119, 295, 319, 497, 503. — IV : 26, 75, 90, 235, 236, 269, 345. — V : 35, 56, 61 à 63, 68, 75, 99, 100, 145, 154, 178, 257, 296, 315, 316, 330, 370, 372, 389, 408, 410, 415 — VI : 80, 440. — VIII : 122, 162 (n.), 352.
Turgot (Anne-Jacques), Baron de l'Aulne. — I : 106, 112, 114, 115, 206, 207, 211 à 213, 297 à 299, 303. — II : 269. — V : 28. — VI : 4. — VII : 493, 497.
Turquie (La). — I : 39, 144, 290, 301, 328, 444, 445 (n.), 448, 449, 470, 502 à 505, 522, 526, 527, 532, 535, 536. — II : 42, 55, 61, 70 (n.), 148, 221, 421, 455. — III : 16, 136 à 138, 158, 223, 303 à 306, 396, 397, 403, 435, 436, 448, 452, 526, 531. — IV : 8, 45, 47, 68, 173, 180, 181, 191, 193 à 195, 224, 248, 249, 255, 306, 360, 385, 386, 393, 404. — V : 132, 148, 193, 253, 299, 300, 326, 340, 343, 359 368, 369, 445, 451. — VI : 109, 111, 112, 164, 165, 196, 198, 200, 202, 204, 252, 270, 271, 273, 276, 306, 336, 392, 411 à 413, 428, 429, 440, 450, 484, 498. — VII : 36, 37, 39, 48, 53, 107, 112, 113, 120, 123, 136, 138, 149, 154, 163, 168, 171, 172, 179, 185, 187, 188, 194, 195, 223 à 225, 229, 240, 260, 273, 294,

295 à 299, 304, 318, 337, 342, 362, 372, 384, 499, 510, 520, 540, 558. — VIII : 35, 45, 374, 440, 473.
Tyrol (Le). — I : 440. — IV : 358 (n.), 384. — V : 62, 90, 100, 112, 152, 157, 404. — VI : 36, 328, 331, 342, 351, 391, 490, 497, 510, 516. — VII : 4, 12, 15, 284, 332, 349, 354, 356, 359, 369, 383, 389, 394, 445, 500, 570. — VIII : 66, 112, 115, 174.
Tyrtée. — II : 473 (n.).

U

Udine. — V : 217, 233, 234, 237, 247, 249. — VI : 81. — VII : 354 (n.).
Ukraine (L'). — II : 466, 467. — VI : 493.
Ulm. — IV : 427. — VI : 114, 457, 471, 475, 478, 481, 482, 505, 512. — VII : 337.
Ulysse. — V : 195. — VII : 440.
Union (L'). — I : 360.
Union des provinces (La Ligue de l'). — II : 286.
Unité (La doctrine de l'). — III : 75.
Univers (L'). — I : 269, 425. — III : 493. — IV : 230.
Universités (Les). — I : 158, 175, 206. — IV : 16. — VII : 493.
Université de Pavie (L'). — VI : 44.
Unna (L'). — II : 222.
Unterwald (L'). — V : 313.
Urrutia (Général José de). — IV : 203.
Utrecht. — I : 36 (n.), 360. — IV : 318, 333. — VI : 168.
Uzès. — III : 35 (n.).

V

Vadier (Marc-Guillaume-Alexis). — IV : 115, 122, 257.
Vain (du). — I : 239 (n.).
Vakanovitch (Général). — V : 408.
Valachie (La) et les Valaques. — I : 451, 524. — II : 70 (n.), 316 (n.). — IV : 250, 358 (n.), 360. — V : 368. — VI : 381, 391, 490. — VII : 103, 119, 122, 123, 128, 150, 164, 171, 204, 225, 238, 249, 309, 318, 384, 419, 499, 510, 540, 556, 557, 570.
Valais (Le). — IV : 183 (n.). — V : 35, 293, 312. — VI : 255, 309, 351, 434. — VII : 471, 520, 521. — VIII : 439.
Valazé (du Friche de). — III : 195, 410 (n.).
Valdès (*Don Antonio*), *Ministre de la marine espagnole.* — IV : 202.
Valençay (Château de). — VII : 266, 276, 289, 300, 340, 441. — VIII : 220, 240.
Valence. — II : 261 (n.). — III : 58. — VI : 9.
— (en Espagne). — VII : 278.
— (Le général Alexandre de Timburne-Timbronne, Comte de). — III : 93, 94, 155 (n.), 159, 337, 342, 354, 361, 365, 367. — VIII : 459.
Valenciennes. — I : 250. — II : 457, 482. — III : 360, 361, 364, 365, 460, 461, 463 (n.), 467, 468, 481, 537, 538. — IV : 75, 80, 82, 135. — VI : 409.
Valentinien II. — I : 482.
Valladolid. — VII : 236, 278, 331 (n.), 337, 338, 344.
Valmont (Le Comte de). — I : 18 (n.). — II : 267 (n.).
Valmy. — I : 1, 399. — II : 543. — III : 47 à 49, 55, 65, 142, 149, 161, 245. — IV : 451. — V : 13, 74. — VII : 312, 324, 348. — VIII : 25, 58, 76, 284.
Valois (Les). — I : 262. — II : 286, 488. — VI : 38. — VII : 410.
Valori (Général Louis-Gui-Henri, Marquis de). — I : 411.
Valteline (La). — I : 440. — V : 157, 246, 247. — VI : 92.
Vandales (Les). — III : 36. — VII : 256.
Vandamme (Général, Comte d'Unebourg). — VII : 6. — VIII : 183, 185.
Vandeuvre. — VIII : 286.
Van Dyck. — V : 96.

*

VANINI (Lucilio). — IV : 28.

VANNELET (Le correspondant de d'Antraigues). — V : 351. — VI : 222.

VAR (Le département du). — II : 183.

VARENNES. — I : 60 (n.). — II : 227, 231, 247, 273, 289, 526, 535. — III : 68. — V : 374. — VIII : 243, 467.

VARNHAGEN DE ENSE (Charles-Auguste). — II : 12.

VARSOVIE. — I : 67, 510, 517, 529, 530. — II : 69, 155, 212, 213, 217, 218, 279, 460, 464, 480, 558. — III : 46, 136, 323, 325, 453. — IV : 49, 52, 53, 67, 82, 91, 94 à 96, 137, 141, 187 à 189, 254. — V : 405. — VI : 109, 236, 359, 376, 418, 442, 454, 464, 466, 467. — VII : 40, 110, 112, 113, 115, 123, 124, 128, 130, 134, 135, 149, 154, 155, 158, 172, 185, 187, 206, 226, 238, 250, 252, 314, 347, 354, 371, 380, 393, 403, 479, 515, 533, 535, 536, 543, 559, 566, 578 à 580. — VIII : 4, 6, 7, 14, 29, 36, 37, 41, 45, 48, 50, 51, 56 à 59, 61, 62, 73, 78, 80, 88, 90, 95, 112, 114, 115, 117, 122, 129, 136, 140, 146, 171, 174, 178, 180, 185, 187, 193, 196, 359, 362, 364, 374, 379, 385, 391, 394, 396, 403 à 405, 407, 409, 497.

VATICAN (Le). — I : 81. — III : 294. — VI : 406. — VII : 405.

VATTEL (Emmerich DE). — I : 152.

VAUBAN (Sébastien Le Prestre, Marquis DE). — I : 284, 310, 312, 321, 327. — II : 539, 543. — III : 513, 545. — IV : 178, 429, 430, 461 (n.). — VIII : 481.

VAUBLANC (Vincent-Marie-Viénot, Comte DE). — II : 311.

VAUBOIS (Général Claude-Henri Belgrand, Comte DE). — V : 432.

VAUCHAMPS. — VIII : 282.

VAUD (Le canton de). — III : 122. — V : 266, 293.

VAUDÉMONT (Princesse DE). — VII : 335. — VIII : 214, 221, 430.

VAUDOIS (Le) et les VAUDOIS. — Voir : VAUD (Canton de).

VAUDREUIL (Général François de Paule, Comte DE). — II : 283. — III : 448.

VAUGIRAUD (Comte Pierre-Marie-René DE). — III : 466.

VAUGUYON (Comte de la). — I : 284. — II : 329. — IV : 408.

VENAISSIN (Le Comtat). — I : 36 (n.). — II : 98 à 100, 125, 196 à 198, 200, 293. — III : 308, 311.

VENDÉE (La Guerre de). — I : 231. — II : 308, 561. — VI : 68.

— (La). — I : 145. — II : 308, 488. — III : 349, 373, 463 (n.), 465 à 467, 471, 472, 500, 501, 503, 542. — IV : 35, 38 à 40, 67, 79, 129, 141, 176, 192, 207, 212, 311, 323, 365. — V : 16, 19, 49, 52, 88, 102, 112, 146, 147, 324, 362, 419. — VI : 11, 34, 37, 85, 315, 341, 471, 508, 517. — VII : 61, 222, 270, 289, 339, 354, 372, 574. — VIII : 322, 417, 448.

VENDÉENS (Les). — II : 20. — III : 407, 463 à 465, 499 à 502, 538 à 540. — IV : 34, 39, 53, 159, 207, 208, 324. — V : 16, 50, 64. — VI : 11, 299. — VII : 213, 282. — VIII : 128 (n.).

VENDÉMIAIRE AN IV (Journée du 13). — V : 11, 16, 53, 65. — VI : 52. — VIII : 453.

VENDÔME (Place). — VIII : 154.

VENET (Agent républicain à Lausanne). — IV : 69.

VÉNÉTIE (La). — IV : 141. — V : 404. — VI : 381, 391, 490, 497. — VII : 22, 51, 511. — VIII : 140, 263, 351.

VENISE et les VÉNITIENS. — I : 14 (n.), 15, 40 (n.), 44, 93, 128, 390 à 392, 410, 440, 448, 451, 455. — II : 177, 178, 189 (n.), 309, 502, 544 (n.). — III : 120, 133, 329, 346, 395, 398, 404, 417, 424, 433, 497, 528, 529, 531. — IV : 45, 71, 191, 193 à 195, 201, 202, 234, 268, 309, 320, 321, 346, 358 (n.), 364, 405, 420, 458, 465, 470. — V : 34, 44, 46, 71, 90, 91, 94, 95, 99, 100, 101, 106, 108, 112, 125, 126, 143 à

145, 147, 148, 150 à 160, 162, 164, 165, 174, 179, 188, 190, 194, 195, 197, 217, 218, 227, 229 à 237, 239 à 241, 243 à 246, 249 (n.), 257, 260, 261, 264 à 267, 269, 282, 283, 293, 296, 297, 315, 357, 368, 370, 404, 432. — VI : 21, 28, 54, 77, 80, 90, 91, 97, 106, 157, 177, 211, 250, 408, 409, 418, 455, 498, 504, 510. — VII : 12, 14, 15, 36, 50, 78, 80, 111, 218, 232, 233, 445, 541. — VIII : 81, 82, 120, 121, 174, 176, 271, 281, 293, 303, 352, 367, 373, 437, 497.

VENLOO. — IV : 313, 333. — V : 249 (n.).

VÊPRES SICILIENNES (Les). — III : 286, 338, 385. — IV : 245. — V : 88, 157.

VERCEIL. — V : 370. — VI : 45.

VERCINGÉTORIX. — VIII : 468.

VERDEN. — VII : 45, 64, 75, 82.

VERDUN. — I : 36 (n.), 254, 256, 263, 265, 416 (n.). — II : 141. — III : 4, 30, 39, 52, 87, 89 à 91, 450.

VERESTCHAGINE. — VII : 587.

VERGENNES (Charles Gravier, Comte DE). — I : 27 (n.), 40 (n.), 66, 141, 297 à 303, 313 à 316, 318, 329, 335, 345, 394, 449, 450 (n.), 452, 520, 522, 523. — II : 42, 295, 297, 338. — III : 121, 393, 394. — IV : 178, 228, 305, 363. — V : 325, 326. — VI : 252. — VIII : 372.

VERGNIAUD (Pierre-Victorin). — II : 302, 361, 400, 434, 435, 486, 488, 512 (n.), 527 (n.). — III : 29, 32, 169, 189 (n.), 239, 346, 381, 410 (n.), 456. — IV : 64, 113, 116. — VIII : 507.

VERHUEL (Charles-Henri, Comte de Sevenaar). VII : 448.

VERNÈGUES. — VI : 344, 355, 361, 507 (n.).

VERNIER (Théodore, Comte de Mont-Orient). — II : 306 (n.). — IV : 170 (n.), 323, 355 (n.), 366 (n.), 374 (n.), 421 (n.).

VERNINAC DE SAINT-MAUR (Raymond DE). — II : 409 (n.), 417 (n.). — III : 306, 417. — IV : 248, 249, 351 (n.), 359, 360, 393. — V : 154, 155.

VÉRONE. — I : 97, 297, 392 (n.). — III : 190. — IV : 405, 407 à 410, 415 à 417. — V : 34, 90, 95, 99, 100, 145, 157, 159. — VI : 180 (n.), 504. — VIII : 367.

VÉRONÈSE. — VII : 241.

VERRI (Pierre, Comte). — I : 116, 383. — II : 17.

VERSAILLES. — I : 28, 63, 65, 67, 73, 88, 156, 200, 203, 227, 293, 314, 414, 452, 454, 487, 515, 516. — II : 132, 133, 139, 167, 173, 285, 328, 534. — III : 327, 504. — IV : 51, 236. — V : 477. — VI : 162. — VII : 181 (n.), 285. — VIII : 344, 408 (n.), 506.

VERTOT (René Aubert, abbé DE). — V : 355.

VERVIERS. — V : 165.

VÉSUVE (Le). — V : 381. — VIII : 236 (n.).

VIBRAYE (DE). — II : 189 (n.), 409 (n.).

VICO (Jean-Baptiste). — I : 383.

VICTOR, DUC DE BELLUNE (Maréchal). — II : 546. — V : 467 (n.). — VI : 42. — VII : 324.

VICTOR-AMÉDÉE III (Roi de Piémont). — I : 394, 395. — II : 175, 176, 411, 418, 450, 451. — III : 116, 118, 133, 295, 459, 497. — IV : 27, 235 à 237, 268, 369, 405, 458 (n.). — V : 21, 55, 62, 64, 67, 75.

VICTOR-EMMANUEL Ier (Roi de Piémont). — II : 229. — VII : 333, 453 (n.). — VIII : 351, 366, 367, 437.

VIDAL (Le représentant en Espagne). — IV : 146.

VIDDIN. — I : 451.

VIEILLEVILLE (François de Scepeaux, maréchal DE). — I : 263, 264.

VIENNE (Autriche) et les Viennois. — I : 19, 26, 28, 30 (n.), 40, 52, 64, 74, 77, 78, 80, 86, 88, 124, 125, 133, 153, 167, 263, 284, 291, 294, 298 (n.), 300 (n.), 301, 304, 310, 329, 339, 349, 392, 393, 402, 404 (n.), 415, 446, 447, 449, 450, 452 (n.), 457 à 459, 521, 523, 526, 531,

534, 538, 546 (n.). — II : 23, 24, 55, 57, 58, 66, 69, 82, 123, 131, 133, 150, 154, 156, 159, 160, 162, 163, 176, 177, 182, 194 (n.), 195 (n.), 211, 216, 218, 226, 230 à 233, 235, 239, 240, 242, 251 à 254, 260, 271 (n.), 272, 277 à 279, 281, 283, 337, 338, 343, 347, 356, 360, 362, 364, 368 à 370, 372, 375, 376, 378, 383, 397, 400, 401, 412, 424 à 426, 428, 429, 430, 436, 447, 448, 450, 455, 460 à 463, 465, 467, 475, 495 à 498, 505, 506, 552, 556. — III : 22, 44, 46, 62, 80, 81, 92, 121, 129, 132, 218, 260, 296, 298, 304, 314, 315, 319, 324 à 328, 353, 368, 370, 372, 403, 423, 425, 432, 440, 443, 451, 457, 467, 468 (n.), 490, 492, 495. — IV : 9, 11, 27, 42, 43, 47, 52, 55, 56, 57, 80, 84, 91, 92, 93, 95, 134 à 136, 138, 139, 141, 188, 189, 195, 201, 227, 230, 255, 271, 298, 320, 340, 342, 344 à 346, 350, 355, 394, 395, 397, 398, 401, 402, 410, 411, 416, 417, 419, 429, 431 à 433. — V : 31, 32, 35, 44, 48, 65, 93, 103, 106, 120, 121, 124, 125, 126, 137, 138, 144, 152, 173, 191, 213, 217, 226, 231, 238, 244, 245, 247, 249, 258, 260, 267, 276, 277, 279, 304, 306 à 308, 324, 325, 331, 339, 359, 361, 393, 399, 400, 404, 405, 407, 412, 419, 430, 431. — VI : 22, 30, 31, 36, 53 à 55, 58, 59, 61, 62, 78, 79, 83, 87, 89, 90, 93, 106, 114, 117, 140, 152, 166, 201, 209, 237, 250, 263, 271, 282, 290, 305, 322, 328, 332, 357, 362, 378, 385, 408, 424, 425, 445, 447, 448, 450, 452, 455, 462, 472, 475, 477, 480, 487, 491, 496, 497, 501 à 503, 505, 506. — VII : 6, 7, 15, 81, 93 à 95, 119, 120, 122, 133, 134, 151, 152, 158, 188, 216, 218, 229, 273, 277, 286, 287, 290, 291, 307, 311, 314, 315, 319 à 321, 338, 339, 345, 348, 349, 351, 353, 354, 358, 361 (n.), 363, 365, 368, 371, 373, 392, 417, 433, 438, 439, 441, 444, 454, 500, 511, 521, 544, 552, 553, 559, 570, 590, 593. — VIII : 4, 12, 19, 26, 27, 30, 35, 38, 54, 55, 58, 67, 74, 91, 102, 108, 110, 115, 131, 150, 162 (n.), 177 (n.), 179, 243, 303, 335, 346, 364, 380, 382, 401, 406, 412, 423, 427, 432, 447, 465, 481 à 483, 485.

Vierbeck (Mlle). — I : 483.

Vierge (La). — II : 65, 153. — V : 410.

Viger. — III : 410 (n.).

Vignet des Étoles (Le Baron). — III : 295. — IV : 200.

Vilate (Joachim). — IV : 110.

Villach. — VIII : 174.

Villamarina. — I : 115.

Villaret de Joyeuse (L'amiral Louis-Thomas, Comte). — IV : 365.

Villars (Le maréchal Louis-Hector, duc de). — III : 506. — IV : 34, 203. — V : 266, 456.

— (Chargé d'affaires de la République à Gênes). — II : 409 (n.). — IV : 200, 202. — V : 35.

Villèle (Jean-Baptiste-Joseph, Comte de). — VI : 362.

Villeneuve (Amiral Pierre-Jean-Baptiste-Silvestre de). — VI : 382, 430, 432, 438, 439, 448, 449, 451, 453, 455, 459. — VII : 279.

Villes hanséatiques (Les). — VIII : 44 (n.), 114, 175, 178.

Villetard (A.). — IV : 264. — V : 315.

Vilna. — III : 316. — VII : 566. — VIII : 3, 4, 15, 33, 36, 37.

Vimeiro. — VII : 280.

Vincennes. — II : 24. — VI : 349, 350 à 353, 355, 358 à 360, 501, 507. — VII : 107, 195, 229, 275, 300, 303, 309, 336, 340. — VIII : 342, 428, 453, 464.

Vincent (François-Nicolas). — III : 438. — IV : 63.

— (Colonel de). — V : 145. — VII : 134.

— (de), envoyé autrichien. — VII : 80, 149, 152, 187, 188 (n.), 312, 314, 315, 317, 320. — VIII : 418.

Vioménil (Charles-Antoine du Houx, Baron de), général. — II : 330.

VIRETTI (Comte). — II : 451.
VIRGILE. — II : 28 (n.). — V : 85, 224, 377, 457.
VISCONTI (Mme). — VII : 67.
— (L'archevêque de Milan). — V : 78.
VISTULE (La). — I : 525. — II : 216, 378, 502. — IV : 82, 94, 95, 187, 188, 253. — VII : 21, 40, 110, 111, 112, 116, 118, 120, 146, 159, 171, 172, 178, 186, 187, 226, 227 (n.), 457, 466, 516, 530, 535, 537, 549, 553, 557, 566, 569, 579, 584. — VIII : 26, 39, 57, 73, 76, 78, 80, 122, 124, 182, 362, 364, 384, 497.
VITELLA (T.-M.). — V : 424 (n.).
VITROLLES (Baron Eugène-Auguste d'Arnaud DE). — II : 171 (n.). — VII : 27. — VIII : 221, 297 à 301, 311, 432, 433, 462.
VITROLLES (Mme DE). — VIII : 432, 433.
VITRY (Marquis DE). — I : 60 (n.), 285 (n.).
— (Le manifeste de). — VIII : 307, 346 (n.), 347 (n.).
VITTORIA. — IV : 368. — VII : 230, 236, 261, 324 (n.), 325, 326. — VIII : 143 (n.), 150, 156, 158.
VIVARAIS (Le). — II : 166.
VOIDEL. — II : 126, 127.
VOITURE (Vincent). — I : 278.
VOLGA (Le). — VII : 565.
VOLHYNIE (La). — III : 316, 482.
VOLNEY (Constantin-François de Chassebœuf, Comte DE). — I : 329. — II : 86. — IV : 385, 475. — V : 193. — VI : 7, 41, 153. — VII : 595.
VOLSQUES (Les). — IV : 428 (n.).
VOLTAIRE (Arouet DE). — I : 11, 13, 18, 22, 44, 49, 63, 70, 76, 100, 101, 107, 109, 110, 112, 127, 154, 155, 159, 162, 166, 174, 175, 179, 181, 203, 204, 235 (n.), 237, 294 (n.), 320, 328, 332, 346 (n.), 401, 409, 429, 475, 479, 482, 484, 503, 515 (n.), 517. — II : 24 (n.), 34, 65, 233 (n.), 234, 350, 386, 511. — III : 446, 448. — IV : 3, 4, 6, 61, 140, 475. — V : 132, 152, 181, 186, 338 (n.), 442. — VI : 51, 120, 239, 242, 304. — VII : 188, 285, 580. — VIII : 466.
VONCK (François). — I : 141. — II : 50, 54, 65, 295. — IV : 12.
VORARLBERG (Le). — VII : 15.
VOSGES (Les). — I : 256. — III : 495. — VII : 496. — VIII : 442, 471.
VOSS (Jean-Henri). — II : 12 (n.).
— (Mlle DE). — I : 480 à 484.
VOULLAND (Henri). — III : 517 (n.).

W

WACE (Robert). — I : 247.
WACHTER (Le Danois). — V : 389, 394.
WACQUANT (DE). — VIII : 167.
WAGRAM. — I : 455. — IV : 451. — VI : 39. — VII : 363 à 365, 370, 374, 381, 385, 396, 397, 412, 431, 524, 541. — VIII : 76, 108, 179, 183, 447, 462, 500.
WAHAL (Le). — IV : 198, 242, 273, 313. — VII : 421, 437.
WAITZ (DE), plénipotentiaire allemand. — IV : 300.
WALCHEREN. — VI : 47, 285. — VII : 241, 372, 374, 376, 377, 385, 388, 391, 398, 448, 562, 596. — VIII : 453.
WALDECK (Principauté de). — VII : 53 (n.).
— (Général Chrétien-Auguste, Prince DE). — III : 461. — IV : 78, 85, 92, 135.
WALEWSKA (Mme). — VII : 521.
WALEWSKI. — III : 453.
WALHALLA (Le). — VIII : 469.
WALLMODEN-GIMBORN (Général Thedel, Comte DE). — VII : 345, 346 (n.).
WALLONS (Les). — I : 257.
WALPOLE (Horace), Comte d'Orford. — I : 343, 349, 352. — II : 288. — VIII : 466.
WALPURGIS (La nuit de). — I : 180.
WARMIE. — I : 31.
WAREN-HASTINGS. — I : 343.
WARREN (L'amiral sir John Borlase). — VI : 302, 314.
WARTENSLEBEN (Général Gaston DE). — I : 525.

WASHINGTON. — VIII : 360.
— (Général Georges). — I : 106. — II : 408. — III : 15, 164. — IV : 413. — V : 225. — VI : 15, 219, 242, 367. — VIII : 154.
WATERLOO. — I : 1, 399. — III : 142, 322. — V : 130, 147, 185, 350. — VI : 39, 202. — VII : 39. — VIII : 195, 254, 443, 446, 451, 452, 495.
WATTIGNIES. — III : 537, 539.
WEDEKIND (Georges-Théophile). — III : 102, 177.
WEIMAR. — I : 159. — II : 13. — IV : 427. — V : 274. — VII : 316. — VIII : 203, 250.
WEIROETHER (Général). — VI : 505.
WEISHAUPT (Adam). — I : 177, 178.
WELCHES (Les). — II : 22.
WELLESLEY (Richard Colley, Marquis DE). — VII : 398, 436, 446, 447, 500.
WELLINGTON (Arthur Wellesley, Duc DE). III : 322. — IV : 41. — V : 444, 445. — VI : 34, 98, 196, 257. — VII : 277, 280, 361, 365, 377, 398, 399, 425, 518, 537. — VIII : 143, 149, 248, 369, 399, 412, 413, 421, 423, 432, 443 à 445, 449, 457 à 463, 465, 467, 469, 473, 474 (n.), 476, 479, 480, 492, 495, 496, 506.
WERDEN. — IV : 299.
WESEL. — IV : 47, 254, 265. — VII : 34, 82, 89, 289, 522.
WESER (Le). — V : 104, 334, 434. — VI : 108, 329, 377, 461, 483. — VII : 45, 420, 520. — VIII : 98, 114 (n.), 115.
WESLEY (John). — I : 176.
WESSEMBERG-AMPRINGEN (Baron DE). — VII : 333, 345, 349. — VIII : 33 (n.), 49 (n.), 52, 96, 225 (n.), 305, 467.
WESTERMANN (Général François-Joseph). — III : 26, 29, 52 à 54, 56, 77, 78, 81, 83, 84, 86, 87, 252. — IV : 64.
WEST-FLANDRE (La). — IV : 89, 151.
WESTPHALIE (La) et les WESTPHALIENS. — I : 401, 434, 437, 468. — II : 369. — III : 306. — IV : 254, 299. — VI : 145, 230, 279, 402, 499. — VII : 56, 106, 126, 171, 183, 185, 194, 209, 212, 267, 285, 286, 292, 296, 354, 356, 359, 372, 390, 408, 424, 484, 485, 488, 489, 520, 553. — VIII : 68, 75, 80, 88, 122, 134, 140, 195, 222, 362, 409.
WETZLAR. — I : 402. — III : 109.
WHITBREAD (Samuel). — III : 275. — VI : 297. — VIII : 423.
WHITEFIELD (Georges). — I : 176.
WHITWORTH (Charles). — III : 323. — IV : 45. — V : 42, 119, 357, 358. — VI : 32, 121, 122, 256, 265 à 268 (n.), 270, 271, 276, 277, 280 à 283, 287 à 289, 291 à 296, 320. — VII : 86, 543, 563.
WICKHAM (William). — IV : 209, 210, 212, 315, 350, 351, 411, 412, 417. — V : 41, 46, 47 (n.). — VI : 254, 341, 344, 395. — VII : 16.
WIDDIN. — VII : 136, 153.
WIELAND (Christophe-Martin). — II : 14.
WILBERFORCE (Guillaume). — II : 388. — III : 15. — IV : 204.
WILDERMETH (DE). — VIII : 301.
WILKOWISKY. — VII : 574.
WILNA. — IV : 53.
WILSON (Général Robert-Thomas). — VII : 200, 203. — VIII : 183.
WINDHAM (William). — III : 228. — IV : 91, 100. — VI : 169, 171, 245.
WINZINGERODE (Maréchal Ferdinand, Baron DE). — VI : 445. — VIII : 286, 288.
WISSEMBOURG. — III : 373, 495, 498, 538 à 540. — IV : 380.
WITTELSBACH (Maison de). — V : 27.
WITTENBERG. — VII : 103, 109. — VIII : 183.
WITTGENSTEIN (Prince Louis-Adolphe-Pierre DE), maréchal. — VII : 292, 297. — VIII : 22, 23.
WOELLNER (Jean-Christophe). — I : 485 à 487, 489, 490. — II : 24, 211, 339. — IV : 21, 195.
WOLF (Jean-Chrétien, Baron DE). — I : 103, 104, 152, 486. — II : 11.
WOLF-TONE. — V : 48, 49.
WOLKONSKI. — VIII : 116.

WÖLLNER. — I : 167 (n.).
WOLSEY (Thomas). — I : 167.
WORDSWORTH (William). — II : 16.
WORMS. — I : 432. — II : 166, 285, 343. — III : 100, 177, 290, 483.
WORONZOF (Général Michel-Semenovitch, Prince). — VIII : 286.
— (Alexandre, Comte). — VI : 163, 323.
— (Simon, Comte). — II : 290 (n.). — V : 113, 405 (n.). — VI : 129, 139, 148, 163, 185, 207, 222 (n.), 251, 252, 270, 273, 275, 277, 285, 305, 312 à 315, 323 (n.), 324, 333 (n.), 340, 359, 374, 412, 441 à 443 (n.). — VII : 169 (n.), 591. — VIII : 5 (n.), 7 (n.), 37 (n.), 47, 196, 243 (n.), 498.
WREDE (Général Charles-Philippe, Prince DE). — VI : 500. — VIII : 395.
WURMSER (Général Dagobert-Sigismond, Comte DE). — III : 371, 443, 460, 483, 498. — IV : 35, 43, 148, 403, 415, 427, 442. — V : 99, 100, 101, 147.
WURSCHEN. — VIII : 116, 151.
WURTEMBERG (Le) et les WURTEMBERGEOIS. — I : 125, 402, 404 (n.), 407 (n.), 437. — III : 472 (n.). — IV : 143, 299, 300, 342, 396. — V : 27, 97, 303, 390. — VI : 74, 85, 112, 116, 152, 163, 230, 328, 331, 452, 453, 457, 472, 473, 480, 514. — VII : 14, 15, 30, 31, 33, 36, 46, 53, 80, 96, 286, 346, 426, 585. — VIII : 197 (n.), 278, 381, 395, 399, 470, 478.
— (Le duc DE). — Voir : CHARLES-EUGÈNE, FRÉDÉRIC Ier, GUILLAUME Ier.
— (Princesse DE). — Voir : CATHERINE, Reine de Westphalie.
WURTZBOURG. — I : 402. — III : 105. — V : 106, 266, 269. — VI : 75, 457, 458. — VII : 15, 53, 96, 171. — VIII : 160 (n.), 352.
WYNDHAM (William). — III : 228.

X

XÉNOPHON. — V : 177.
XERXÈS. — VII : 353.
XIMÉNÈS. — I : 167, 351.

Y

YONNE (L'). — III : 411 (n.).
YORK DE WARTEMBURG (Jean-David-Louis, Comte DE), général. — VII : 329, 555, 569, 593. — VIII : 14, 15, 18, 21 à 28, 46, 48, 55, 56, 60, 77.
YORK (Le Duc Frédéric D'), général. — III : 366, 434. — IV : 87. — VII : 161.
YORK-TOWN. — III : 142.
YPRES. — I : 312. — VIII : 348.
YRANDA. — IV : 361, 362, 367.
YRIARTE (Don Domingo DE). — IV : 234, 309, 320 à 322, 353, 361, 362, 367 à 369, 389, 391, 433 à 435.

Z

ZACH (Général Antoine, Baron DE). — V : 431.
ZAMOSK. — VIII : 380.
ZANTE. — V : 194, 195, 226.
ZASTROW (Général). — VI : 422, 423. — VII : 107, 109, 113, 143, 147, 177.
ZEDLITZ (Charles-Abraham, Baron DE). — I : 115, 471.
ZELADA (Cardinal François-Xavier). — III : 212, 292, 293.
ZÉLANDE (La). — I : 360. — III : 260. — IV : 238 à 240, 243, 313, 316, 318, 319. — VII : 569, 584.
ZEYCS (L'armistice de). — VIII : 50, 403.
ZICHY (Comte Charles DE). — VII : 593 (n.). — VIII : 48, 51, 58 (n.).
ZINOVIEV. — II : 281 (n.).
ZNAÏM. — VI : 493, 495. — VII : 366, 368.
ZOELLNER (Jean-Frédéric). — I : 484.
ZOROASTRE. — III : 119.
ZOUBOF (Platon). — II : 74, 347, 459. — III : 446, 449, 465. — IV : 8,

45, 446. — V : 352. — VI : 121, 125, 129 à 131, 139. — VII : 197.
ZOUBOF (Nicolas). — V : 134. — VI : 125, 129, 132, 134, 139.
— (Valérien). — IV : 188. — VI : 125, 129, 130, 133, 139.
ZULIAN (L'ambassadeur vénitien). — I : 389.
ZURICH. — III : 122, 123. — V : 415. — VI : 13. — VIII : 500.
ZUYDERZÉE (Le). — IV : 467 (n.). — V : 286. — VII : 451.

PARIS. — TYP. PLON-NOURRIT ET Cie, 8, RUE GARANCIÈRE. — 15092.

PARIS
TYPOGRAPHIE PLON-NOURRIT ET Cie
8, RUE GARANCIÈRE — 6e

www.ingramcontent.com/pod-product-compliance
Ingram Content Group UK Ltd.
Pitfield, Milton Keynes, MK11 3LW, UK
UKHW012041240726
13965UKWH00003B/966